YURI ELKAIM

Das Fett-weg-Kochbuch

KURBELN SIE DEN STOFFWECHSEL AN UND LASSEN SIE IHRE PFUNDE PURZELN

Die Originalausgabe erschien unter dem Titel
The All-Day Fat-Burning Cookbook: Turbocharge Your Metabolism with More Than 125 Fast and
Delicious Fat-Burning Meals
ISBN 978-1-62336-607-0

Copyright der Originalausgabe 2016:
Copyright © 2016 by Yuri Elkaim and Elkaim Group International, Inc. All rights reserved.
Published by arrangement with RODALE INC., Emmaus, PA, U.S.A.

Fotonachweis: © by Mitch Mandel/Rodale Images
Fotos auf den Seiten 4-5, 100-101, 102, 106, 120-121, 122, 127, 134-135, 136, 138, 143 (unten), 147, 148,
152, 154-155, 156, 159, 163, 164, 168, 170-171, 172, 192-193, 194, 202, 206-207, 209, 210-211, 212, 228,
230-231, 232, 255, 268-269, 270 von Shutterstock

Copyright der deutschen Ausgabe 2017:
© Börsenmedien AG, Kulmbach

Übersetzung: Christina Jacobs
Gestaltung Cover: Johanna Wack
Gestaltung, Satz und Herstellung: Martina Köhler
Lektorat: Karla Seedorf
Druck: Florjančič Tisk d.o.o., Slowenien

ISBN 978-3-86470-449-9

Bibliografische Information der Deutschen Nationalbibliothek:
Die Deutsche Nationalbibliothek verzeichnet diese Publikation in der
Deutschen Nationalbibliografie; detaillierte bibliografische Daten
sind im Internet über <http://dnb.d-nb.de> abrufbar.

Postfach 1449 · 95305 Kulmbach
Tel: +49 9221 9051-0 · Fax: +49 9221 9051-4444
E-Mail: buecher@boersenmedien.de
www.books4success.de
www.facebook.com/books4success

Dieses Buch ist meiner Frau Amy
und unseren drei Jungen Oscar, Luca und Arlo gewidmet.
Sie sind zu allen Zeiten meine besten „Gastrokritiker".
Ein besonderes Dankeschön geht an die Tausende Frauen und
Männer auf der ganzen Welt, die sich meine einfachen und leckeren
Fett-weg-Gerichte seit Jahren schmecken lassen.

INHALT

EIN-LEITUNG

Meine Biografie liest sich wie ein Märchen

ICH BIN ZUGELASSENER ERNÄHRUNGSBERATER mit einem ganzheitlichen Ansatz und Fachmann in Sachen Fitness und Fettverbrennung. Mit meinen Büchern *The All-Day Energy Diet* und *The All-Day Fat-Burning Diet*, dem Vorläufer zum vorliegenden Buch, habe ich es in die Bestsellerliste der *New York Times* geschafft. Mit Anfang 20 konnte ich als professioneller Fußballspieler meinen Kindheitstraum ausleben. Später arbeitete ich sieben Jahre lang als Fitness- und Ernährungs-Coach für die Herrenfußballmannschaft der University of Toronto und machte sie fit und stark.

Ich war schon fast überall in den Medien präsent, darunter in den Fernsehserien *The Dr. Oz Show* und *The Doctors*, in der Onlinezeitung *Huffington Post* und im Magazin *Men's Fitness*, und ich kann mich glücklich schätzen, in den letzten 20 Jahren mehr als einer halben Million Frauen und Männern dabei geholfen zu haben, gesund abzunehmen. Doch lassen Sie sich nicht von den wohlformulierten Rezensionen und Autorenporträts täuschen, die mich zum Übermenschen hochstilisieren. Die Wahrheit ist, dass ich einfach nur ein Ehemann und Vater bin, der seit Jahren gegen seine eigenen Gelüste und schlechten Essgewohnheiten ankämpft.

Schon als ich ein kleiner Junge war, bestand meine Ernährung aus künstlich hergestellten, stark verarbeiteten Lebensmitteln, aus Schnellimbiss-, Fast-Food- und aus Mikrowellengerichten, deren Zubereitung zwei Minuten in Anspruch nahm. Nur selten aß ich Obst oder Gemüse, stattdessen verputzte ich lieber jede Menge Brot, Cerealien, Nudeln und Käse. Meine Ernährung war nicht sehr farbenfroh, sondern ziemlich weiß und sehr ungesund.

Über die Jahre litt ich unter furchtbarem Asthma und Ekzemen und hatte überhaupt keine Energie. Ich erinnere mich daran, wie ich Knusperkissen mit zwei Esslöffeln Zucker und zwei Prozent fetter Milch aß und noch Stunden später deswegen fürchterliches Magendrücken hatte. Als Teenager war ich völlig ahnungslos, was ich da tat, und mir war absolut nicht klar, dass diese Symptome letzten Endes mein Leben für immer verändern würden.

Ich will Sie hier nicht mit der ganzen Geschichte langweilen, zumal ich darüber in meinen früheren Büchern bereits detailliert berichtet habe. Kurz gesagt passierte Folgendes: Mit 17 Jahren verlor ich in nur sechs Wochen aufgrund der Autoimmunerkrankung Alopezie meine komplette Körperbehaarung. Damals hatten weder meine Ärzte noch ich irgendeine Erklärung dafür, warum das passierte, aber einige Jahre später bekam ich die Antwort. Wie bei fast allen gesundheitlichen Problemen, dazu zählt auch ein zu hoher Körperfettanteil, entdeckte ich, dass die Ernährung der Hauptfaktor ist. Ach nee! Für diese Erkenntnis musste ich erst Mitte 20 werden und noch einmal die Schulbank drücken, um mich mit ganzheitlicher Ernährung zu befassen.

Seitdem habe ich die Mehrzahl meiner gesundheitlichen Probleme überwunden und meine Haare sind mehrmals nachgewachsen und wieder ausgefallen, wie das so üblich ist bei Autoimmunerkrankungen. Noch wichtiger aber ist, dass ich sehr vielen Menschen mit meinem einfachen und realitätsnahen Ansatz, gut zu essen und zu leben, dazu verhelfen konnte, ihre Gesundheit besser in den Griff zu bekommen und endlich abzunehmen, ohne dass sie gleich ihr Leben umkrempeln mussten. Doch selbst nach all diesen Erfahrungen kämpfe ich immer noch gegen meine eigenen Dämonen und habe seit meinen ungesunden Essgewohnheiten aus Kindertagen so einige Leichen im Keller versteckt. Pizza, Burger, Pommes frites und Schokolade sind nur einige meiner Laster, und hin und wieder werde ich schwach und fröne ihnen.

Auch wenn ich selbst nie mit Übergewicht zu kämpfen hatte, habe ich Tausenden von Männern und Frauen geholfen abzunehmen. Ich kann nachvollziehen, mit welchen Problemen Sie sich herumplagen müssen. Es kann sein, dass Sie sich gesund ernähren und regelmäßig Sport treiben, die lästigen Fettpolster aber trotzdem nicht loswerden. Oder vielleicht sind Sie wie ich schon fast Ihr ganzes Leben lang Geisel Ihrer eigenen Essensgelüste und besonders dann gefährdet, sobald es richtig stressig wird. Ich weiß genau, wie es ist, wenn man glaubt, die Kontrolle über die Ernährung verloren zu haben, so als hätte jemand anderes in Ihrem Körper die Zügel in der Hand. Womit auch immer Sie zu kämpfen haben, ich werde mein Bestes tun, Sie mit diesem Kochbuch dabei zu unterstützen, diesen Zustand zu beenden. Stimmt, das klingt nach einem ziemlich kühnen Vorhaben, und vielleicht werden wir das, was Sie davon abgehalten hat, abzunehmen und nicht wieder zuzunehmen, auch nicht komplett abstellen können, aber wir werden mit Sicherheit diesem Ziel ziemlich nahkommen.

Ich liebe Essen, Sie auch?

Okay, dann will ich jetzt etwas gestehen.

Im Gegensatz zu vielen anderen „vollkommen gesunden" Gurus da draußen, die sich bei ihrer Ernährung nie einen Fehltritt zu erlauben scheinen, bin ich kein Heiliger. Ja, ich ernähre mich die meiste Zeit über gesund und esse gern solche Lebensmittel, dank derer ich eine gute Figur mache und mich auch gut fühle, aber ich bin mit den Jahren auch etwas nachsichtiger mit mir geworden. In den vergangenen zehn Jahren habe ich so ziemlich jede verfügbare Diät ausprobiert, um mich besser in meine übergewichtigen Klienten hineinversetzen zu können, die diese Diäten in Erwägung zogen. Leider beendete ich sie, wie so viele andere auch, binnen weniger Tage oder Wochen, einfach, weil sie unrealistisch und nicht nachhaltig waren – zumindest, was mich betraf.

Ich selbst würde mich als „Gesundfeinschmecker" bezeichnen. Ich liebe gutes Essen. Auch wenn ich zu glutenfreien Lebensmitteln rate und dazu, mehr Obst und Gemüse zu essen, werden Sie es nicht erleben, dass ich in einem netten Restaurant sitzen und zu einem leckeren Rindersteak-Tartar, mit einem Cornichon belegt, auf knusprigen Crostini und mit einem Klecks Dijonsenf, Nein sagen würde. Mmmh.

Wenn man mich fragt, ob ich Paläo-Anhänger oder Veganer bin, würde ich antworten, dass ich von Etiketten nichts halte, weil sie unser Leben stark einschränken. Ich betrachte mich als „Healthatarian", als einen Menschen, der sich gesund ernährt (aber das ist vermutlich auch ein Etikett, oder?), als einen, der gutes Essen, im Einklang mit dem eigenen Körper, schätzt und sich gelegentlich (das heißt einmal pro Woche) gestattet, vom Pfad der Tugend abzuweichen. Ich möchte Ihnen naheleben, das genauso zu machen – wenn das für Sie funktioniert. In diesem Kochbuch werde ich Ihnen zeigen, wie Sie das anstellen, ohne Ihren Stoffwechsel noch weiter zu strapazieren.

Für uns (also Sie und mich) geht es um den Erfolg, nicht um Perfektion. Es geht um den Fortschritt, nicht nur um das Ergebnis. Sie sollen genießen, was auch immer Sie essen, denn die Schuldgefühle und die negative Energie, die wir in unser Essen hineinprojizieren, können schädlicher sein als das Essen selbst. Es ist mir wirklich daran gelegen sicherzustellen, dass Sie verstehen, worum es hier geht, denn der Weg soll nicht von Verzicht gepflastert sein. Begrüßen Sie jeden kleinen Schritt hin zu einem gesünderen und zufriedeneren Ich. Sie haben heute keinen grünen Smoothie getrunken? Egal! Sie haben den Salat ausgelassen und gleich eine Pizza gegessen? Macht nichts. Berappeln Sie sich und fangen Sie morgen von vorn an. Tiramisu ist Ihr Lieblingsdessert? Meins auf jeden Fall!

Ich will Ihnen damit keinesfalls empfehlen, solche Gerichte (zumindest die letzten beiden) regelmäßig zu verzehren, wenn Sie eine gute Figur machen und sich wohlfühlen möchten, aber ich bin der Meinung, dass solche „Bodenwellen" auf dem Weg die Fahrt erst vergnüglich machen. Wir sitzen nicht auf dem Parkplatz in unserem Auto und schlingen einen Burger herunter. Wir verstecken uns nicht im Keller, um dann und wann ein Stück Kuchen zu essen. Wir genießen das Essen am Tisch mit unserer Familie und unseren Freunden. Sie sollten sich wegen des Essens niemals schämen oder Schuldgefühle haben. Sie sollen es verdammt noch mal genießen! Es geht darum, dass man jeden einzelnen Tag eine bessere Version des eigenen Ich ist. Ich denke, mein „Mein bestes Ich"-Manifest drückt das am besten aus.

Die Art, wie ich etwas tue, bestimmt alles, was ich tue.
„Ich kann nicht" gibt es daher nicht in meiner Welt.
Ich bin fit, gesund und zufrieden, weil ich danach handle.
Nicht Perfektion ist mein Ziel,
sondern mein Bestes zu geben.
Das reicht mir.
Und wenn das heißt, auch mal zu scheitern,
kann man daraus zumindest etwas lernen.
Denn daran werde ich wachsen
und ich werde danach streben,
das Beste aus mir zu machen.

Es ist mein Leben, daher will ich selbst bestimmen,
wohin die Reise geht.
Ich strebe danach, es morgen besser zu machen als heute.
Ich genieße meine Erfolge.
Ich lerne aus meinen Fehlern.
Ich begrüße neue Herausforderungen.
Ich sorge dafür, dass jeder Moment im Leben zählt,
was er auch bringen mag.

Denn ich werde nie aufhören,
das Beste aus mir herauszuholen.
Wir sind alle zu Höherem berufen.
Also will ich mit gutem Beispiel vorangehen.
Ich mache Sport, weil es mir Spaß macht,
nicht, um für meine Ernährungssünden zu büßen.
Ich versuche, mich ausgewogen zu ernähren,
und vermeide einengende dogmatische Ernährungsformen.
Ich finde Zufriedenheit in Augenblicken der Achtsamkeit.
Ich akzeptiere meine Verletzlichkeit.
Und ich liebe mich so, wie ich bin.
Denn der größte Erfolg im Leben ist,
alles aus sich herauszuholen
im Vertrauen darauf, dass das gut genug ist.

WER SELBST KOCHT, LEBT LÄNGER

Wussten Sie, dass ältere Menschen, die ihre Mahlzeiten zu Hause und größtenteils selbst zubereiten, laut Forschungsergebnissen länger leben als solche, die nicht überwiegend selbst zu Hause kochen?[1] Wer sein Essen selbst zubereitet, hat viel mehr Kontrolle darüber, was er tatsächlich zu sich nimmt. Ungesunde Zutaten können Sie durch gesunde ersetzen, wenn Ihnen das wichtig ist. Wer selbst am Herd steht, kann außerdem die Größe der Portionen und die Frische der Zutaten selbst bestimmen.

KAPITEL 1

Grundlagen der Fettverbrennung

VIELLEICHT LESEN SIE DIESES BUCH, weil Sie schon eine Weile verfolgt haben, wie ich arbeite. Vielleicht haben Sie meine Videos auf Youtube gesehen oder vielleicht hat Ihnen *The All-Day Fat-Burning Diet* einfach gut gefallen und Sie haben Lust auf mehr tolle Rezepte, die unserem bewährten 5-Tage-Plan entsprechen, mit dem wir nach einem Rotationsprinzip an bestimmten Tagen bestimmte Lebensmittel essen. Was auch immer zutrifft, herzlich willkommen! Ich präsentiere im Folgenden eine Reihe von Erfolgsgeschichten der Leserinnen und Leser von *The All-Day Fat-Burning Diet* (dem Vorgänger des vorliegenden Kochbuchs), denen durch das Befolgen dieses Prinzips der Durchbruch gelang: Sie haben unglaublich viel abgenommen und sind viel gesünder. Ich weiß, dass diese Geschichten Sie beflügeln werden. Doch bevor Sie zum Teil mit den schnell zuzubereitenden, leckeren Fett-weg-Rezepten übergehen, sollten Sie sich erst mit den wichtigen Grundlagen vertraut machen, warum dieses Programm so wirkungsvoll beim Abnehmen hilft. Darum wird es auf den folgenden Seiten gehen.

Liebe Leserinnen und Leser, es geht los!

Willkommen zur Fortsetzung von *The All-Day Fat-Burning Diet*, die sich stärker auf Rezepte konzentriert. Ich bin überzeugt, dass Ihnen die Rezepte, die ich in diesem Kochbuch für Sie zusammengestellt habe, schmecken werden. Doch bevor Sie an die Töpfe eilen, halte ich es für sinnvoll, Ihnen die Grundlagen der Fettverbrennung nahezubringen, besonders wenn Sie *The All-Day Fat-Burning Diet* nicht gelesen haben. Wenn Sie sich mit der Philosophie vertraut gemacht haben, die dieser Ernährung zugrunde liegt, sollten Sie sie zu Ihrem Lebensprinzip machen.

Schließlich ist dies keine *Diät*; es ist eine Lebensweise. Wenn Sie sie verstanden und ausprobiert haben, werden Sie feststellen, wie einfach es ist, sie in Ihren Alltag zu integrieren. Es gibt sehr wenige Regeln, Sie brauchen sich keine Gedanken über Kalorien und Punkte zu machen, und komplett verzichten müssen Sie auch nicht. Mit dieser Methode werden Sie sich gesund ernähren, gesund aussehen und sich großartig fühlen. In diesem Kapitel wird noch einmal zusammengefasst, was uns dick macht, das Wirkprinzip des 5-Tage-Plans wird wiederholt und es wird erklärt, wie dieses Kochbuch anzuwenden ist, damit Sie möglichst viel davon haben. Außerdem werde ich auf einige gängige Fragen zu diesem Programm und den Rezepten eingehen.

Zur Erinnerung:
Warum wir übergewichtig sind und
das Geheimnis der Fettverbrennung

Wie ich in *The All-Day Fat-Burning Diet* schon ausführlich erläutert habe, ist der Hauptgrund, warum wir dicker sind als je zuvor, dass unser Körper sich von zahlreichen Stressfaktoren im Leben bedroht fühlt; dazu zählen unsere Ernährung, die Art, wie wir Sport treiben, ein Mangel an gesundem Schlaf und unsere mentale und emotionale Verfassung. Wenn unser Körper das Gefühl hat, dass sein Überleben gefährdet ist, fährt er seinen Stoffwechsel herunter, um Energie zu sparen und Fett zu speichern. Dieser fest eingebaute Mechanismus gehört zum Menschsein dazu. Es ist eine Eigenschaft, die uns vor 100.000 Jahren half zu überleben, aber in der Welt von heute mit ihrem Nahrungsüberangebot und dem ständigen Stress bringt unsere primitive Veranlagung uns nicht weiter.

Lassen Sie mich dies auf etwas wissenschaftlichere Art veranschaulichen: Die meisten Lebensmittel, die uns heute zur Verfügung stehen (ich meine damit alles, was nicht zu den Frischwaren wie Gemüse, Obst, Hülsenfrüchten, Nüssen und gesunden tierischen Produkten gehört), führen in unserem Körper zu multiplen Entzündungen. Um den Körper zu schützen, schütten unsere Nebennieren zur Linderung der Entzündungen Cortisol aus. Doch Cortisol zählt zu den wesentlichen Stresshormonen und seine ständige Präsenz vermittelt unserem Gehirn, dass unser Körper aus dem Gleichgewicht und sein Überleben möglicherweise gefährdet ist (das ist nicht wirklich so, aber unser Körper glaubt das).

Daher kommt unser Stoffwechsel zum Stillstand, die Fettverbrennung wird eingestellt und der Körper bereitet sich gewissermaßen auf den Winterschlaf vor.

Bitte denken Sie daran, dass nicht nur Lebensmittel eine solche Stressreaktion hervorrufen. Alles, was durchgängig die Homöostase Ihres Körpers stört (seinen Gleichgewichtszustand), wird zum gleichen Ergebnis führen.

KAYLAS VERWANDLUNG

„Diäten sind überhaupt nicht mein Ding. Ich war immer schlank mit ein paar Fettpölsterchen und konnte so ziemlich alles essen. In den letzten Jahren nahm ich aber jedes Jahr viereinhalb bis sieben Kilo zu und wurde die auch nicht mehr los. Nachdem ich Yuri in Lewis Howes' Podcast kennengelernt hatte, beschloss ich, mir Yuris *The All-Day Fat-Burning Diet* zu kaufen. Obwohl ich abgesehen von ein paar Pölsterchen eigentlich schlank war, war ich immer unzufrieden mit meinem Körper, selbst im Kindesalter, und das wollte ich ändern. Mein ursprüngliches Ziel war, viereinhalb Kilo in 21 Tagen zu verlieren, aber nachdem ich schon in der ersten Woche drei Kilo abgenommen hatte, musste ein neues Ziel her. Meine ersten 21 Tage endeten am Super-Bowl-Sonntag 2016, und nachdem ich ein Wochenende lang gesündigt hatte, konnte ich es gar nicht abwarten, zu meinen gesunden und leckeren Mahlzeiten zurückzukehren.

Ich stehe jetzt am Anfang meines zweiten 21-Tage-Zyklus mit dem Ziel, noch einmal neun Kilo abzunehmen. Nachdem ich *The All-Day Fat-Burning Diet* durchgelesen hatte, fühlte ich mich gut gerüstet, meine Essgewohnheiten radikal zu ändern. Danke, Yuri Elkaim! Ich fange an, mich endlich in meinem Körper wohlzufühlen, was das eigentliche Endziel war."

LIEBER WENIGER SITZEN UND MEHR STEHEN

Einer der Dickmacher, von denen in *The All-Day Fat-Burning Diet* die Rede war, ist die „Sitzeritis": Wir sitzen zu viel herum. Und es gibt noch einen Grund, warum wir den Hintern hochkriegen und mehr stehen und uns bewegen sollten: Eine 2009 mit 17.013 Frauen und Männern zwischen 18 und 90 Jahren durchgeführte Studie ergab, dass ein Zusammenhang hergestellt werden kann zwischen der Zeit, die täglich im Sitzen verbracht wurde, und einem erhöhten Sterberisiko allgemein sowie in Folge von Herz-Kreislauf-Erkrankungen! Im Grunde gilt: Je mehr Sie sitzen, desto höher ist das Risiko, dass Sie erkranken und früh streben. Diese Ergebnisse zeigten sich unabhängig von zusätzlichen körperlichen Aktivitäten und dem Body-Mass-Index. Die Resultate dieser Studie erinnern uns daran, dass es beim Abnehmen und Gesundbleiben nicht nur darum geht, mehrere Male pro Woche ins Fitnessstudio zu gehen, sondern eher darum, weniger Zeit mit Sitzen zu verbringen.[1] Wenn Sie eine sitzende Tätigkeit ausüben, stellen Sie einen Timer so ein, dass er Sie alle 20 Minuten daran erinnert, sich hinzustellen, einen kleinen Spaziergang zu machen (oder umherzugehen) und einige leichte Dehnübungen zu machen. Oder versuchen Sie, bei der Arbeit abwechselnd 30 Minuten im Stehen und 30 Minuten im Sitzen zu verbringen. Das wird sich später enorm bezahlt machen.

Negative Emotionen, Schlafmangel, exzessiver Sport, falsche Ernährung, Umweltgifte und ungesunde Darmbakterien sind nur einige der Übeltäter, die Stress für unseren Körper bedeuten. Und all dies richtet mit der Zeit Chaos in Ihrem Stoffwechsel an und bringt die meisten Ihrer Hormone aus dem Gleichgewicht. Deshalb ist es so schwer, abzunehmen und sein Gewicht zu halten.

Denken Sie bitte daran: Solange Sie nicht gerade jeden Tag Fastfood essen und sich weigern, regelmäßig Sport zu treiben, ist es nicht Ihre Schuld, dass Sie kein Gewicht verlieren.

Sie haben sich dieses Kochbuch nicht besorgt, weil Sie mich umwerfend attraktiv finden, und auch nicht wegen meines schrägen kanadischen Humors, sondern weil Sie einen gesunden Lebensstil führen möchten. Sie wollen stolz auf Ihren Körper sein. Vielleicht wollen Sie in Ihren Lieblingsklamottenladen gehen, irgendein Teil anprobieren und sich im Spiegel gut gefallen. Sie würden sich gern sexyer und wohler in Ihrer Haut fühlen – oder Sie wollen vermeiden, dass Sie den gleichen mit Krankheiten gepflasterten Weg gehen wie Ihre Familie oder Freunde, die schon viel zu lange gegen ihr Gewicht ankämpfen.

Aus welchem Grund auch immer Sie abnehmen wollen: Ich nehme an, dass Sie bisher Ihr Möglichstes getan haben, sich relativ gesund zu ernähren und regelmäßig Sport zu treiben. Vielleicht hatten Sie den einen oder anderen Ausrutscher, aber das macht nichts – es geht uns allen so. Wenn Ihr Gewicht immer noch stagniert, ist Ihnen sicher klar, dass das Verbrennen von Fett nicht bloß bedeutet, weniger zu essen und sich mehr zu bewegen. Man muss dazu gesunde Lebensmittel verzehren und diese abwechseln nach einem Prinzip, das im Einklang mit den natürlichen Rhythmen des Körpers steht und diesen Rechnung trägt. Ich bin der festen Überzeugung (und habe dies auch beobachtet), dass es uns viel leichter fallen wird, abzunehmen und uns gut zu fühlen, wenn wir es hinbekommen, *mit* unserem Körper zu arbeiten und nicht *gegen* ihn.

Wir sind ein Teil der Natur. Und weil alles in der Natur einem natürlichen Fluss folgt, tut das unser Körper auch. Die Wellen brechen sich am Strand, die Jahreszeiten ändern sich, die Erde erwärmt sich und kühlt ab – alles im Leben unterliegt Ebbe und Flut. Wir sind nicht davon ausgenommen. Unser Körper folgt Biorhythmen; wenn man diese missachtet, hat das genauso katastrophale Folgen, wie wenn ein Surfer eine neun Meter hohe Welle zu spät nimmt. So *sollte* zum Beispiel der Cortisolspiegel morgens am höchsten sein und abends am niedrigsten. Der Spiegel unseres Schlafhormons Melatonin *sollte* morgens am niedrigsten sein und abends am höchsten. Die größte Menge an Wachstumshormonen *sollte* während des Tiefschlafs abgegeben werden und so weiter und so fort.

Wenn wir uns so ernähren und so leben, dass diese natürlichen Muster dabei gestört werden, hat das Auswirkungen auf unsere Gesundheit und unsere Taille. Fettabbau ist ein interner Prozess, der im Wesentlichen von einem gesunden Hormonhaushalt und den natürlichen Rhythmen des Körpers bestimmt wird. Wenn Sie diese internen Abläufe nicht unterstützen, wird weder das Reduzieren und Zählen von Kalorien noch exzessiver Sport zu einer dauerhaften Veränderung führen. Ergibt das einen Sinn?

Das Schöne am *Das Fett-weg-Kochbuch* (und an der Ernährungsmethode, auf der es basiert) ist, dass es einen realistischen, bewährten und nachhaltigen Rahmen schafft, um sich von gesunden und leckeren Lebensmitteln zu ernähren, die Entzündungen und Stress im Körper abbauen und im Einklang mit seinen natürlichen Rhythmen stehen, ohne Ihnen das Gefühl zu geben, auf Dinge verzichten zu müssen, oder von Ihnen zu verlangen, den ganzen Tag in der Küche zu verbringen. In diesem Kochbuch finden Sie fettverbrennende Gerichte, die so schnell zuzubereiten und so lecker sind, dass man meinen könnte, sie seien ungesund. Sie sind alle passend zum 5-Tage-Plan zusammengestellt, den ich im Vorläufer-Kochbuch ausführlich erklärt habe. Wenn Sie das bewährte Lebensmittel-Rotationsprinzip befolgen und diese

WIR SOLLTEN UNS GLÜCKLICH SCHÄTZEN

Wir leben, historisch gesehen, in einer großartigen Zeit mit mehr Freiheiten, Auswahlmöglichkeiten und Luxus als je zuvor. Trotzdem sind die meisten Menschen mies drauf, was sich schlecht auf ihre Chancen auswirkt, gute Entscheidungen zur Verbesserung ihrer Gesundheit zu treffen. Die gute Nachricht ist: Wenn Sie sich jeden Tag nur ein paar Minuten Zeit nehmen, um alle positiven Dinge in Ihrem Leben aufzuzählen und dankbar zu sein für das, was alles funktioniert, tun Sie damit, laut den Studienergebnissen aus der Zeitschrift *Applied Psychology: Health and Well-Being*[2] eine Menge dafür, um Ihre Zufriedenheit, Ihr Selbstwertgefühl und Ihr langfristiges Wohlergehen zu verbessern. Und wenn es Ihnen besser geht, treffen Sie auch bessere Entscheidungen, die Ihren höchsten Zielen dienen. Probieren Sie mal, jeden Abend auf einer Tagebuchseite zu notieren, für welche Dinge Sie dankbar sind, das schließt auch Ihre Gesundheit, Ihre Familie und Freunde, das Dach über Ihrem Kopf, die Fähigkeit, dieses Buch lesen zu können, und alles andere mit ein, das Ihnen in den Sinn kommt. Es gibt so viele Dinge, für die wir dankbar sein sollten – wenn Sie das wirklich nachempfinden können, verflüchtigt sich der Stress und Ihre Zufriedenheit wächst.

Pressen Sie den Saft einer halben Zitrone in 500 Milliliter Wasser (etwa zwei Tassen) und trinken Sie diese gleich als Erstes nach dem Aufwachen. Zitrone hat eine alkalisierende Wirkung auf Ihren Körper, wodurch Ihre Verdauung angeregt wird und die Giftstoffe aus dem Körper geschwemmt werden, die sich über Nacht angesammelt haben. Sie werden auch feststellen, dass Ihnen der erste Stuhlgang des Tages leichter fällt, was sehr gut ist für einen gereinigten, funktionsfähigen Darm.

Rezepte nachkochen, bringen Sie damit Ihren Stoffwechsel auf Touren, Ihre Pfunde werden purzeln und Sie werden wieder Freude am Essen haben.

Und denken Sie daran: Hier werden weder Kalorien gezählt noch Lebensmittel abgewogen und auch auf andere unhaltbare Diätrituale wird verzichtet. Genießen Sie einfach die entsprechenden Rezepte an den richtigen Tagen und alles wird gut.

Kurzer Rückblick auf den 5-Tage-Plan

In *The All-Day Fat-Burning Diet* habe ich einen zuverlässigen 5-Tage-Plan vorgestellt, bei dem abwechselnd auf Kalorien und Kohlenhydrate geachtet wird, um den Stoffwechsel Ihres Körpers so umzustellen, dass Sie pro Woche bis zu zweieinhalb Kilo abnehmen können. Zur Erinnerung: Ich habe diese Methode entwickelt, weil Menschen von ihrer Veranlagung her mit sehr großer Wahrscheinlichkeit am besten mit wechselnden Phasen zwischen Schlemmen und Hungern zurechtkommen. Daher ist dies eine Form der Ernährung, die besser zu unseren angeborenen Stoffwechselparametern passt.

Unsere Vorfahren aus der Steinzeit hatten nicht den Luxus eines Kühlschranks, sie kannten keine rund um die Uhr geöffneten Lebensmittelläden und kein Fastfood und hatten auch keine Kaffeebar an jeder Ecke. Sie lebten und entwickelten sich in einem etwas unberechenbareren Umfeld. An manchen Tagen hatten sie vielleicht reichlich zu essen, an anderen Tagen wiederum (oder zu bestimmten Jahreszeiten) mussten sie hungern. Uns hingegen wurde eingeimpft, dass wir alle paar Stunden etwas essen müssen, weil sonst unser Stoffwechsel herunterfährt. Das ist schlichtweg Blödsinn. In *The All-Day Fat-Burning Diet* gehe ich darauf ein, welche Gefahren sich aus dem Befolgen dieser Regel ergeben.

Im Folgenden möchte ich kurz daran erinnern, wie mein 5-Tage-Plan funktioniert, denn Sie werden feststellen, dass die Rezepte in diesem Buch nach diesem System organisiert sind. Das Beste daran ist, dass es eine sehr natürliche und intuitive Art der Ernährung ist, für die Ihr Körper Ihnen dankbar sein wird.

So sehen die fünf Tage aus:

1. Kohlenhydratarmer Tag
2. Schlemmtag
3. Fastentag
4. Normalkalorien-Tag
5. Kalorienarmer Tag

Zum Befolgen des Plans brauchen Sie sich einfach nur fünf Tage an diese Abfolge zu halten und dann geht es wieder von vorn los. Wenn Sie den Zyklus einmal oder zweimal durchlaufen haben, wird er sich einprägen und Ihnen ganz natürlich vorkommen. Er wird Ihnen außerdem helfen herauszufinden, welches die echten Bedürfnisse Ihres Körpers sind, sodass Sie mit der Zeit wirklich verstehen, wann Sie mehr und wann Sie auf Basis der Hungersignale Ihres Körpers weniger essen können – und sollten.

Eine der wenigen Möglichkeiten, unsere Lebensspanne zu verlängern und dauerhaft abzunehmen, besteht bekanntlich, darin, genügsam zu essen – vor allem weniger zu essen. Doch das tut niemand gern. Weniger zu essen bedeutet in vielen Fällen, dass man etwas entbehrt und nicht satt wird. Für die meisten von uns ist das keine gute Art zu leben. Der 5-Tage-Plan macht es Ihnen möglich, vom gesundheitlichen Nutzen einer frugalen Ernährung zu profitieren, ohne tatsächlich das Gefühl zu haben, dass Sie sich genügsam ernähren. Stimmt schon, alle fünf Tage gibt es einen Fastentag, mit dem wir uns in diesem Kochbuch nicht näher befassen werden, aber ansonsten werden Sie leckere Gerichte essen, die Ihren Körper mit jeder Menge Nährstoffe versorgen und dabei helfen, seine aus dem Gleichgewicht geratenen Hungerhormone neu einzustellen, damit Sie nicht ständig essen müssen.

Ich möchte, dass Sie diesen 5-Tage-Plan über alle Tage hinweg im Hinterkopf behalten –, nicht, um ihn fanatisch zu befolgen, sondern als Erinnerung daran, dass Sie Ihre Lebensmittel etwas bewusster auswählen. Die gute Nachricht: Sie brauchen einfach nur die Rezepte in diesem Kochbuch zuzubereiten, um den Plan einzuhalten. Nachfolgend noch mal ein schneller Überblick, wie der 5-Tage-Plan funktioniert.

KALORIEN ZÄHLEN WAR GESTERN – LAURIES DURCHBRUCH IN SACHEN ERNÄHRUNG

„Ich war mehr als 25 Jahre lang bei den Weight Watchers und bin an mein Zielgewicht nie herangekommen. In den vergangenen fünf Jahren habe ich mehrmals neun Kilo ab- und wieder zugenommen. Dass ich Kalorien und Punkte zählen und aufschreiben musste, was ich aß, gefiel mir nicht. Das Essen in diesem Ernährungsprogramm hier finde ich aber richtig gut, und ich befolge Yuris Plan nun schon eine Weile. Ich kann gar nicht glauben, dass ich so viele tolle Sachen essen darf. Die Rezepte sind schnell und einfach zuzubereiten. Ich plane immer einen Tag im Voraus, koche mein Mittagessen vor und bekomme ganz viele Kommentare, wie lecker mein Essen aussieht und duftet. Ich leide unter MS und einem Leaky-Gut-Syndrom, habe jetzt aber viel mehr Energie. Das ist mein neuer Lebensstil und bin zuversichtlich, diesmal meine gesamten 18 Kilo Übergewicht für immer loszuwerden. Danke, Yuri, dass du mir so geholfen und mich motiviert hast."

TAG 1: KOHLENHYDRATARMER TAG

Ziel: an diesem Tag weniger als 50 Gramm Netto-Kohlenhydrate zu sich zu nehmen

- Vermeiden Sie stärkehaltige Kohlenhydrate und Obst.
- Essen Sie Protein bei jeder Mahlzeit.
- Fett sollte an diesem Tag Ihre Hauptenergiequelle sein.
- Sie dürfen so viel ballaststoffreiches Gemüse essen, wie Sie wollen.
- Essen Sie, wenn Sie Hunger haben, und hören Sie auf, wenn Sie zu 80 Prozent satt sind.

Mit Netto-Kohlenhydraten ist die Gesamtmenge an Kohlenhydraten gemeint, abzüglich der Ballaststoffe. Wenn also eine Mahlzeit 50 Gramm Brutto-Kohlenhydrate enthält, von denen 20 Gramm Ballaststoffe sind, wäre die Menge an Netto-Kohlenhydraten 30 Gramm. Nachvollziehbar? Ich erwarte von Ihnen nicht, dass Sie beim Zubereiten von Mahlzeiten Kohlenhydrate zählen. Bei allen kohlenhydratarmen Gerichten in diesem Kochbuch wurde die Menge bereits berücksichtigt. Außerdem werden Sie an Ihrem kohlenhydratarmen Tag schon dadurch problemlos unterhalb Ihrer Grenze von 50 Gramm Netto-Kohlenhydraten bleiben, dass Sie die erste Richtlinie befolgen und stärkehaltigen Kohlenhydraten und Obst an diesem Tag aus dem Weg gehen. Komplizierter braucht es nicht zu werden.

Die Kohlenhydratzufuhr an diesem Tag wird begrenzt, damit Ihr Körper sich seine Energie aus Ihren Fettreserven holen kann und nicht ans Glykogen herangeht (Kohlenhydratspeicher). Auf diese Weise wird Ihr Körper auch ein besserer Fettverbrenner anstatt ein Zuckerverbrenner, der ständig nach einem Nachschub an Zucker und Kohlenhydraten verlangt. Doch man muss sich auch bewusst machen, dass eine niedrige Kohlenhydratzufuhr, selbst wenn das nur über ein paar Tage geht, negative Folgen für Ihre Schilddrüse und damit für Ihren Stoffwechsel haben kann. Aus diesem Grund gibt es bei diesem Ansatz nur alle fünf Tage einen kohlenhydratarmen Tag. Das ist viel sicherer und genauso wirkungsvoll.

TAG 2: SCHLEMMTAG

Ziel: mindestens 250 Gramm Netto-Kohlenhydrate und bis zu 50 Prozent höhere Kalorienzufuhr als an Normalkalorien-Tagen

- Sie dürfen nach Belieben gesunde Lebensmittel schlemmen – ohne schlechtes Gewissen.
- Veranstalten Sie keine Fressorgien und stopfen Sie sich auch nicht voll; essen Sie, bis Sie zu 80 Prozent satt sind, und hören Sie auf, bevor Ihnen schlecht wird.
- Nehmen Sie die größte Mahlzeit nach dem Sport ein.
- Wenn Sie während einer Mahlzeit nicht mehr essen können, naschen Sie an diesem Tag zwischendurch Nüsse, Obst oder andere gesunde Lebensmittel.

An diesem Tag geht es darum, nach dem kohlenhydratarmen Tag Ihren Stoffwechsel anzuregen (insbesondere Ihre Schilddrüse und das Hungerhormon Leptin) und ihn auf den nachfolgenden Fastentag vorzubereiten. Dies ist kein „Cheat Day", sondern ein Tag, an dem Sie sich darauf konzentrieren, gesündere Kohlenhydrate zu essen (denn die spielen bei vielen Hormonfunktionen eine wichtige Rolle) und Ihre Nahrungsaufnahme insgesamt zu steigern. Sie sollen sich nicht vollstopfen und auch nicht so viel essen, bis Ihnen schlecht wird. Suchen Sie einfach nach Möglichkeiten, den Tag über etwas mehr zu essen, indem Sie sich zwischen den Mahlzeiten einen Snack gönnen, etwas größere Portionen essen und/oder Mahlzeiten zu sich nehmen, die gehaltvoller und kalorienreicher sind. Auch hier brauchen Sie sich über Details keine Gedanken zu machen – essen Sie einfach mehr als sonst, so lange, wie Sie Appetit haben und Sie nicht in ein Fresskoma fallen.

Damit Sie eine Vergleichsbasis haben: Eine Tasse Bohnen liefert rund 125 Gramm Kohlenhydrate, was etwa der Hälfte Ihres Tagesbedarfs an diesem Tag entspricht. Eine Banane liefert rund 30 Gramm Kohlenhydrate. Sie sehen, wie schnell (und einfach) sich das summiert. Im Kochbuch treffen Sie immer wieder auf bestimmte Rezepte, die als „Schlemmermahlzeit" gekennzeichnet sind, was bedeutet, dass sie natürlich mehr gesunde Kalorien, Kohlenhydrate und Fette enthalten. Das bedeutet nicht, dass am Schlemmtag andere Rezepte verboten wären, sondern lediglich, dass man bei den so gekennzeichneten Gerichten „Gehaltvolleres auf die Gabel bekommt".

TAG 3: FASTENTAG
Ziel: 18 bis 24 Stunden lang nur Wasser und Kräutertee

- Nehmen Sie nichts anderes zu sich als Wasser und Kräutertee. Ganz einfach.
- Wenn Sie sonst Nahrungsergänzungsmittel nehmen (ein Multivitaminpräparat, Fischölkapseln oder anderes), gönnen Sie Ihrem Körper hiervon an diesem Tag eine Pause.
- Probiotika und Verdauungsenzyme dürfen Sie ruhig weiter nehmen, da diese bei Nahrungsverzicht dem Körper Gutes tun können.

Dieser Tag spielt für die Rezepte in diesem Buch eigentlich keine Rolle. Der Grund ist offensichtlich – Sie nehmen einen Tag lang keine Nahrung zu sich. Warum Fasten viele Vorteile für die Gesundheit und die Gewichtsabnahme mit sich bringt, erkläre ich in *The All-Day Fat-Burning Diet*. An dieser Stelle möchte ich nur kurz erläutern, wie man einen Fastentag am besten gestaltet.

Um es sich einfach zu machen, beginnen Sie Ihr Fasten idealerweise am Schlemmtag nach dem Abendessen. Wenn Sie dann am nächsten Morgen aufwachen, haben Sie bereits rund zwölf Stunden Fasten hinter sich. Wenn Sie es dann noch schaffen, bis zum Nachmittag oder frühen Abend durchzuhalten und nur Wasser und/oder Kräutertee zu trinken, sind Sie ein Held.

Nachdem ich als Ernährungscoach Tausende von Menschen durch diesen Prozess begleitet habe, lassen Sie mich Ihnen sagen, dass Sie nicht zu hart mit sich ins Gericht gehen sollten, wenn Sie nicht die kompletten 24 Stunden durchhalten. Machen Sie sich deswegen nicht verrückt. Wenn Sie 14, 17, 20 oder wie viele Stunden auch immer gefastet haben, geben Sie sich einfach zufrieden mit der Tatsache, dass Sie Ihrem Körper eine „Verschnaufpause" gegönnt haben, in der er sich reinigen und selbst heilen konnte. Das ist immens wichtig. Bitte denken Sie daran, dass Ihr erster Fastentag für Sie wahrscheinlich eine Herausforderung sein wird, besonders dann, wenn Sie es gewohnt sind, ständig zu essen. Doch er wird auch eine der bereicherndsten Erfahrungen sein, die Sie machen können, und Sie werden dabei eine Menge darüber erfahren, warum Sie essen.

Sie werden feststellen, dass Sie einen Großteil der Zeit gar keinen Hunger haben, sondern eher nervös oder gelangweilt sind oder sich in typischen Situationen (zum Beispiel bei der Arbeit am Schreibtisch) wiederfinden, in denen Sie normalerweise etwas essen würden. Diese Erkenntnis allein ist es wert, einen Fastentag einzulegen. Weitere Hinweise, wie Sie das Fasten in Ihre Woche einbauen können, finden Sie in Kapitel 5, „Der 10-Tage-Stoffwechsel-Neustart". Dort werden im Verlauf eines 10-Tage-Plans auch zwei Fastentage eingelegt.

SKEPTIKERIN HILLARY HAT'S GESCHAFFT

„Als ich mich im Dezember 2014 für die erste ‚All-Day Fat-Burning Diet'-Beta-Test-Gruppe anmeldete, war mein Ziel, wieder in meine total enge Lieblingsjeans hineinzupassen, deren Knopf ich nicht mehr zubekam. Ich dachte, dass ich das auf keinen Fall innerhalb von nur 21 Tagen schaffen würde. Ich war zwar aufgeregt und wollte loslegen, war aber auch ein wenig skeptisch. Schließlich war Weihnachtszeit und die Versuchung, ungesundes Essen zu genießen, lauerte überall. Ich hielt mich ziemlich genau an den Plan (mit ein paar Ausnahmen auf Weihnachtsfeiern) – und bis Tag 21 bekam ich nicht nur meine Lieblingsjeans wieder zu, sondern hatte sogar mehr als einen Zentimeter Luft! Da war ich platt! Während dieser Zeit stieg ich nur zweimal auf die Waage und fand, dass meine Kleidung Beweis genug war.
Ich stellte fest, dass ich die ganze Zeit über satt wurde und kein Verlangen mehr nach Chips, Zucker, Kaffee und Alkohol hatte. Und ein toller Extrabonus war, dass mein Energielevel stieg, meine grenzwertigen Blutzuckerprobleme verschwanden und ich mich einfach leichter und zufriedener fühlte. Ich habe den Plan 14 Monate lang phasenweise befolgt, und jedes Mal, wenn ich den Zyklus unterbrochen habe, stellte ich fest, dass alle meine alten Symptome sich wieder einschlichen. Nun halte ich mich seit mittlerweile rund sechs Wochen an den Plan und fühle mich absolut großartig! Vielen Dank, Yuri, dass du mir die Hoffnung und Zuversicht gegeben hast, daraus eine Lebensweise zu machen. Das ist ein echtes Geschenk!"

TAG 4: NORMALKALORIEN-TAG

Ziel: Bezugswerte bestimmen

- Essen Sie ganz normal.
- Essen Sie, wenn Sie Hunger haben, und hören Sie auf, wenn Sie zu 80 Prozent satt sind.

Dieser Tag kommt einem „normalen" Esstag, so wie Sie ihn momentan kennen, sehr nah. Es werden keine Kalorien gezählt und es wird auch nichts abgewogen, also sollten Sie versuchen, instinktiv ein Gefühl dafür zu entwickeln, wie viel Sie normalerweise essen. Dies wird Ihr Bezugswert für Ihren Normalkalorien-Tag. Der muss nicht perfekt sein – nah dran ist auch schon gut. Von diesem Bezugswert aus können Sie besser bestimmen, wie viel mehr Sie an Ihrem Schlemmtag essen dürfen und wie viel weniger an Ihren kalorienarmen Tagen.

TAG 5: KALORIENARMER TAG

Ziel: die Kalorienzufuhr sollte unter dem Bezugswert bleiben

- Nehmen Sie sich vor, rund 25 Prozent weniger zu essen als am Tag zuvor (Ihrem Normalkalorien-Tag).
- Genießen Sie mehr Rohkost, leichte Suppen und Smoothies.

Der kalorienarme Tag ist eigentlich ganz einfach, obwohl viele berichten, dass sie diesen Tag am härtesten finden. Da das Ziel ist, rund 25 Prozent weniger Kalorien zu sich zu nehmen als am Normalkalorien-Tag, sollten Sie sich auf Lebensmittel konzentrieren, die viele Nährstoffe, aber wenige Kalorien enthalten. Dafür eignen sich Salate, leichte Suppen und Smoothies besonders gut.

Wie Sie dieses Kochbuch benutzen

Dieses Kochbuch ist nicht einfach nur eine Rezeptsammlung. Es ist so organisiert, dass es auf *The All-Day Fat-Burning Diet* aufbaut, und es enthält eine Menge leckere Fett-weg-Rezepte, die sich an allen Tagen innerhalb des 5-Tage-Plans (außer dem Fastentag natürlich) in weniger als 20 Minuten zubereiten lassen.

Sie können dieses Kochbuch auf zwei unterschiedliche Arten benutzen.

1. Sie befolgen die Rezepte nach dem 5-Tage-Plan, sodass Sie sich an den verschiedenen Tagen die dafür jeweils vorgeschlagenen Rezepte schmecken lassen. An Ihren kohlenhydratarmen Tagen würden Sie zum Beispiel mit den Rezepten aus diesem Kochbuch arbeiten, die als „kohlenhydratarm" gekennzeichnet sind. An Ihren Schlemmtagen könnten Sie so ziemlich alle Rezepte verwenden (besonders die mit einem hohen Stärkeanteil) und so weiter.

   Um Ihnen das Leben ein bisschen leichter zu machen, enthält das Buch auch den 10-Tage-Stoffwechsel-Neustart (siehe Kapitel 5). Das ist ein Ernährungsplan mit einem sehr detaillierten Speiseplan für 10 Tage (der 5-Tage-Plan ist hier integriert). Er wird Ihnen helfen, die Kontrolle über Ihre Ernährung wiederzuerlangen, während Sie gleichzeitig weniger darüber nachdenken müssen, was Sie abends oder zu anderen Mahlzeiten essen sollen.

2. Oder Sie wählen einfach die Rezepte aus, auf die Sie gerade Lust haben. So funktionieren die meisten Kochbücher. Blättern Sie das Buch durch, suchen Sie sich Rezepte aus, die Sie ansprechend finden, und kochen Sie sie nach, wann immer Ihnen danach ist. Diese Vorgehensweise ist weniger strategisch, aber auch in Ordnung, da alle Rezepte sich positiv auf Ihre Gesundheit auswirken und Ihnen beim Abnehmen helfen werden.

Abgesehen von den unglaublich leckeren Rezepten enthält das Buch außerdem coole Extras, zum Beispiel einfache Tipps und Tricks, wie das Kochen besser gelingt, erhellende Fakten über viele der Lebensmittel in den Rezepten, die Ihnen neu sein dürften, und einfache, kleine Maßnahmen, die Sie zu dauerhaften Gewohnheiten machen können, um gesünder, zufriedener und schlanker zu werden.

Häufige Fragen

Hier sind einige der häufigsten Fragen, die mir seit Erscheinen von *The All-Day Fat-Burning Diet* gestellt wurden. Da die meisten auch auf dieses Buch passen, dachte ich, die Antworten könnten auch für Sie wichtig sein.

Warum sind die Rezepte aus *The All-Day Fat-Burning Diet* so hilfreich fürs Abnehmen?

Abnehmen bedeutet nicht, dass man einfach nur weniger essen und sich mehr bewegen muss. Wenn Menschen diese Regel befolgen und trotzdem nicht abnehmen, ist ihre Physiologie durcheinandergeraten. Der menschliche Körper weiß von Natur aus, wie wir schlank bleiben, aber nur, wenn unsere Körperfunktionen optimal ablaufen. Daher ist es unser Ziel, die inneren Funktionen unseres Körpers auf die „Werkseinstellungen" zurückzusetzen, damit er seine Arbeit ordentlich machen kann. Die Rezepte in diesem Kochbuch helfen dabei. Hauptsächlich aus zwei Gründen funktioniert das Programm so gut.

1. Jeden Tag unterschiedlich große Mengen zu essen ist für die meisten Menschen ein natürlicherer Esszustand. Das trägt dazu bei, die optimalen Hormonfunktionen wiederherzustellen.
2. Unverarbeitete Lebensmittel zu essen bedeutet, die meisten Dickmacher, die Übergewicht zugrunde liegen, zu eliminieren, insbesondere Entzündungen.

Was, wenn ich Paläo-Anhänger oder Veganer bin? Sind die Rezepte dann trotzdem für mich geeignet?

Auf jeden Fall! Dieses Buch kennt keine Diäten. Rund die Hälfte der Rezepte in diesem Kochbuch enthalten tierische Produkte, aber egal, ob Sie Veganer, Paläo-Anhänger oder irgendwas dazwischen sind, die Richtlinien des Rotationszyklus und die Ernährungsprinzipien lassen sich leicht so befolgen, dass sie Ihren Bedürfnissen gerecht werden.

Ich bin Veganer und frage mich, was ich an kohlenhydratarmen Tagen essen kann. Was würden Sie empfehlen?

Das ist eine gute Frage, weil fast alle proteinreichen veganen Lebensmittel – darunter Hülsenfrüchte – auch relativ viele Kohlenhydrate enthalten. Daher sind kohlenhydratarme Tage für Veganer eine etwas knifflige Angelegenheit. Ich würde Ihnen empfehlen, viel ballaststoffreiches Gemüse zu verzehren und als Ausgleich für die wenigen verfügbaren kohlenhydratarmen vegetarischen Proteinquellen die Zufuhr an gesunden Fetten zu erhöhen. Um an einem kohlenhydratarmen Tag die Zufuhr von Protein zu erhöhen und besser satt zu werden, können Sie auch Nüsse essen.

Sind diese Rezepte für mich geeignet, wenn ich Diabetes, einen hohen Blutdruck oder andere gesundheitliche Probleme habe?

Ja, diese Rezepte werden Ihnen nicht nur beim Abnehmen helfen, sondern als willkommene Begleiterscheinung wird sich Ihre Gesundheit insgesamt verbessern. Außerdem sind alle Rezepte ausgewogen, sie haben eine geringe bis mittelhohe glykämische Last und enthalten keine künstlichen Nahrungsmittel. Die in den Rezepten verwendeten Zutaten sind ausschließlich gesunde Lebensmittel und die daraus im Nu zubereiteten Gerichte werden sich positiv auf Ihre Gesundheit auswirken. Natürlich sollten Sie immer erst mit einem Arzt sprechen, bevor Sie mit diesem oder einem anderen Ernährungsplan beginnen.

Sind die Rezepte sehr zeitaufwendig?

Nein, die Gerichte in diesem Buch lassen sich innerhalb von maximal 20 Minuten zubereiten. Bei einigen kommt zusätzliche Garzeit dazu, aber die reine Arbeitszeit liegt immer bei höchstens 20 Minuten.

Welche Lebensmittel darf ich nicht essen?

Ich bin nicht Ihr Boss, daher kann ich Ihnen nur empfehlen, bestimmte Lebensmittel zu essen oder zu vermeiden. Um die besten Resultate zu erzielen und das Programm konsequent zu befolgen, empfehle ich, auf Milchprodukte zu verzichten (mit Ausnahme von Bio-Weidebutter), ebenso auf glutenhaltige Lebensmittel und Soja. Gesunde tierische Produkte, Gemüse, Obst, Nüsse, Bohnen und Hülsenfrüchte sind absolut in Ordnung.

Empfehlen Sie den Konsum von Kaffee oder Koffein?

Ich rate von Koffein dringend ab, da der regelmäßige Konsum dieses Aufputschmittels in Kombination mit einem ohnehin stressigen Leben Ihre Nebennieren erschöpft und verheerende Wirkung auf Ihre Blutzuckerwerte hat; Sie fühlen sich matt und brauchen noch mehr Kaffee, um zu funktionieren. Sie sollten zumindest auf entkoffeinierten Kaffee umsteigen oder Kräutertees trinken.

SCHONEN SIE IHRE NEBENNIEREN UND VERZICHTEN SIE AUF KOFFEIN

Tausende von Leserinnen und Lesern von *The All-Day Fat-Burning Diet* fragten mich, ob sie bei meinem Ernährungsplan Kaffee trinken dürfen. Egal, welcher Ernährung Sie folgen, meine Antwort lautet im Allgemeinen Nein. Und zwar deshalb, weil Koffein ein Aufputschmittel ist, das Ihre Nebennieren dazu bringt, mehr Stresshormone wie Cortisol und Adrenalin auszuschütten. Mit der Zeit kann dies, in Kombination mit zusätzlichen alltäglichen Stressfaktoren, Ihre Nebennieren schädigen. In der Folge sehen Sie abgekämpft aus und fühlen sich auch so. Wenn das passiert, wird es sehr schwer, abzunehmen und das Gewicht zu halten. Trinken Sie statt koffeinhaltigem Kaffee lieber entkoffeinierten Kaffee (und ein Glas Wasser dazu) oder Kräutertee. Ich bin ein großer Fan von Thai-Basilikum-Tee, der nachgewiesenermaßen müde Nebennieren munter macht und beruhigend auf den Körper wirkt – wenn Sie mich fragen, ist das viel besser als ein künstlicher Koffeinrausch.

Werde ich auf meine Lieblingsgerichte komplett verzichten müssen?
Wenn Ihre Lieblingsgerichte Eiscreme, Pizza, Hot Dogs und Pommes frites sind, dann wahrscheinlich schon. Im Übrigen gibt es in *Das Fett-weg-Kochbuch* kein Gluten und keine Milchprodukte, wenig Zucker, aber dafür jede Menge köstliche Gerichte, die schnell zubereitet sind.

Wie viele Mahlzeiten sollte ich pro Tag essen?
Wir wissen heute, dass es keine Rolle spielt, wie viele Mahlzeiten Sie am Tag essen. Ob Sie nur zwei oder fünf Mahlzeiten essen – solange die Gesamtkalorienzahl in etwa gleich bleibt, hat das keinen Einfluss auf Ihren Stoffwechsel oder Ihre Fähigkeit, Gewicht zu verlieren. Wenn Sie also bisher davon ausgegangen sind, dass Sie alle zwei bis drei Stunden etwas essen müssen, um Ihren Stoffwechsel auf Trab zu halten, so ist dies schlichtweg falsch. Falls Sie Diabetiker sind oder Probleme mit Ihrem Blutzucker haben, konsultieren Sie einen Arzt – hier ist häufigeres Essen wahrscheinlich ratsam. Doch sofern Ihr Gesundheitszustand zufriedenstellend ist, sollten Sie nur essen, wenn Sie Hunger haben, und aufhören, wenn Sie zu 80 Prozent satt sind. Wenn Sie diese einfache Regel befolgen, werden Sie genau wissen, wie oft Sie über den Tag verteilt essen müssen und was für Sie gut funktioniert.

Was hat Sie zu mir geführt?

Ich werde von vielen gefragt, was mich dazu bewogen hat, ein Kochbuch zu schreiben. Zum einen bin ich seit Jahren bekannt für meine einfachen und schmackhaften Fett-weg-Rezepte. Und ich kann es kaum abwarten, Ihnen in diesem Buch eine ganze Sammlung brandneuer, fettverbrennender Gerichte vorzustellen! Zum anderen habe ich dieses Kochbuch geschrieben, weil ich Ihnen eine schöne Auswahl an schnell zuzubereitenden, leckeren Mahlzeiten bieten wollte, mit denen Sie in der Küche glänzen können. Mir ist bewusst, dass Sie vielleicht nicht die Zeit haben, den ganzen Tag in der Küche zu verbringen. Das bedeutet aber nicht, dass Sie nicht trotzdem in wenigen Minuten Gourmetgerichte zaubern können. Sie haben vermutlich viel um die Ohren und sind höchstwahrscheinlich kein Profikoch. Dennoch wünschen Sie sich leckere Gerichte, die gut für Ihren Körper sind, korrekt?

Dann habe ich gute Nachrichten: Ich bin auch kein Berufskoch, sondern ein ganz normaler Mensch mit Fachwissen im Bereich Ernährung, der durch Ausprobieren entdeckte, wie man gesundes Essen lecker zubereiten kann. Und meine Aufgabe ist es jetzt, Sie an dieser Entdeckung teilhaben zu lassen. Außerdem versuche ich, so wenig Zeit wie möglich in der Küche zu verbringen – paradoxerweise, denn ich liebe gutes Essen. Ich habe drei Jungen und ein arbeitsreiches Leben, daher habe ich nicht den ganzen Tag Zeit, um Essen zuzubereiten. Ich bin sicher, das können Sie gut nachvollziehen. Wahrscheinlich haben Sie auch viel um die Ohren. Möglicherweise haben Sie Kinder und kutschieren sie von einem Termin zum nächsten. Vielleicht haben Sie es satt, auf Dinge zu verzichten oder sich an Trenddiäten zu halten, bei denen Sie Kaninchenfutter oder Gerichte essen müssen, die wie Pappe schmecken. Oder Sie wünschen sich genauso wie ich einfach leckere Mahlzeiten, die Ihnen helfen, gut auszusehen und sich gut zu fühlen, ohne dass Sie sich Gedanken übers Kalorienzählen und Abwiegen von Mengen machen oder viel Zeit investieren müssen. Und vielleicht möchten Sie, wie viele meiner Klienten, einfach Ihre Essgelüste in den Griff bekommen und einen Weg finden, wie Sie gesunde Mahlzeiten lecker zubereiten und zu einem festen Bestandteil Ihres Lebens machen können, damit Sie wieder ein gesundes Verhältnis zum Essen entwickeln.

Was auch immer Ihr Ziel ist, eine Tatsache bleibt bestehen: Es kommt darauf an, was Sie sich auf die Gabel (oder den Löffel) tun. Wenn Sie den Vorgänger zu diesem Kochbuch, *The All-Day Fat-Burning Diet*, gelesen haben, dann wissen Sie, dass Sie sehr wohl leckere Gerichte essen können, die gut für Ihre schlanke Linie und Ihre Gesundheit sind, ohne dabei Kalorien zu zählen oder das Gefühl zu haben, auf Dinge verzichten zu müssen. Und genau das finden Sie in diesem Kochbuch: Rezepte, die unerfahrene Laien genauso hinbekommen wie erfahrene Köche. Sie brauchen kein Profi zu sein, um diese Gerichte zuzubereiten – wobei Ihre Geschmacksknospen Sie für einen halten werden, wenn sie Ihre erstaunlichen Kreationen erst einmal zu kosten bekommen.

Was dieses Kochbuch von anderen unterscheidet

Eines gleich vorweg: Dieses Kochbuch ist anders als die meisten Kochbücher, die Sie vielleicht schon besitzen. Vor allem eines werden Sie in diesem Kochbuch nicht finden, und das sind Kalorien- oder Nährwertangaben zu den Rezepten. Ich halte nichts vom Kalorienzählen oder davon, ein großes Brimborium darum zu machen, wie viel Gramm gesunde Fette in Lebensmitteln stecken. Ja, vollfette Kokosmilch enthält sehr viel Fett – aber sie ist auch sehr gesund. Unser Stoffwechsel ist zum Teil deshalb so stark aus dem Gleichgewicht geraten, weil wir besessen davon sind, uns fettarm zu ernähren (und dafür sogar auf gesunde Fette verzichten). Wenn wir dies tun, berauben wir unseren Körper aber der Bausteine, die er, unter anderem, für eine gesunde Hormonproduktion benötigt.

Hier liegt der Schwerpunkt auf dem Essen und dem Genuss als Ganzes und nicht auf den einzelnen Bestandteilen. Ich halte dies für eine viel gesündere Art, unser Essen zu betrachten. Außerdem kommt es, wenn Sie die Qualität des Essens im Blick haben, weniger auf die Quantität an. Und wenn Sie sich immer noch Gedanken über Kalorien, Kohlenhydratmengen und Portionsgrößen machen, dann behalten Sie im Hinterkopf, dass all dies bereits mitbedacht wurde. So enthalten die kohlenhydratarmen Gerichte zum Beispiel alle wenig Netto-Kohlenhydrate, weshalb sich diese Rezepte für den kohlenhydratarmen Tag eignen. Außerdem sind die Rezepte entsprechend als „kohlenhydratarm", „kalorienarm" oder als „Schlemmermahlzeit" gekennzeichnet. So erkennen Sie auf einen Blick, ob ein bestimmtes Rezept zu dem jeweiligen Tag im 5-Tage-Plan passt beziehungsweise ob es dafür empfohlen wird. Rezepte ohne diese Kennzeichnung können Sie an sämtlichen Tagen essen.

MACY HAT IHRE ERNÄHRUNG WIEDER IN DEN GRIFF BEKOMMEN UND IST HEUTE SELBSTBEWUSSTER ALS JE ZUVOR

„Ich bin die gesündeste 17-Jährige, die ich kenne, und trotzdem gehöre ich auch zu den etwas Korpulenteren. Alle anderen um mich herum können zu jeder Tageszeit und Gelegenheit essen, was immer sie wollen, und brauchen noch nicht mal Sport zu treiben. Ich machte zweimal am Tag Sport, ernährte mich supergesund und nahm trotzdem nicht ab. Schon vor *The All-Day Fat-Burning Diet* ernährte ich mich ziemlich gesund, das heißt, ich naschte keine Süßigkeiten, trank keine Limonade und aß nur sehr wenig verarbeitete Lebensmittel. Ich nahm aber trotzdem zu. Ich hatte schon alle möglichen Diäten ausprobiert. Das funktionierte immer für einige Wochen und dann nahm ich wieder zu – und zwar noch mehr als vorher! Das war ganz schön frustrierend. Ich hatte es so satt, mich vor anderen für meinen Körper zu schämen. Einige Wochen, bevor ich mit diesem Programm startete, fand ich heraus, dass ich eine Schilddrüsenunterfunktion habe. Daher wusste ich, dass ich wegen meines langsamen Stoffwechsels auf meine Ernährung achten musste. Noch eine Hürde auf meinem Weg. Das Programm wurde mehr als nur eine Methode, um dauerhaft abzunehmen. Es stärkte auch mein Selbstvertrauen. Innerhalb von 21 Tagen nahm ich an den Hüften und am Po rund 2,5 Zentimeter ab, fast 4 Zentimeter am Bauch und mehr als 1,25 Zentimeter an meinen dicken Oberschenkeln – in nur 21 Tagen! Darüber war ich so begeistert, ich hätte mit meinem neu gewonnenen Selbstvertrauen am liebsten einen Freudentanz vollführt! Das mag nicht viel scheinen, aber im Vergleich mit anderen habe ich nicht viel zu verlieren. Ich kämpfe meinen eigenen Kampf. Ich bin knapp 1,62 Meter groß und wiege 59 Kilo, das meiste davon befindet sich am Po und an den Oberschenkeln. Die stechen bei allen Teilen, die ich besitze, hervor, was es unmöglich macht, neue Klamotten zu kaufen.

Jeder Tag in diesem Programm bietet mir die Chance, für das zu kämpfen, was ich erreichen will. Es ist für mich eine Möglichkeit, Kontrolle über mein Essen zu haben ohne schlechtes Gewissen, dass ich esse, weil ich hungrig bin, und ohne Angst haben zu müssen, deswegen zuzunehmen. Ich stelle mich nicht mehr zwei- bis dreimal am Tag auf die Waage. Ich kann sicher sein, dass ich abgenommen habe und das so bleibt, auch wenn ich mehr esse als jemals zuvor und viel weniger Sport mache. Und trotzdem nehme ich dabei ab! Dieses Programm hat mein Leben wirklich verändert. Das ist nicht nur eine Phase. Es ist ein Lebensstil, der mir gefällt. Meine Schilddrüsenunterfunktion werde ich vielleicht nie loswerden, aber heute weiß ich, wie ich damit leben und umgehen kann und gleichzeitig den Körper und das Selbstvertrauen bekomme, die ich will. Danke, Yuri!"

Zu guter Letzt möchte ich Sie daran erinnern, dass Sie selbst auch ein bisschen arbeiten müssen. Ich habe mein Bestes gegeben, um die Gerichte so zu gestalten, dass sie einfach und schnell zuzubereiten sind, aber *Sie* müssen jeden Tag einige Minuten investieren, um sie zuzubereiten. Ich habe viel für Sie getan, aber das Essen einkaufen, schnippeln und kochen müssen Sie schon selbst. Die Bereitschaft dazu brauchen Sie. Zu wissen, wie man tolles Essen macht, gehört zu den grundlegendsten und wertvollsten Talenten, die man als Mensch ausbauen kann. Wenn Ihre Kochkünste sich aufs Toasten von Brot beschränken, werden Sie immens an Selbstvertrauen gewinnen, sobald

Sie diese Gerichte zubereiten. Sie werden niemals zu Ihren alten Gewohnheiten zurückkehren wollen. Ich hoffe, damit sehen Sie jetzt klarer und haben eine bessere Vorstellung davon, was Sie auf den folgenden Seiten erwartet.

KAPITEL 2

So schaffen Sie es,

sich ein Leben lang gesund zu ernähren

ICH WILL IHNEN NICHT NUR EIN KOCHBUCH mit tollen Rezepten an die Hand geben, das Sie vielleicht ab und zu benutzen. Ich will Sie mit den nötigen Instrumenten ausstatten, damit Sie dieser Ernährung ein Leben lang folgen können. Schließlich habe ich beobachtet, dass die meisten Menschen frustriert sind, wenn sie es nicht schaffen, sich konsequent gesund zu ernähren. Das wirkt sich negativ auf ihr Selbstvertrauen und ihre Zuversicht aus, neue Dinge auszuprobieren, mit denen sie in puncto Gesundheit den großen Durchbruch schaffen könnten. Ich habe dieses Kapitel mit aufgenommen, damit Sie bei Ihrer Ernährung nicht in die typische Falle tappen. Und falls Sie schon drinsitzen, können Sie es vielleicht als Leiter benutzen, um wieder herauszukommen.

Sie sind nicht allein

Wenn es Ihnen ähnlich geht wie den meisten meiner Klienten, fällt es Ihnen nicht prinzipiell schwer, sich gesund zu ernähren; die eigentliche Schwierigkeit besteht darin, dies konsequent zu tun! Falls Sie sich jedes Mal, wenn Sie versuchen, sich gesund zu ernähren, dabei ertappen, wie Sie immer wieder von vorn anfangen oder sagen „Ich fange morgen wieder damit an", dann wird das, was ich Ihnen gleich erzählen werde, die Dinge nachhaltig ändern.

In diesem Kapitel will ich Ihnen einige konkrete Strategien vorstellen, die Ihnen helfen werden, die Rezepte aus *The All-Day Fat-Burning Diet* (oder andere gesunde Rezepte) in Ihr Leben zu integrieren und beizubehalten. Schließlich macht es keinen Sinn, eine Sache nur einige Tage lang durchzuziehen, oder? Ich will, dass Sie sich über dauerhafte Erfolge freuen können, und hierbei kommt es darauf an, das richtige Umfeld zu schaffen und sich die richtigen Gewohnheiten zuzulegen, die einen dabei unterstützen. Ich werde Ihnen zeigen, wie Ihnen das gelingt. Aber bevor ich zur Sache komme, will ich mit einigen Irrtümern zum Thema gesunde Ernährung aufräumen, die Ihnen vielleicht schon zu Ohren gekommen sind.

Irrtum Nr. 1:
EINE GESUNDE ERNÄHRUNG MUSS LANGWEILIG UND FAD SEIN.
Wie bereits erwähnt, bin ich ein selbst ernannter „Gesundfeinschmecker". Ich weigere mich, auf leckeres Essen zu verzichten, daher schmeckt jedes Rezept, das ich entwickle, mindestens genauso gut wie

die ungesunde Alternative. Bei diesem Kochbuch werden Sie nicht das Gefühl haben, Sie müssten etwas entbehren oder wären auf Diät. Meine Rezepte werden Ihnen nicht nur ausgezeichnet schmecken, Sie sind Energielieferanten, optimieren die Fettverbrennung und sorgen dafür, dass Sie großartig aussehen und sich auch so fühlen.

Irrtum Nr. 2:
EINE GESUNDE ERNÄHRUNG IST ZEITAUFWENDIGER IN DER ZUBEREITUNG.

Das ist das *größte* Märchen und einfach nicht wahr. Tatsächlich brauchen all diese leckeren Rezepte 20 Minuten Zubereitungszeit oder sogar weniger. In der Zeit schaffen Sie es wahrscheinlich noch nicht mal zum nächsten McDonald's und wieder nach Hause. Mit drei Jungen, einer Frau und einer Firma habe ich nicht viel Zeit zum Kochen, und ich bin sicher, Sie auch nicht. Und auch wenn Sie die Zeit haben oder es Ihnen Spaß macht, den ganzen Tag in der Küche zu verbringen, werde ich Ihnen einige coole Praktiken zeigen, wie Sie besser werden und sich und andere mit Ihren Kochkünsten beeindrucken können.

Irrtum Nr. 3:
FÜR EINEN GESUNDEN KÖRPER MÜSSEN SIE PENIBEL AUF IHRE ERNÄHRUNG ACHTEN UND BESTIMMTE LEBENSMITTEL FÜR IMMER AUS IHREM LEBEN VERBANNEN.

Das ist das, was viele Ernährungswissenschaftler und andere „Ernährungsexperten" predigen. Ja, in *The All-Day Fat-Burning Diet* und in diesem Kochbuch geht es darum, allergen wirkende Lebensmittel, die Entzündungen auslösen, zu vermeiden, darunter zum Beispiel glutenhaltige Lebensmittel, Milchprodukte und Soja. Doch das bedeutet nicht, dass Sie ein Gefühl von Verzicht haben müssen. Es gibt jede Menge Alternativen, die leckerer schmecken und gesünder sind als die herkömmlichen Lebensmittel, zu denen wir so oft greifen. Mein Ziel besteht nicht darin, Ihnen zu sagen, dass Sie solche Lebensmittel nie wieder essen dürfen, sondern ich möchte Ihnen vielmehr helfen zu erleben, wie gut Sie sich fühlen und aussehen können, wenn Sie sich für alternative Lebensmittel entscheiden.

Wenn Sie erst einmal den Unterschied spüren, werden Sie zu den früheren Lebensmitteln nicht mehr zurückkehren wollen. Nach nur einem Stück Brot werden Sie wahrscheinlich ein Nickerchen halten wollen. Ein Glas Milch dürfte schon reichen, dass Sie sich aufgebläht fühlen. Ist es das wirklich wert? Hier geht es nicht darum, etwas aufzugeben, sondern darum, *sich bewusst dafür zu entscheiden*, gesündere Lebensmittel zu essen. Sie sind es sich wert. Tatsächlich muss ich Ihnen ein Geständnis machen. Ich ernähre mich nicht zu 100 Prozent glutenfrei und verzichte auch nicht komplett auf Milchprodukte. Ich möchte Ihnen unbedingt ans Herz legen, Ihr Möglichstes zu tun, um auf solche Lebensmittel zu verzichten, doch wenn Sie hin und wieder schwach werden, sollten Sie sich dafür nicht bestrafen. Sie sind auch nur ein Mensch.

Bei uns zu Hause haben meine Frau Amy und ich ein ziemlich wirkungsvolles System entwickelt, das eine gesunde Ernährung einfacher macht und gleichzeitig Gelüste nach bestimmten Lebensmitteln minimiert, ohne diese zu verdammen. Dieses System besteht zu einem großen Teil aus tollen Rezepten wie die in diesem Buch. Dazu kommt ein Umfeld, das ein gesundes Essverhalten fördert (dazu gleich mehr). Wir wollen aber nicht, dass unsere Kinder in einem diktatorischen Haushalt aufwachsen, wo sie dafür verurteilt werden, wenn sie bestimmte Lebensmittel essen oder Lust darauf haben. Ich denke, dass das langfristig mehr Schaden anrichtet, als dass es nützt, denn sie würden dadurch negative Assoziationen zu Lebensmitteln entwickeln, die auch nicht gesünder sind als die angeblich ungesunden Lebensmittel, die sie ab und zu gerne essen.

Wenn Sie einem System folgen, auf das Sie sich verlassen können – wie das im vorliegenden Buch –, schaffen Sie damit ein vorhersehbares Ergebnis. Das macht das Erreichen persönlicher gesundheitlicher Ziele viel leichter und weit weniger stressig. Sie brauchen auf nichts für immer zu verzichten. Leben Sie Ihr Leben so, wie Sie es für richtig halten. Versuchen Sie einfach, Entscheidungen zu treffen, die dafür sorgen, dass Sie möglichst gut aussehen und sich auch so fühlen.

Einer der Gründe, warum die meisten Menschen „versagen", wenn sie irgendeine Diät anfangen, ist, dass sie oft das Gefühl haben, auf etwas verzichten zu müssen. Wenn Sie denken, dass Sie etwas nie wieder haben werden, müssen Sie sich auf Ihre Willensstärke verlassen, und die hält nur eine gewisse Zeit an, bevor Sie schwach werden und wieder bei null anfangen müssen.

Ich habe es mir zur Aufgabe gemacht, Ihnen ein System mit leckeren Rezepten an die Hand zu geben, die kinderleicht gelingen, sodass Sie sich nicht auf Ihre kurzlebige Willenskraft als Strategie für eine konsequent gesunde Ernährung verlassen müssen. Ziel ist es, diese Anstrengungen zu einer gesunden Angewohnheit werden zu lassen, die so selbstverständlich wird, dass Sie kaum darüber nachdenken müssen. Und mit den Strategien in diesem Kapitel werde ich Sie dabei unterstützen. Sehen wir uns als Erstes drei wichtige Schritte an, die Sie unternehmen müssen.

Schritt 1: Richten Sie Ihr Umfeld so ein, dass Sie es schaffen können.

Sich sein Umfeld so einzurichten, dass man es schaffen kann, trägt enorm dazu bei, dass man seine gesteckten Ziele erreicht. Wenn Ihre Küche aussieht wie ein Schlachtfeld, wird es Ihnen schwerfallen, auf klare Gedanken zu kommen, geschweige denn zu kochen. Daher ist es wichtig, die Küche sauber und ordentlich zu halten.

Machen Sie klar Schiff. Ein sauberes Umfeld sorgt für einen klaren Kopf und mindert Stress. Eine saubere Küche ist noch aus einem anderen Grund wichtig: Das Umfeld übertrumpft die Willensstärke immer. Wenn auf Ihrem Küchentresen zum Beispiel ein Kuchen herumsteht, der von einem Fest übriggeblieben ist, was fangen Sie damit an? Werfen Sie ihn weg? Das würden die meisten von uns nicht tun. Weil wir Geld in den Kuchen gesteckt haben, halten wir daran fest, und das gilt ebenso für andere Lebensmittel. Wenn es aber Ihr Ziel ist, sich gesund zu ernähren, damit Sie rank und schlank bleiben, ist dies dann ein Umfeld, in dem Sie das schaffen können? Ich denke, Sie wissen, wie die Antwort darauf lautet: Absolut nicht. Falls Schokoladenkuchen keinen positiven Effekt auf Ihre Gesundheit hat (und den hat er leider nicht), müssen Sie ihn und alle anderen negativen Einflüsse entfernen. Sein Umfeld so einzurichten, dass man es schaffen kann, besteht zu einem Großteil aus solchen Maßnahmen. Dahinter steht die Idee, dass man keinen Zugriff auf ungesunde Optionen hat.

Führen Sie sich folgende drei Szenarien vor Augen.

Szenario 1: Der Schokoladenkuchen steht auf dem Küchentresen. Da zuzugreifen, ist ein Kinderspiel. Sie gehen einfach hin, holen sich ein Messer, schneiden ein Stück ab und können es sofort aufessen. Wenn

Sie nach einem langen Tag gestresst nach Hause kommen und Ihnen einfach nur nach einer Dosis Kohlenhydrate ist, dann springt der Schokoladenkuchen Sie an und führt Sie in Versuchung.

Szenario 2: Sie haben keinen Kuchen zu Hause, aber Sie können zum nur ein paar Häuserblocks entfernten Supermarkt gehen und einen kaufen. In Ihrem Unterbewusstsein läuft etwa folgender Denkprozess ab: „Oh Mann, ich muss mir die Schuhe anziehen und hinlaufen oder mit dem Auto hinfahren. Wenn ich fahre, muss ich das Auto parken, aussteigen und den Supermarkt betreten. Dann kaufe ich den Kuchen, steige wieder ins Auto und fahre damit nach Hause. Dort packe ich ihn aus, schneide mir ein Stück davon ab und kann es endlich essen." Wie Sie sehen, bedeutet das Durchlaufen dieses Prozesses mehr Arbeit, daher ist es weniger wahrscheinlich, dass Sie in diesem Szenario den Kuchen tatsächlich essen werden.

Szenario 3: Sie müssen nicht zum Supermarkt, Sie haben eine Backmischung in der Vorratskammer. Wenn Sie den Kuchen haben wollen, müssen Sie den Ofen vorheizen, die Backmischung aus der Schachtel holen, eine große Schüssel finden, Eier und Milch hervorholen, alle Zutaten mit dem Mixer verrühren, eine Backform aus dem Schrank nehmen, die Mischung in die Backform füllen und dann für 30 Minuten im Ofen backen lassen. Nach 30 Minuten ist der Kuchen fertiggebacken. Sie müssen ihn abkühlen lassen und dann mit Guss verzieren. Eine Stunde, nachdem Sie den ganzen Prozess in Gang gesetzt haben, ist der Kuchen essbereit. Genauso wie bei Szenario 2 ist das ein ganz schön langer Weg und viel mehr Arbeit, als einfach die Gabel in den Kuchen zu stecken, der da verzehrfertig auf dem Tresen steht. Sie sehen, worauf ich hinauswill?

Egal, welche Lebensmittel Sie aus Ihrer Ernährung streichen wollen, weil Sie wissen, dass sie Sie ausbremsen – der Schlüssel liegt darin, ungesunde Nahrungsoptionen viel unzugänglicher zu machen. Wenn Sie das tun, ist es unwahrscheinlicher, dass Sie sie essen werden. Wir sind von Natur aus faule Wesen, daher ist dies einer der Fälle, in denen Sie Ihre angeborene Faulheit begrüßen und sich zunutze machen sollten. Werden Sie den ganzen Müll los. Nehmen Sie sich Ihren Kühlschrank und Ihre Speisekammer vor und schmeißen Sie Kekse, Eiscreme, Brot und andere Lebensmittel raus, die nicht zu den Fettverbrennungsgrundsätzen passen. Denken Sie daran, hier geht es nicht um Verzicht, sondern darum, dass Sie eine bewusste Wahl treffen und sich nicht mehr mit einer suboptimalen Ernährung zufriedengeben, mit der Sie mies aussehen und sich auch so fühlen.

Ich bedaure, das sagen zu müssen, aber Messies sind nicht gerade ein Ausbund an Gesundheit. Denn die Art, wie Sie mit einer Sache umgehen, spiegelt wider, wie Sie mit allem umgehen. Wenn in Ihrer Küche Chaos herrscht, sind Sie ebenfalls ein Chaot. Tut mir leid, aber das ist die Wahrheit. In jedem Bereich Ihres Lebens gilt: Das Erreichen von Zielen, die man sich gesteckt hat, hängt allein von Standards ab. Wenn Ihre Küche ein Katastrophengebiet ist, dann nehmen Sie bitte zur Kenntnis, dass Ihre Verwandlung dort beginnt. Wenn Sie sich selbst etwas mehr respektieren und sich weigern, sich mit weniger zufriedenzugeben als fantastisch, werden Sie selbst von einem inspirierenderen Umfeld umgeben sein wollen, das widerspiegelt, wer Sie wirklich sind.

Wenn es Ihnen schwerfällt, sich etwas mehr Eigenliebe zuzugestehen, dann fangen Sie einfach damit an, dass Sie in Ihrer Küche klar Schiff machen. Stellen Sie das Geschirr weg, räumen Sie Ihre Schränke auf, entfernen Sie alles unnötige Zeug vom Tresen. Wenn Sie damit fertig sind, werden Sie sich viel besser fühlen. Im Ernst. Und das liegt daran, dass wir dann am zufriedensten sind, wenn wir etwas erreicht haben. Wenn Sie Ihr Schlachtfeld in einen sauberen und ordentlichen Hafen verwandeln, ist das ein unglaublicher Fortschritt und das wird sich großartig anfühlen. Sie werden nie mehr zu Ihren alten Gewohnheiten zurückkehren wollen. Und dazu gehört auch, dass Sie sich für bessere Lebensmittel entscheiden werden, die die neuen und höheren Standards unterstützen werden, die Sie sich selbst gesetzt haben. Ist das nachvollziehbar?

Abgesehen vom Großreinemachen gibt es eine weitere Strategie, mit der Ihre Küche aufgeräumt und Ihr Leben friedlicher bleibt.

Richten Sie Aufbewahrungssysteme ein. Sie brauchen Systeme, damit Sie wissen, wo Sie den Inhalt Ihrer diversen Einkaufstaschen verstauen sollen, wenn Sie vom Supermarkt zurückkommen; auf diese Weise wird die Flut von Lebensmitteln Ihre Küche nicht wie ein Katastrophengebiet aussehen lassen. Wenn Sie im Supermarkt Mandeln, Bohnen, Spinat oder Äpfel kaufen, sollte jedes dieser Lebensmittel seinen festen Platz in der Küche haben. Sie sollten schon vorher wissen, wo Sie alles verstauen, damit Sie sich nicht jedes Mal Gedanken darüber machen müssen, wenn Sie mit Ihren Einkäufen nach Hause kommen. Legen Sie das Gemüse im Kühlschrank in eine Schublade, das Fleisch in eine andere und so weiter. Es gibt keine festen Regeln, wo Sie was hintun *sollten*, also richten Sie ein Aufbewahrungssystem ein, das für Sie funktioniert. Genauso verfahren Sie mit dem Tafelsilber, dem Alltagsbesteck und mit Tellern und Tassen. Überlegen Sie, wo alles verstaut werden soll, und behalten Sie diese Ordnung bei. Halten Sie diese Bereiche ordentlich aufgeräumt und frei von Krümeln und Schmutz.

Sie brauchen keinen Ordnungswahn oder Putzfimmel zu entwickeln. Sie sollen Ihre Küche nur so sauber und aufgeräumt halten, dass es einer gesunden Ernährung förderlich ist und dies leicht gelingt. Wenn Sie an einem Ort ohne Durcheinander leben, fühlen Sie sich besser, und wenn Sie sich besser fühlen, treffen Sie bessere Entscheidungen. Nachdem Sie in der Küche für klar Schiff gesorgt und sich von dem ganzen Müll getrennt haben, der Ihnen im Weg stehen könnte, haben Sie Ihr Umfeld jetzt so eingerichtet, dass Sie es schaffen können. Das ist sehr wichtig, denn wie bereits erwähnt gilt: Ihr Umfeld wird Ihre Willenskraft immer übertrumpfen.

DREI EINFACHE TIPPS, DIE EINE GESUNDE ERNÄHRUNG EIN WENIG LEICHTER MACHEN

Tipp Nr. 1: Sorgen Sie dafür, dass erwünschtes Verhalten leichter wird.

Wenn Sie zum Beispiel häufiger entsaften möchten, lassen Sie den Mixer gleich draußen stehen und verstauen Sie ihn nicht wieder. Schneiden Sie Gemüse vor, damit Sie sich darüber hermachen können, wenn Sie Hunger haben. Bewahren Sie es im Kühlschrank auf; dann können Sie nach einem langen Tag, wenn Ihre Willensstärke auf dem Nullpunkt ist und Sie keine Lust haben, darüber nachzudenken, was Sie zu Abend essen sollen, zum vorgeschnittenen Gemüse greifen, anstatt zur Chipstüte. Wenn Ihnen etwas Salz fehlt, streuen Sie eine Prise Meersalz auf das Gemüse, das wird Ihr Salzverlangen stillen. Durch kleine Anpassungen wie diese verringert sich die Anzahl der Schritte bei den gesunden Essgewohnheiten und die Wahrscheinlichkeit, dass Sie daran festhalten, wird enorm steigen.

Tipp Nr. 2: Halten Sie sich von schlechten Einflüssen fern.

Das ist wie beim zuvor erwähnten Kuchenbeispiel: Es ist extrem wichtig, negative Einflüsse möglichst schwer zugänglich zu machen. Wenn Sie eine Schwäche für Toastbrot haben, kaufen Sie keines und stellen Sie den Toaster weg, damit Sie ihn erst wieder umständlich aus dem Schrank holen und anschließen müssen.

Tipp Nr. 3: Halten Sie stets sättigende Lebensmittel wie gesunde Fette und Proteinpulver vorrätig.

Das ist ein wichtiger Tipp bei Heißhungerattacken. Der wird Sie immer wieder auffangen, wenn Ihr Blutzuckerspiegel den Tag über sinkt und Sie auf einen schnellen Zuckernachschub aus sind. Wenn Sie gesunde Fette vorrätig haben, zum Beispiel Kokosöl oder Olivenöl, können Sie einfach einen Esslöffel voll davon essen, und Sie werden sich satter und entspannter fühlen und damit dem Bedürfnis nach Killer-Kohlenhydraten aus dem Weg gehen. Außerdem sind das lang anhaltende Kraftstoffe, die Ihren Körper für den Rest des Tages mit Energie versorgen.

Ich empfehle auch, Proteinpulver im Haus zu haben. Protein hat von allen Makronährstoffen die höchste thermische Wirkung und hält Sie länger satt als Fette oder Kohlenhydrate. Proteinpulver ist mein Geheimrezept, um Heißhungeranfälle am Nachmittag oder in der Nacht zu vermeiden oder zu bekämpfen. Außerdem dauert es nur rund zehn Sekunden, einen leckeren Proteinshake zuzubereiten, der Ihre Stoffwechselrate beschleunigt und mehr Kalorien verbrennen hilft. Sie sollten für solche Momente der Schwäche immer ein einfaches Proteinpulver als Geheimwaffe parat haben. Umso besser, wenn es (ohne Zuckerzusatz) auch noch richtig lecker schmeckt.

Auch wenn Sie wild entschlossen sind, standhaft zu bleiben und kein Junkfood zu essen –, wenn Sie am Ende eines langen Tages nach Hause kommen und Ihre Willensstärke sehr gering ist, dann ist das der Zeitpunkt, an dem Sie der Versuchung wahrscheinlich nachgeben werden. Sie brauchen ein Umfeld, das Sie unterstützt, wenn dieser Tiefpunkt erreicht ist. Denn mit der Willensstärke ist das so eine Sache: Sie verhält sich ähnlich wie der Akku in Ihrem Smartphone. Je mehr Sie ihn benutzen, desto schneller ist er leer. Je mehr Entscheidungen Sie über den Tag treffen und je mehr Versuchungen Sie die Stirn bieten, desto mehr Willensstärke verbrauchen Sie dabei, und das wird irgendwann Ihrem Körper die Fähigkeit nehmen, der Versuchung zu widerstehen. Den wissenschaftlichen Beweis für diese Idee werde ich Ihnen an anderer Stelle geben, wenn es darum geht, sich dauerhaft gesunde Gewohnheiten anzueignen.

Sie wissen aber, was ich meine, oder? Sie kommen am Ende eines langen, anstrengenden Tages nach Hause und wollen nur, dass das Essen fertig ist. Sie haben überhaupt keine Lust, auch nur einen Finger zu rühren, um es zuzubereiten. Das ist in Ordnung; ich habe das auch erlebt. Und wenn Ihr häusliches Umfeld unordentlich ist, gießt das noch mehr Öl ins Feuer. Es beschleicht Sie ein Gefühl, das sagt: „Ach, was soll's, ich bestelle einfach Pizza." Nur allzu leicht gibt man dem Wunsch nach Kohlenhydraten, Schokolade oder Chips nach, wenn man keinen Plan hat (man also nicht genau weiß, was man zu Abend essen wird) und wenn das eigene Umfeld nicht so gestaltet ist, dass es einen am persönlichen Tiefpunkt unterstützt. Die Willensstärke hat ihre Grenzen, also versuchen Sie bitte, meinem Rat zu folgen und Ihre Küche fett-weg-freundlich einzurichten. In Verbindung mit den Rezepten und dem Ernährungsplan in diesem Kochbuch werden Sie mit einer bombensicheren Strategie ausgerüstet sein, damit Sie sich nicht mehr auf Ihre Willensstärke verlassen müssen und endlich den Weg zu tatsächlich selbstbestimmter Ernährung finden!

Schritt 2: Fangen Sie klein an.

Was, meinen Sie, ist einfacher: drei Mahlzeiten zu kochen oder nur eine? Ich bin sicher, Sie stimmen mir zu, dass das Vorbereiten und Zubereiten einer Mahlzeit viel einfacher ist, und genau deshalb ist es so wichtig, klein anzufangen. Einer der Hauptgründe, warum Leute eine gesunde Ernährung nicht durchhalten, liegt darin, dass die Vorstellung, an einem einzigen Tag drei Mahlzeiten zubereiten zu müssen, sie überfordert. Wenn Sie bei der Optimierung Ihrer Essgewohnheiten noch am Anfang stehen, nehmen Sie sich vor, pro Tag erst einmal nur *eine* gesunde Mahlzeit zuzubereiten. Den restlichen Tag ernähren Sie sich so wie bisher, wenn Sie mögen. Das nimmt eine Menge Stress und Druck weg und erleichtert den Einstieg.

Mit dem klein Anfangen konnte ich Tausenden von Menschen helfen, ihre Gesundheit für immer zu verändern. Wenn Sie in Sachen gesunde Ernährung noch ein Neuling sind – und auch wenn tolle Rezepte in diesem Kochbuch auf Sie warten – fangen wir erst mal bei null an. Ich möchte, dass Sie sich anfangs darauf konzentrieren, nur eine gesunde Mahlzeit zuzubereiten. Nicht mehr und nicht weniger. Der Grund? Das hat wieder mit Willensstärke zu tun. Ihre Willensstärke ist am Ende des Tages am geringsten (denken Sie an den Vergleich mit dem Akku), daher ist dies die Zeit, in der die meisten sich für ungesunde Lebensmittel entscheiden, weil sie keine Lust haben, sich etwas zu überlegen, oder keinen Aufwand betreiben wollen. Wenn Sie nicht wissen, was Sie zum Abendessen machen sollen, oder sich Sorgen wegen des Zeitaufwands machen, suchen Sie sich einfach irgendeines der Rezepte für ein Hauptgericht, eine Suppe oder einen Eintopf aus diesem Buch aus.

Indem Sie klein anfangen und sich nur auf das Abendessen konzentrieren, brauchen Sie sich nur über sieben Mahlzeiten pro Woche Gedanken zu machen und nicht über 21 oder mehr – das ist viel überschaubarer, oder? Dies ist, wie gesagt, meine Empfehlung für absolute Anfänger. Doch wenn Sie gewillt und bereit sind, gleich voll einzusteigen und Ihren Körper und Ihre Gesundheit nachhaltig zu verändern, dann führen Sie einfach den 10-Tage-Stoffwechsel-Neustart in Kapitel 5 durch.

Schritt 3: Planen Sie im Voraus.

In allen Lebensbereichen ist Planung entscheidend für den Erfolg, besonders dann, wenn es darum geht, sich sein Essen zuzubereiten. Wenn Sie nach einem langen Tag nach Hause kommen und nicht wissen, was Sie zum Abendessen machen sollen, haben Sie bereits verloren. Sie müssen schon vor dem Zubettgehen wissen, was es am nächsten Tag abends zu essen geben soll. Sie werden sogar erstaunt sein, wie viel einfacher es ist, selbst nach einem langen Tag ganze Gerichte zu kochen, wenn Sie einen Plan für die ganze Woche haben. Das liegt daran, dass Sie sich im Vorfeld Gedanken gemacht haben.

Davon ausgehend, dass Sie jetzt nicht den 10-Tage-Stoffwechsel-Neustart durchführen und auch den 5-Tage-Plan nicht bis ins Detail befolgen, würde ich folgendermaßen vorgehen:

1. Blättern Sie das Kochbuch durch und suchen Sie sich die Rezepte aus, die Sie am meisten ansprechen. Wählen Sie verschiedene Mahlzeiten aus, damit Sie nach Belieben Frühstück, Mittagessen und Abendessen abgedeckt haben. Jetzt, wo Sie wissen, was es geben wird, legen Sie einen einfachen Wochenkalender an und

tragen die Rezepte für die verschiedenen Tageszeiten ein (Frühstück, Mittagessen, Abendessen und so weiter).

2. Sehen Sie sich die Rezepte an und schreiben Sie auf, welche Lebensmittel Sie jeweils besorgen müssen, um sie nachkochen zu können. Das ist wichtig, damit Sie nicht planlos durch den Supermarkt streifen und irgendwelche Sachen einpacken, die Sie nicht brauchen. Das ist ein großer Fehler, den die Leute beim Lebensmitteleinkauf machen. Sie sollten Ihr Ziel wie mit einem Laser ansteuern und genau wissen, welche Zutaten Sie brauchen.

3. Wenn Sie keine Lust haben, sich mit den drei Schritten aufzuhalten, ziehen Sie einfach den „10-Tage-Stoffwechsel-Neustart" aus Kapitel 5 durch, wo jedes der vorgesehenen Gerichte so arrangiert ist, dass es zu meinem bewährten 5-Tage-Plan für einen Neustart Ihres Stoffwechsels und zum Ankurbeln der Fettverbrennung passt. Ich hoffe, die drei in diesem Kapitel erläuterten Schritte – sich sein Umfeld so einzurichten, dass man es schaffen kann, klein anzufangen und im Voraus zu planen – haben bei Ihnen den richtigen Nerv getroffen. Es sind sehr wichtige Schritte, damit eine geplante Ernährungsumstellung langfristig funktionieren kann. Apropos langfristig: Gesunde Essgewohnheiten sind es, die dafür sorgen werden, dass Sie nachhaltig schlank und gesund bleiben. Sehen wir uns an, wie man sich mithilfe der von mir so genannten ARB-Methode gesunde *Essgewohnheiten* aneignet, an denen man dann auch festhält.

Wie Sie sich auf Dauer gesunde Essgewohnheiten aneignen

Das eigene Leben ist das Resultat von Angewohnheiten. Die kleinen Dinge, die man tagein, tagaus tut, sind es, die mit der Zeit einen großen Unterschied ausmachen. Und wenn Sie sich, wie so viele andere Menschen, denen ich über die Jahre geholfen habe, gesunde Essgewohnheiten aneignen wollen, an denen Sie dauerhaft festhalten, zeige ich Ihnen, wie das genau geht, und zwar mit der bewährten ARB-Methode. Ich werde auch mit einigen großen Märchen über Gewohnheiten aufräumen, damit

Sie sich auf die nicht mehr zu berufen brauchen. Doch zunächst möchte ich einige Kommentare präsentieren, die ich von meinen Klienten, besonders Frauen, immer wieder zu hören bekomme. Vielleicht erkennen Sie, welches Thema alle verbindet.

„Als ich mit der Ernährungsumstellung anfing, war ich schwer abhängig von Zucker und Weizenmehl, aber das Verlangen danach ebbte sehr schnell ab. Ich hatte das Gefühl, die Kontrolle über meine Ernährung zu gewinnen, die mir jahrelang fehlte. Das war so, als würde ein Knoten gelockert, und ich bekam ein entspannteres Verhältnis zum Essen. Ich habe endlich das Gefühl, dass mein Körper mir mitteilt, was er braucht."

Und dieser hier:

„Sie haben mir Kontrolle über mein Essverhalten gegeben, wobei mein Verlangen jetzt nicht mehr so groß ist, und ich muss auch kein schlechtes Gewissen mehr haben, wenn ich nicht so viel esse. Das Gefühl, Kontrolle über den eigenen Körper zu haben, ist eine wunderbare Veränderung! Ich möchte noch einige Kilo mehr abnehmen. Ich betrachte dies als einen Weg und freue mich, entlang der Strecke mehr darüber zu erfahren, was für mich, meinen Körper und meinen Lebensstil am besten funktioniert."

Oder dieser:

„Ich wollte mich gesünder ernähren, aber nach jeder Enttäuschung und jedem fehlgeschlagenen Versuch in dieser Richtung verfiel ich wieder auf meine „Seelentröster". Essen – besonders Süßigkeiten (Schokolade mag ich am liebsten) – lösten Glücksgefühle in mir aus. Ich wusste, dass ich mich ändern musste, aber ich wusste ehrlich nicht, wie ich das anstellen könnte."

Haben Sie bemerkt, dass *Kontrolle* hier das große Thema ist? Ironischerweise, denn wo das Etablieren gesunder Essgewohnheiten das Ziel ist, ist Selbstkontrolle tatsächlich das Letzte, worauf Sie sich konzentrieren sollten. Warum das so ist, werde ich anschließend erklären, aber zunächst müssen wir begreifen, wie Gewohnheiten überhaupt entstehen.

Wie Gewohnheiten geprägt werden

Hirnforscher ordnen unser gewohnheitsprägendes Verhalten einem Teil unseres Gehirns zu, der als Basalganglien bezeichnet wird und der auch eine entscheidende Rolle bei der Entwicklung von Emotionen, Erinnerungen und dem Erkennen von Mustern spielt. Entscheidungen finden dagegen in einem anderen Teil des Gehirns statt, dem präfrontalen Kortex. Warum ist das wichtig? Es ist wichtig, weil das Ziel beim Ausprägen von Gewohnheiten darin besteht, den Entscheidungsprozess vom präfrontalen Kortex in die Basalganglien zu verlagern. Erst dann läuft ein Verhalten wirklich automatisch ab – und das ist es, was wir wollen.

Aus dem Blickwinkel der Forschung betrachtet ist für die Herausbildung von Gewohnheiten das Durchlaufen von vier Kompetenzstufen erforderlich.

DIE VIER KOMPETENZSTUFEN

STUFE 1: **Unbewusste Inkompetenz**
Sie wissen gar nicht, welche Sache Sie nicht gut können.
STUFE 2: **Bewusste Inkompetenz**
Sie wissen, dass Sie etwas nicht gut können.
STUFE 3: **Bewusste Kompetenz**
Sie arbeiten aktiv daran, ein Verhalten oder eine Fähigkeit zu verbessern. In diesem Fall ist das ein bewusster Akt zur Optimierung. Hierzu ist eine intensive Beteiligung des präfrontalen Kortex nötig.
STUFE 4: **Unbewusste Kompetenz**
Das Verhalten oder die Fähigkeit ist zum Automatismus geworden (hat sich in den Basalganglien manifestiert) und wird nicht mehr bewusst (vom präfrontalen Kortex) kontrolliert.

Beispiel: Autofahren lernen

Wenn man das Autofahren lernt, ist man zunächst auf Stufe 1: Man hat keine Ahnung, wie es funktioniert. Doch nach den ersten Fahrstunden und der (bewussten) Feststellung, dass man zum Beispiel nicht so gut im Einparken ist, geht man über zu Stufe 2. Mit zunehmender Fahrpraxis gelangt man dann zu Stufe 3, wird ein besserer Fahrer und beherrscht auch das Einparken besser, wobei man sich immer noch intensiv konzentrieren und seine Aufmerksamkeit bewusst aufs Fahren lenken muss.

Mit der Zeit und noch mehr Fahrpraxis werden Sie (hoffentlich) den Höhepunkt erreichen – Stufe 4 – und können jetzt einparken und sich gleichzeitig mit einem Mitfahrer unterhalten oder laut zur Musik im Radio mitsingen, weil das Fahren inzwischen automatisch passiert. Der Prozess des Sich-Aneignens gesunder Essgewohnheiten (ebenso wie für alle anderen Gewohnheiten) läuft ähnlich ab. Das Ziel ist, das Verhalten automatisch ablaufen zu lassen, damit der Entscheidungsfindungsteil Ihres Gehirns abschalten kann. Das ist ein echter Vorteil, weil das bedeutet, dass Sie mehr freie geistige Energie für andere Dinge übrig haben. Will man sich gesunde (Ess-)Gewohnheiten aneignen, geht es in erster Linie darum, dass man ein bewusstes Verhalten aus dem präfrontalen Kortex in die Basalganglien überführt, wo es gefestigt und zu einer automatischen Routine wird. Sehen wir uns im Folgenden an, wie das funktioniert.

Die ARB-Methode

Natürlich kann man nicht in sein Gehirn greifen, um die Dinge neu zu ordnen; es ist vielmehr ein dreistufiger Prozess, der die Arbeit für Sie erledigt. Ich nenne ihn die ARB-Methode und er trägt entscheidend dazu bei, dauerhaft gesunde Essgewohnheiten auszuprägen. Die Theorie dieses dreistufigen Prozesses stammt nicht von mir, obwohl ich, glaube ich, der Erste bin, der ihm einen Namen gegeben hat. Der Dank fürs Entdecken der „Gewohnheitsschleife" geht an Charles Duhigg, den Autor von *Die Macht der Gewohnheit: Warum wir tun, was wir tun.*[1]

Allen Gewohnheiten liegen im Wesentlichen folgende drei Schritte zugrunde:

1. Auslöser (der Auslöser, der das Verhalten in Gang setzt)
2. Routine bzw. Ausführung (das Verhalten an sich)
3. Belohnung (der Nutzen, den einem das Ausführen des Verhaltens bringt)

Duhigg spricht von *Auslöser, Routine, Belohnung.* (Ich denke, meine Erläuterungen sind etwas differenzierter.) Ein wichtiger Hinweis zur Erinnerung: Alle Arten von Gewohnheiten belohnen einen, auch die weniger gesunden. So wie unsere Gehirne programmiert sind, wird es sehr schwer, sich neue, gesunde Gewohnheiten anzueignen, wenn wir damit anfangen, ohne zuvor die ARB-Grundlagen zu verinnerlichen.

Rauchen, Drogen- und Alkoholkonsum oder der Verzehr von Zucker haben alle die gleiche Wirkung auf das Belohnungszentrum in unserem Gehirn, bekannt als Nucleus accumbens, der in Erwartung eines spezifischen (gesunden oder ungesunden) Verhaltens Dopamin freisetzt.

Folgende Abläufe finden zum Beispiel statt, wenn Sie gewohnheitsmäßig Zucker essen.

1. Sie sind gestresst (Auslöser).
2. Sie greifen zu einem Stück Schokolade (Routine bzw. Ausführung).
3. Sie werden sofort ruhiger (Belohnung).

Sehen Sie, wie einfach und primitiv das ist? Wenn Sie das immer wieder wiederholen, wird eine waschechte Zucker-/Schokoladensucht daraus (es ist kein Magnesiummangel, wie so mancher Schokoladenfan behaupten mag). Wenn Sie Kinder haben oder ein stressiges Leben führen (trifft das nicht auf uns alle zu?), werden Sie feststellen, wie bestimmte Gewohnheiten, etwa der Griff nach einem Stück Schokolade oder einem Glas Wein, leicht außer Kontrolle geraten können. Wir alle möchten uns gut fühlen. Wenn wir gestresst sind, Sorgen haben oder uns aufregen, tun wir alles Mögliche, um den Wohlfühlzustand wiederherzustellen. Daher sollten Sie im Hinterkopf behalten, dass es sehr wichtig ist, jedes Verhalten mit einer positiven Belohnung zu verknüpfen, wenn Sie wollen, dass es zur festen Gewohnheit wird.

Sich mithilfe der ARB-Methode gesündere Essgewohnheiten zulegen

Jetzt, wo Sie wissen, mit welchen drei Schritten man sich etwas zur Gewohnheit macht, erfahren Sie, wie Sie diese Schritte strukturieren müssen, um sich dauerhaft gesündere Essgewohnheiten zuzulegen.

Schritt 1: Suchen Sie sich einen Auslöser.

Wie ich Ihnen gleich zeigen werde und wie zuvor schon angesprochen, hat das Etablieren gesünderer Essgewohnheiten nichts zu tun mit Selbstbeherrschung oder Willensstärke. Es geht nur darum, Ihr Umfeld so einzurichten, dass es Sie unterstützt. Aus diesem Grund ist der Auslöser ein so wichtiger Teil beim Ausprägen neuer Angewohnheiten. Ein guter Auslöser verlässt sich nicht auf Motivation und fordert auch nicht von Ihnen, sich daran zu erinnern, dass Sie Ihre neue Gewohnheit ausführen müssen. Er macht es Ihnen bloß einfach, Ihr neues Verhalten zu Anfang mit einer Sache zu verknüpfen, die Sie schon tun.

→ **DAS SOLLTEN SIE TUN:** Suchen Sie sich einen Auslöser, indem Sie eine Liste mit einfachen Dingen aufstellen, die Sie über den Tag ohnehin schon tun: zum Beispiel ins Bad gehen, sich das Gesicht waschen, sich die Schuhe zubinden, den Kühlschrank aufmachen und so weiter. Dies sind alles alltägliche Vorgänge, über die man nicht nachdenken muss und die ideale „Transportvehikel" darstellen, mit denen Sie Ihr Wunschverhalten verknüpfen können.

DREI VORSCHLÄGE, DIE ALS EINFACHE AUSLÖSER FÜR GESÜNDERE ESSGEWOHNHEITEN DIENEN KÖNNEN

Vorschlag 1
Bewahren Sie eine Schüssel mit vorgeschnittenem Gemüse (wie Paprikaschoten oder Salatgurken) an einer leicht zugänglichen Stelle im Kühlschrank auf, sodass Sie sich jedes Mal, wenn Sie den Kühlschrank (der Auslöser) aufmachen, schnell einen gesunden (kleinen) Snack genehmigen können (die Routine/Ausführung).

Vorschlag 2
Schenken Sie vor dem Zubettgehen ein großes Glas Wasser ein und lassen Sie es auf dem Küchentresen stehen. Wenn Sie am nächsten Morgen in die Küche (der Auslöser) kommen, trinken Sie als Erstes das bereitstehende Glas Wasser (die Routine/Ausführung). Im nächsten Schritt schenken Sie jedes Mal nach, wenn Sie das Wasser ausgetrunken haben. Benutzen Sie dies anschließend jedes Mal, wenn Sie in die Küche kommen, als Auslöser, um ein Glas Wasser zu trinken.

Vorschlag 3
Für diesen Vorschlag benötigen Sie mein Energy Greens Grünpulver (beziehbar über yurigreens.com). Anstatt beim nachmittäglichen Durchhänger auf Kaffee mit Zucker zu bauen, können Sie den Energieabfall als Ihren Auslöser einsetzen, um einen Esslöffel Energy Greens Grünpulver in ein Glas Wasser zu geben und es auszutrinken (die Routine/Ausführung). So konditionieren Sie sich darauf, jedes Mal, wenn Sie müde sind, nach einem gesunden grünen Elixier zu greifen, das innerhalb von 30 Sekunden zubereitet ist, anstatt

auf die kurzfristige Belohnung von Koffein oder Zucker (mit ihren langfristig negativen Auswirkungen) zurückzufallen.

Lassen Sie mich dies anhand eines Beispiels verdeutlichen, über das jeder gern spricht: die Benutzung der Toilette. Das Spülen der Toilette *nach* der Erledigung „seines Geschäfts" ergibt mehr Sinn, als zu glauben, dass das Spülen der Toilette *davor* einen dazu veranlassen wird, sie zu benutzen. Auf die gleiche Art möchten Sie Ihr neues Wunschverhalten an einen davorgesetzten Auslöser knüpfen. So auch die übereinstimmenden Ergebnisse in der Fachliteratur. Eine Studie ergab, dass Personen, die *nach* dem Zähneputzen Zahnseide verwendeten (und nicht davor) sich den Einsatz von Zahnseide eher zur Gewohnheit machten und auch acht Monate später gewohnheitsmäßig und öfter Zahnseide benutzten.[2] Beim Toilettenbeispiel von eben wäre das kleine oder das große Geschäft der Auslöser, und das Spülen der Toilette wäre die Routine oder Ausführung. Die Belohnung ist das Wissen, dass der Geruch von Kloake nicht das komplette Haus durchdringt (eine lustige Lektion, wenn man versucht, das drei kleinen Jungen beizubringen).

Schritt 2: Suchen Sie sich ein Verhalten aus, das fast zu einfach ist.

Wie isst man einen Elefanten? Stück für Stück. (Ich weiß nicht, wer heutzutage noch Elefanten isst – ich hoffe niemand.) Das Gleiche gilt für das Etablieren gesunder Essgewohnheiten. Halten Sie es ganz einfach. Der namhafte Verhaltensforscher und Stanford-Professor BJ Fogg empfiehlt, Babyschritte zu machen, wenn es um das Wunschverhalten geht. Er rät sogar dazu, sich „Tiny Habits", winzige neue Verhaltensweisen anzueignen, zum Beispiel jedes Mal nur *einen* Zahn zu putzen und das Verhalten weiter auszubauen.[3] Es hat sich gezeigt, dass dies zum Etablieren fester Gewohnheiten viel effektiver ist, als gewaltige Beschlüsse zu fassen wie „Ich werde mich gleichzeitig für immer von glutenhaltigen Lebensmitteln, Milchprodukten und Zucker verabschieden". Fangen Sie klein an und bauen Sie darauf auf.

→ **DAS SOLLTEN SIE TUN:** Entscheiden Sie, welches Ihr neues Verhalten sein soll. Fragen Sie sich anschließend: „Wie kann ich dieses neue Verhalten in der Umsetzung so einfach machen, dass ich dazu nicht Nein sagen kann?"

Ich muss gestehen, dass ich meine kleinen und großen Siege nicht so feiere, wie ich sollte. Doch ist dies eine wichtige Routine und ich habe mich dazu verpflichtet, jeden Abend vor dem Zubettgehen ein paar Einträge in meinem Dank-/Erfolgsjournal zu machen. Ähnlich sollten Sie, wann immer *Sie* Ihr Wunschverhalten ausüben, dies feiern. Damit wird die Rückkopplungsschleife geschlossen, die Ihrem Gehirn sagt: „Dieses Verhalten hat mir ein gutes Gefühl gegeben. Das sollte ich öfter machen."

Bei jedem der zuvor genannten Vorschläge zur Einrichtung eines einfachen Auslösers für gesündere Essgewohnheiten könnte die Belohnung in Ihrem Bewusstsein bestehen, dass Sie sich für gesundes Essen entschieden haben, was Sie mit einer „Sieger-Faust" verankern könnten und einem mentalen oder verbalen „*Ja!*". Selbstanerkennung ist ein großer Schritt für mehr Selbstvertrauen und ein besseres Selbstwertgefühl.

Und wie ich immer wieder betone, „kommen großartige Ergebnisse dann zustande, wenn man sich großartig fühlt". Außerdem werden Sie mit der Zeit mehr Energie haben, Ihre Kleidung wird besser passen und Ihre Gesundheit wird sich verbessern; dies sind fortlaufende Belohnungen, die Sie auf der Spur halten. Welche Belohnung Sie sich aussuchen, ist egal (abgesehen von den Lebensmitteln, von denen Sie wegzukommen versuchen), solange Sie Ihnen nur etwas bedeutet.

Wie Sie dafür sorgen, dass Sie sich dauerhaft an gesunde Essgewohnheiten halten

Sie sind gerade dabei, sich ein neues Verhalten anzueignen. Hier kommen drei einfache Verhaltensempfehlungen, wie Sie dafür sorgen können, dass Sie Ihre gesunde Essgewohnheit dauerhaft etablieren.

DURCHHALTESTRATEGIE 1: Fangen Sie mit ganz kleinen und leicht umzusetzenden Verhaltensänderungen an (wie zuvor besprochen).

DURCHHALTESTRATEGIE 2: Steigern Sie Ihr Wunschverhalten jeden Tag, aber in unglaublich kleinen Schritten.

DURCHHALTESTRATEGIE 3: Machen Sie, auch nachdem Ihre Gewohnheit sich verfestigt hat, ganz einfache Wiederholungen und gliedern Sie diese, falls nötig, in noch einfachere Teile. (Wenn zum

Beispiel die Vorstellung, Sport zu treiben, schon zu viel für Sie ist, ziehen Sie erst mal nur Sportschuhe an. Gehen Sie dann damit zur Tür hinaus. Machen Sie später eine einzelne Übung und so weiter.)

Nehmen wir als Beispiel, dass Sie mehr Gemüse essen wollen. Es gibt schließlich viele Menschen, die nicht gern grüne Gemüsesorten essen, das könnte daher ein guter Ausgangspunkt sein. Und eine solche Aversion gegen Gemüse ist zu erwarten, wenn Sie es gewohnt sind, verarbeitete Lebensmittel mit jeder Menge Zucker, Mononatriumglutamat (MNG), Salz und anderen ungesunden Inhaltsstoffen zu verzehren, die Ihren Gaumen täuschen und eine aufhellende Wirkung auf das Belohnungszentrum Ihres Gehirns haben. Doch mit den drei Durchhaltestrategien können Sie den Verzehr von Gemüse zu einer genussvollen festen Gewohnheit machen. Und das geht so:

1. An Tag 1 essen Sie nur *einen* kleinen Bissen grünes Blattgemüse. Das war's. Noch nichts Schlimmes passiert. Sie brauchen noch nicht mal einen Salat zu machen. Nehmen Sie nur ein Blatt Salat oder Grünkohl (oder anderes grünes Blattgemüse) aus dem Kühlschrank und beißen Sie ein Stück davon ab.
2. An Tag 2 machen Sie es genauso, aber Sie nehmen *zwei* kleine Bissen grünes Gemüse. *Nicht mehr.*
3. Fahren Sie so fort, bis der Verzehr von grünem Gemüse zum leckeren Selbstläufer wird. Irgendwann sind Sie wahrscheinlich bereit, sogar einen ganzen Salat zu machen und jeden Bissen zu genießen.

WEITERE HILFREICHE TIPPS FÜR EINE GESÜNDERE ERNÄHRUNG

Hier kommen noch mehr Vorschläge, wie Sie die drei Durchhaltestrategien für eine gesündere Ernährung konsequent anwenden können.
Trinken Sie mehr Wasser.
- Nehmen Sie, jedes Mal, wenn Sie die Küche betreten, einen kleinen Schluck Wasser.
- Nehmen Sie an Tag 2 jedes Mal, wenn Sie die Küche betreten, zwei kleine Schlucke Wasser.
- Fügen Sie immer mehr Schlucke hinzu, bis Sie mühelos ein ganzes Glas Wasser schaffen und sich sogar darauf freuen.

Verzehren Sie pro Tag acht bis zehn Portionen Gemüse und Obst.
Schneiden Sie zunächst die Sorte, die Sie am liebsten mögen, in
mundgerechte Stücke, und bewahren Sie sie an leicht zugänglicher
Stelle im Kühlschrank auf.

- Essen Sie an Tag 1 jedes Mal, wenn Sie den Kühlschrank öffnen,
  nur ein Stück.
- Essen Sie an Tag 2 jedes Mal, wenn Sie den Kühlschrank öffnen,
  zwei Stücke.
- Fahren Sie auf die gleiche Art fort und Sie werden binnen kurzer
  Zeit mehr Grünzeug essen als eine Giraffe.

Drei verbreitete Irrtümer über Gewohnheiten

Wenn man bedenkt, dass so viele Menschen darauf konditioniert sind,
möglichst „perfekt" zu sein zu wollen, halte ich es für wichtig, mit drei
gängigen Irrtümern über Gewohnheiten aufzuräumen, die Sie behin-
dern könnten. Dies ist auch der Abschnitt, in dem wir uns näher mit
der falschen Vorstellung befassen werden, dass man Willensstärke
braucht, um sich konsequent gesund zu ernähren (oder mit Erfolg
irgendwelche anderen Veränderungen vorzunehmen).

Irrtum Nr. 1:
ES DAUERT 21 TAGE, BIS SICH EINE GEWOHNHEIT ETABLIERT.

Tut mir leid, das stimmt nicht. Hierzu wurde viel geforscht, und die
Wahrheit ist, dass es bei manchen Dingen viel länger dauert, bis etwas
zur Gewohnheit wird, als bei anderen. Dr. Phillippa Lally, führende
Forscherin in diesem Bereich, hat herausgefunden, dass es im Durchschnitt 66 Tage dauert, bis sich ein Verhalten automatisiert, und die
Zeitspanne, innerhalb derer sich ein Verhalten verfestigt, je nach Art
der Gewohnheit zwischen 18 und 254 Tagen beträgt. [4]

So dauerte es bei einfachen Verhalten (deren Angewöhnung weniger
mühsam war) wie dem Wassertrinken nach den Mittagessen nur 56
Tage, bis sie sich verfestigt hatten, wogegen es laut Dr. Lallys Studie
91 Tage dauerte, bis das allmorgendliche Ausführen von Sit-ups zur
Gewohnheit geworden war. Es mag sein, dass dieser Zeitraum etwas
deprimierend klingt, aber behalten Sie einfach die folgenden Tipps im
Hinterkopf.

- Machen Sie kleine Schritte. Versuchen Sie nicht, alles auf einmal zu machen.
- Versuchen Sie, nur jeweils eine Gewohnheit zu ändern.
- Schreiben Sie auf, welche Gewohnheit Sie ändern wollen, und machen Sie sich einen genauen Plan, wie Sie dieses Ziel erreichen wollen.
- Wiederholen Sie das angestrebte Verhalten so oft wie möglich. Je öfter das Verhalten wiederholt wird, desto eher wird es sich automatisieren.

Dies führt uns zum nächsten verbreiteten Irrtum.

Irrtum Nr. 2:
WENN SIE EINEN TAG AUSSETZEN, KÖNNEN SIE WIEDER VON VORN ANFANGEN.

Forschungsergebnisse haben gezeigt, dass das einmalige Nichtausführen einer Gewohnheit, egal zu welchem Zeitpunkt, keine messbare Wirkung auf Ihre langfristigen Fortschritte hat. Steigen Sie einfach wieder aufs Pferd und weiter geht's. Daher erinnere ich Sie immer wieder daran, dass Fortschritt das Ziel ist, nicht Perfektion. Also verabschieden Sie sich bitte von der Alles-oder-nichts-Denkweise.

Eine wirklich effektive Technik, die ich in vielen Bereichen meines Lebens über die Jahre angewendet habe, um in der Spur zu bleiben, ist etwas, das ich als „negative Visualisierung" bezeichne. Sie haben wahrscheinlich davon gehört, dass Sie sich nur auf das konzentrieren sollen, was Sie wollen, denn diese Dinge werden Sie im Leben anziehen. Auch wenn ich dem prinzipiell zustimme, ist es meiner Ansicht nach klug, Schwierigkeiten vorherzusehen und auf sie vorbereitet zu sein.

Negative Visualisierung bedeutet im Wesentlichen, einen Plan B und Plan C parat zu haben für den Fall, dass Plan A nicht funktioniert. Das Schöne daran ist, dass Sie im Voraus wissen, wie Sie reagieren würden; so kommt keine Panik auf, wenn sich eine Schwierigkeit ergibt. Als Hobbypilot und Luftfahrtfan kann ich Ihnen sagen, dass Piloten sich unermüdlich auf Worst-Case-Szenarien vorbereiten und entsprechende Verhaltensweisen üben. Und zum Glück tun sie das. Können Sie sich vorstellen, während des Fluges würde ein Kabelbrand ausbrechen und die Piloten müssten sich zu diesem Zeitpunkt in Windeseile eine Lösung überlegen? Wenn Sie die gleiche Denkweise auf Ihr Alltagsleben übertragen, können Sie mögliche Hindernisse vorhersehen und sich besser auf sie vorbereiten.

Beispiele:

- In der folgenden Woche findet ein Firmenessen statt. Auf welche Herausforderungen könnten Sie treffen, die Sie möglicherweise von Ihrem Pfad gesunder Essgewohnheiten abbringen? Suchen Sie schon jetzt nach einer Lösung.
- Sie werden dieses Wochenende verreisen. Was werden Sie unterwegs essen? Suchen Sie jetzt nach einer Lösung.
- Sie machen das sehr gut und halten sich an gesunde Essgewohnheiten, doch plötzlich erreichen Sie schlechte Nachrichten, die Sie in Stress versetzen. Werden Sie zu Schokolade und Ähnlichem greifen, um den Stress abzubauen? Suchen Sie schon jetzt nach einer besseren Alternative.

Sie sollten nicht davon ausgehen, dass Sie schwach werden, aber Sie sollten einen Plan B haben, falls es doch passiert. Und selbst wenn Sie aus der Spur geraten, kehren Sie gleich am nächsten Tag dorthin zurück. Wie Sie sicher selbst erlebt haben, verfestigen sich gute Gewohnheiten viel einfacher, wenn Sie den Schwung nutzen. Lassen Sie nicht zu, dass der Schwung Sie in die falsche Richtung zurücklenkt.

Irrtum Nr. 3:
UM SICH NEUE GEWOHNHEITEN ZUZULEGEN, BRAUCHT MAN VIEL DISZIPLIN UND WILLENSSTÄRKE.

Der hier gefällt mir, glaube ich, am besten. Die Vorstellung, dass man Willensstärke, Selbstbeherrschung und Disziplin braucht, um sich gesund zu ernähren, ist einfach nicht wahr. Aus dem gleichen Grund ist es so wichtig, fertige Ernährungspläne und Rezepte zu haben. Sie sorgen dafür, dass Sie bei der Essensvorbereitung nicht mehr über das Was nachdenken müssen, besonders nach einem langen Tag, wenn Sie müde sind und Ihre Willensstärke fast aufgebraucht ist. Willensstärke ist ganz ähnlich wie ein Muskel, der bei ständiger Belastung ermüdet. Eine der bekanntesten und 1998 im *Journal of Personality and Social Psychology* zu diesem Thema veröffentlichten Studien untersuchte die Wirkung einer Essensverlockung, die darauf ausgelegt war, die Willensstärke der Teilnehmer zu erschöpfen. Genutzt wurde hier die furchtbare Macht eines unerfüllten Versprechens, Schokolade zu bekommen![5]

Im ersten Teil des Versuchs mussten sich die Teilnehmer in einem Raum aufhalten, der nach frisch gebackenen Schokoladenkeksen roch. Anschließend reizten die Wissenschaftler die Probanden, indem sie ihnen die Kekse und anderen Leckereien mit Schokoladengeschmack zeigten. Während einige Testpersonen zu den Köstlichkeiten greifen durften, wurde von denen, deren Willensstärke getestet wurde, im Experiment verlangt, stattdessen Radieschen zu essen. Wie gemein.

Nach der Lockvogeltaktik wurden die Teilnehmer gebeten, ein Rätsel zu lösen, das ihre Beharrlichkeit wirklich auf die Probe stellte (oder zu Fall brachte). Der Einfluss der Lebensmittel war unbestreitbar. Diejenigen, die Radieschen aßen, unternahmen weit weniger Lösungsversuche und gaben mehr als *doppelt* so schnell auf wie die Teilnehmer, die Schokolade zu essen bekamen. Mit anderen Worten gesagt brachten diejenigen, die den Süßigkeiten widerstehen und sich zwingen mussten, Radieschen zu essen, nicht mehr den Willen auf, sich noch einer quälenden Aufgabe zu stellen. Sie waren bereits zu erschöpft.[6]

Die wichtigste Erkenntnis aus dieser scheinbar sinnlosen Studie war ein Durchbruch: Selbstbeherrschung und Willensstärke sind vergängliche Stärken, die durch unterschiedliche Arten von Aufgaben aufgebraucht werden (Treffen von Entscheidungen, Widerstehen von Versuchungen, anstrengende geistige Arbeit etc.). Und sie brauchen sich auf wie der Akku eines Smartphones, wenn er in permanenter Benutzung ist. Aus der grundlegenden Studie resultierten 1.282 weitere Studien zu allen möglichen Themen, vom Konsumverhalten bis hin zu Straftaten. In einer anderen bekannten Studie zu Gerichtsverhandlungen fand man zum Beispiel heraus, dass ein Richter am Morgen in rund 65 Prozent der Fälle eine Entscheidung zugunsten des Angeklagten traf. Doch im Verlauf des Vormittags und mit zunehmender Erschöpfung durch immer mehr Entscheidungen sank die Wahrscheinlichkeit, dass der Richter im Sinne des Angeklagten entschied, immer weiter gegen *null*! Als der Richter dann aber erholt aus der Mittagspause in den Gerichtssaal zurückkehrte, stieg die Wahrscheinlichkeit, dass er im Sinne des Angeklagten entschied, sofort sprunghaft auf 65 Prozent. Über die folgenden Stunden sank der Prozentsatz einer positiven Entscheidung für den Angeklagten bis zum Ende des Tages wieder gegen null.[7] (Die Botschaft für Sie daheim lautet, dass Sie gegen Knöllchen wegen Falschparkens oder Geschwindigkeitsübertretung am besten früh am Morgen oder gleich nach dem Mittagsessen antreten sollten).

Der interessante Zusammenhang zwischen Stress, Blutzucker und Selbstbeherrschung

Eine weitere wichtige Erkenntnis aus der Radieschen-und-Schokolade-Studie ist, dass Willensstärke an den Blutzucker gekoppelt zu sein scheint und ein niedriger Blutzuckerwert sich negativ auf unsere Willensstärke auswirken kann. Dies ist der Grund, warum sich die Selbstbeherrschung während des prämenstruellen Syndroms (meine Damen, Heißhunger auf Schokolade, sagt Ihnen das etwas?) und in Zeiten geringer Nahrungszufuhr verschlechtern kann, besonders dann, wenn man unterzuckert ist. Daher sind hungrige Menschen mit einem niedrigen Blutzucker schnell übellaunig und reizbar.

Ein anderer, in der Zeitschrift *Personality and Social Psychology Review* erschienener Artikel legt nahe, dass Blutzucker ein wichtiger Bestandteil der Energiequelle für bessere Selbstbeherrschung ist; und je mehr unsere Selbstbeherrschung und unsere Willensstärke in Anspruch genommen werden, desto schneller verbrauchen wir große Mengen an Glukose.[8] Womöglich kennen Sie Tage, an denen Sie, vielleicht nicht physisch, aber mental erschöpft nach Hause kamen. Und das lag vermutlich an all den Entscheidungen, die Sie trafen, der Zurückhaltung, die Sie ausübten, und an der geistigen Arbeit, die Sie den Tag über erledigten. Erschöpfte Willensstärke am Abend bedeutet für gewöhnlich, dass Sie nicht eigenhändig eine Mahlzeit zubereiten, sondern Ihre Finger nur dazu benutzen, per Telefon fertiges Essen zu bestellen, das Sie dann abholen oder liefern lassen. Schließlich ist es so viel einfacher, Essen zu bestellen, anstatt 15 Minuten zu investieren, um selbst zu kochen. Daher müssen Sie Ihr Umfeld so einrichten, dass Sie es schaffen können.

Sie wissen, dass Sie sich nicht allein auf Ihre Entschlossenheit und Willensstärke verlassen können, wenn es darum geht, sich konsequent gesund zu ernähren. Und bei den meisten von uns ist die Abendessenzeit der wunde Punkt, an dem wir selbst dann schnell scheitern können, wenn wir nur die besten Absichten hegen. Der Knackpunkt, was gesunde Essgewohnheiten betrifft, ist deshalb – abgesehen von den Strategien zur Etablierung von Gewohnheiten, von denen an anderer

Stelle die Rede war –, sich sein Umfeld so einzurichten, dass es einen in den schwächsten Momenten unterstützt. Hier kommen einige Vorschläge, wie man das machen kann, einige davon greifen Punkte auf, über die in diesem Kapitel schon gesprochen wurde.

- Stellen Sie sicher, dass Ihre Küche picobello ist (und nicht unordentlich), das hilft Ihnen, in schwachen Momenten etwas klarer zu denken. Schließlich führt ein unordentliches Umfeld zu einem gedanklichen Durcheinander, was noch eher zur Folge hat, dass Sie nach einem Schlupfloch suchen oder auf eine schnelle Mahlzeit oder eine Nascherei zurückfallen.
- Folgen Sie einem Ernährungsplan, damit Sie genau wissen, welches Ihre nächste Mahlzeit sein wird – und zwar rechtzeitig, damit Sie später nicht mehr darüber nachdenken müssen. Entscheiden Sie nicht erst, wenn der Hunger kommt, was Sie essen – das bringt nur Unheil. Wenn Sie es bequem haben wollen, machen Sie am besten den „10-Tage-Stoffwechsel-Neustart" aus Kapitel 5.
- Sorgen Sie dafür, dass alle erforderlichen Zutaten vorhanden und leicht zugänglich sind. Wenn Sie im letzten Moment noch einmal zum Lebensmittelgeschäft müssen, sinkt die Wahrscheinlichkeit, dass Sie sich für eine gesunde Mahlzeit entscheiden, noch weiter. Denken Sie daran, sich richtiges Verhalten ganz einfach zu machen. Dazu gehört, dass die geeigneten Lebensmittel in Reichweite sind.
- Verabschieden Sie sich von ungesunden Lebensmitteln. Wir wissen alle, dass es leichter ist, in eine Chipstüte zu greifen, als eine gesunde Mahlzeit zuzubereiten, selbst wenn das nur wenige Minuten dauert. Ihr Ziel sollte sein, gesunde Lebensmittel sehr leicht zugänglich zu machen und ungesunde extrem schwer zugänglich. Das Einfachste ist, wenn Sie das ungesunde Zeug komplett aus Ihrer Küche verbannen.

Jeder Aspekt Ihres Lebens hängt entscheidend von Gewohnheiten ab. Ich hoffe, Sie nehmen mit, dass selbst große Veränderungen mit winzigen Schritten in die richtige Richtung beginnen sollten. Machen Sie aus einem Elefanten eine Mücke, dann werden Sie sich viel eher dauerhaft gesunde Essgewohnheiten aneignen. Jetzt ist es an der Zeit, sich anzusehen, wie die ideale Fett-weg-Küche eingerichtet ist. Sind Sie schon gespannt?

KAPITEL 3

So richten Sie Ihre

Fett-weg-küche ein

WER KEINEN PLAN HAT, DER KANN NUR SCHEITERN. So sagt man doch, oder? Und das ist absolut wahr. Als jemand, der gern die Dinge in Angriff nimmt, ist mir klar geworden, dass jede Stunde Planung einem das Dutzendfache an unproduktiven Arbeitsschritten erspart. Dieses Kapitel wird Ihnen helfen, den ultimativen Erfolg zu planen und vorzubereiten. Sie werden herausfinden, welche Lebensmittel gut für Sie sind und warum, welchen Lebensmitteln Sie aus dem Weg gehen sollten und wie Sie sich mit den richtigen Küchenutensilien beim Zubereiten der Rezepte wie ein Meister der Töpfe und Pfannen fühlen können.

Unentbehrliche Küchenhelfer

Bevor wir uns von den leckeren Rezepten in diesem Kochbuch den Mund wässrig machen lassen, könnte es hilfreich sein zu wissen, welche Geräte und welches Kochgeschirr Sie brauchen werden, um sie zuzubereiten. Zum Glück ist das eine ziemlich kurze Liste und ich wette, dass Sie die meisten dieser Küchenutensilien sowieso schon haben. Bevor es um die Grundnahrungsmittel geht, die Sie vorrätig haben sollten, und ich Ihnen erkläre, warum sie gut für Sie sind und so nützlich für die Fettverbrennung, werfen wir zunächst einen Blick auf die Küchenhelfer, die Sie zum Zubereiten der Rezepte benötigen.

Töpfe und Pfannen

Ein gutes Bratpfannen- und Topfset darf in keiner gesunden Küche fehlen. Ich mag tiefe Pfannen, weil man sie auch als Wokersatz für Pfannengerichte benutzen kann. Ich gehe davon aus, dass Sie bereits ein Set Töpfe und Pfannen besitzen, aber falls Sie sich ein neues anschaffen wollen, gebe ich Ihnen einige Hinweise, welche mit Blick auf eine gesunde Küche am besten geeignet sind.

Generell empfehle ich, die Finger von Teflon und anderem Kochgeschirr mit Antihaftbeschichtung zu lassen, weil dadurch oft Chemikalien in Ihr Essen geraten. Am besten nehmen Sie Edelstahlpfannen, wobei gusseiserne Pfannen auch eine Option sind. Kochgeschirr aus Edelstahl hat den Vorteil, dass es nicht mit Chemikalien reagiert (das heißt, dass beim Kochen Ihrer Mahlzeiten keine Chemikalien in Ihr Essen gelangen), außerdem ist es von schwerer Qualität und langlebig, dazu spülmaschinenfest und relativ erschwinglich.

Ein wesentlicher Nachteil ist, dass Edelstahlkochgeschirr im Allgemeinen die Wärme nicht so gut überträgt und verteilt, aber dieses Problem lässt sich dadurch lösen, dass man in bessere Qualität (zum höheren Preis) investiert und Modelle mit einem Innenboden aus Kupfer oder Aluminium nimmt, die eine bessere Wärmeleitfähigkeit haben. Da das Aluminium beziehungsweise das Kupfer in Schichten aus Stahl eingebettet ist, kommt das Metall mit dem Essen gar nicht in Berührung. Diese Art von Kochgeschirr aus Edelstahl kann man bedenkenlos benutzen. Sehr hochwertiges Kochgeschirr aus Edelstahl gibt es zum Beispiel von All-Clad. Bei Schmortöpfen können gusseiserne Modelle ebenfalls eine gute Option sein. Sie sind langlebig und reagieren nicht mit Chemikalien. Bei korrekter Handhabung klebt darin nichts an, sie sind leicht zu reinigen und verteilen beziehungsweise speichern die Wärme gut und gleichmäßig, weshalb sie bestens für längeres Köcheln bei niedriger Temperatur und fürs Anschwitzen geeignet sind. Bekannte Marken für gusseisernes Kochgeschirr sind Le Creuset und Staub.

Ein gutes Messerset

Auch wenn Sie für die Rezepte in diesem Buch nicht alle aufgelisteten Messer brauchen, sollte ein grundlegendes Messerset folgende Messer enthalten:

- ein Allzweckmesser (circa 13 cm) – lässt sich für unterschiedliche Aufgaben nutzen; wegen seiner Vielseitigkeit oft eine gute Wahl bei der Erstausstattung.
- ein Kochmesser (circa 20 bis 23 cm) – gut zum Zerhacken, Würfeln, Feinhacken und Schneiden. Dieses Messer werden Sie für die Rezepte oft benutzen.
- ein Gemüse- oder Schälmesser (circa 8 cm) – nützlich zum Schälen und Zerkleinern beziehungsweise Schneiden kleiner Stücke, die man in der Hand hält (zum Beispiel kleiner Kartoffeln). Auch dieses Messer wird bei den Rezepten häufig im Einsatz sein.
- ein Hackmesser – wird in der größeren Ausgabe für Fleisch verwendet, in der kleineren zum Hacken von Kräutern und Ähnlichem. Sollten Sie sich nur zulegen, falls Sie größere Fleischstücke zerteilen müssen.

- ein Tranchiermesser – zum Abschneiden dünner und gleichmäßiger Scheiben von Braten, gebratenem Geflügel und Ähnlichem. Ein super Utensil für die Feiertage, aber sonst eher selten in Benutzung.
- einen Wetzstahl, Messerschleifstein oder elektrischen Messerschleifer.

Bei der Auswahl eines Messers spielen verschiedene Überlegungen eine Rolle, darunter das Gewicht, wie es in der Hand liegt und aus welchem Material die Klinge ist. Ein leichtes Messer eignet sich gut, wenn schnell und akkurat geschnitten werden soll, wogegen ein schweres Messer beim Schneiden leichter Zutaten viel mehr Arbeit bedeutet. Andererseits ist ein schwereres Messer besser geeignet zum Schneiden härterer Zutaten wie Nüsse und frischer Ingwer.

Qualitativ hochwertige Messer liegen meist sehr gut in der Hand und das Gewicht von Klinge und Griff ist gleichmäßig verteilt. Sie können das testen, indem Sie Ihren Finger von unten an die Stelle legen, wo Klinge und Griff aufeinandertreffen, und das Messer mit der Schneide nach unten waagrecht halten. Ein hochwertiges Messer, das gut in der Hand liegt, wird an diesem Punkt nicht herunterfallen – es ist im Grunde der Hebelpunkt.

GROB HACKEN, WÜRFELN, STIFTELN UND FEIN HACKEN: WAS IST DER UNTERSCHIED?

In diesem Kochbuch (und auch in anderen) werden Sie die Empfehlung finden, dass Sie bestimmte Zutaten grob hacken, würfeln, stifteln oder fein hacken sollen. Ich erkläre Ihnen die Unterschiede.

- *Grob gehackt* bedeutet meistens, dass Sie Gemüse oder andere Lebensmittel in circa 2 cm große Quadrate schneiden, etwa wenn Sie größere Stücke (zum Beispiel Kartoffeln, geviertelte Zwiebeln, Melone) in kleinere Stücke schneiden.
- *Gewürfelt* heißt, dass Sie eine Zutat in circa sechs Millimeter große Würfel schneiden. Bei vielen Rezepten bilden gedünstete, gewürfelte Sellerie, Möhren, Zwiebeln oder Paprikaschoten die Grundlage.
- *Gestiftelt* heißt, dass Sie Gemüse (oder Obst) in längere, etwa streichholzdicke Stifte schneiden, mit einem Durchmesser von circa 0,25 cm. Paprikaschoten und selbst Pommes frites lassen sich stifteln.

● *Fein gehackt* heißt, dass Sie Zutaten in möglichst kleine Würfel schneiden, mit einem Durchmesser von wenigen Millimetern. Knoblauch gehört zu den Zutaten, die häufig fein gehackt werden.

Sich darüber Gedanken zu machen, ob ein Messer gut in der Hand liegt, ist sinnvoll, weil dann das Schneiden viel leichter gelingt. Wenn Sie vorhaben, große Mengen an Zutaten mit dem Messer zu schneiden, bedeutet ein Messer, das gut in der Hand liegt, viel weniger Kraftanstrengung für den Arm. Gute Messer werden häufig aus nicht-rostfreiem Stahl (Karbonstahl) hergestellt. Ihre Klingen lassen sich schnell und gut schärfen, aber man sollte sie im Messerblock aufbewahren, damit sie nicht rosten.

Schneidebrett

Das versteht sich praktisch von selbst, denn Sie brauchen eine gute Oberfläche, auf der Sie Ihre Zutaten zerkleinern können. Ich empfehle Schneidebretter aus Bambus. Selbst die härtesten Schneidebretter aus Holz bekommen durch wiederholtes Schneiden und Hacken Kratzer. Dadurch entstehen Rillen, in denen sich Feuchtigkeit, Essensreste und Bakterien ansammeln. Bambus wiederum hat eine derart hohe Materialdichte, dass ihm Messer nichts anhaben können, und ist von Natur aus wasserabweisend, sodass Bakterien sich gar nicht erst bilden können.

Spiralschneider

Ein Spiralschneider ist ein preiswertes Küchenwerkzeug, das aus frischen Gemüsesorten, oftmals Zucchini, nudelähnliche Bänder zaubert, die „Zoodles". Es ist ein großartiges Gerät, um schnell Gemüsespaghetti herzustellen, anstatt auf herkömmliche (und etwas gehaltvollere) weizen- oder glutenfreie Nudeln zurückzugreifen. In mehreren Rezepten in diesem Kochbuch (die Zoodles-Parade finden Sie auf Seite 205) kommt ein Spiralschneider zum Einsatz. Wenn Sie keinen haben, können Sie auch immer einen Gemüseschäler verwenden.

Gemüseschäler

Wenn Sie keinen Spiralschneider haben, können Sie Ihre Zucchini-Nudeln genauso gut mit einem Gemüseschäler machen, wobei dann eher Fettuccine herauskommen als Spaghetti. Ein Gemüseschäler ist auch ein nützliches Gerät zum Schälen von Wurzelgemüse, einer häufigen Zutat in diesem Kochbuch.

Mixer

Egal ob Smoothies, Suppen oder Soßen – ein guter Mixer bekommt das alles hin. Ich bin ein großer Fan des Vitamix. Sicher, für ein gutes Gerät muss man mindestens 300 Euro hinblättern, aber meinen Mixer habe ich seit zehn Jahren. Das ist eine ziemlich gute Investition, wenn Sie mich fragen. Doch die in diesem Kochbuch nötigen Mixaufgaben schafft auch ein 50-Euro-Mixer.

Küchenmaschine

Ein guter Mixer kann eine Küchenmaschine zwar größtenteils ersetzen, aber ich finde es gut, zwei Geräte zu haben. Meine Küchenmaschine benutze ich, um schnell Zutaten zu hacken, insbesondere Nüsse, und um Dips zu machen, zum Beispiel Hummus. Man braucht sie nicht unbedingt, aber ich empfehle sie. Wird für ein Rezept eine Küchenmaschine benötigt und Sie haben keine, nehmen Sie stattdessen einfach einen Mixer (und lassen Sie ihn bei niedriger Geschwindigkeit laufen).

MARILYN UND IHR EHEMANN SIND INNERHALB VON NUR DREI WOCHEN IHRE HARTNÄCKIGEN FETTPÖLSTERCHEN LOSGEWORDEN

„Schon immer habe ich fünf- oder sechsmal pro Woche Sport gemacht – Tanzen, Aerobic, Joggen und Krafttraining. Ich dachte, dass ich mich einigermaßen gesund ernähren würde, indem ich auf frittierte Lebensmittel verzichtete und um Fast-Food-Restaurants einen Bogen machte. Doch mein größter Fehler war, dass ich nie Gemüse oder rotes Fleisch aß. Ich konnte nicht begreifen, warum ich kein Gramm abnahm, obwohl ich täglich Sport trieb, bis zu dem Tag, an dem ich zufällig auf Yuris Facebookseite stieß.

Ich googelte ihn und war besessen von allem, was er in seinem Blog postete. Dann bestellte ich *The All-Day Fat-Burning Diet* vor und wartete sehnsüchtig auf das Buch. Als es dann kam, fingen mein Mann und ich an, uns nach dem 5-Tage-Plan zu ernähren. Ich nahm insgesamt sechs Kilo ab und mein Mann vier Kilo, in nur drei Wochen! Wir sind total begeistert von diesem Programm und sind Yuri Elkaim extrem dankbar. Wir haben nicht nur abgenommen, sondern es macht mir auch Spaß, jeden Tag zu kochen und mich gesund zu ernähren. Kochen gehörte bei uns früher nicht zum Standard, aber inzwischen schon. Auch meine Kinder finden das Essen lecker und lieben die köstlichen Aromen, die durch das Haus ziehen. Besonders toll finde ich all die Posts, Bilder und Aufmunterungen von den Leuten in unserer privaten Facebook-Gruppe. Es ist schön zu wissen, dass ich nicht allein bin und dass Yuri Elkaim jeden Tag Kommentare postet und auf unsere Kommentare und Sorgen reagiert. Mein Rat an alle, die abnehmen oder sich gesünder ernähren wollen: Ihr braucht nicht weitersuchen – Yuri Elkaim ist *euer* Mann!"

Mit fettarmen und unverarbeiteten Lebensmitteln bekommen Sie Ihr Fett weg

Solche Lebensmittel waren bereits in *The All-Day Fat-Burning Diet* Thema und auch hier möchte ich kurz darauf eingehen. Vielleicht haben Sie mein erstes Buch gar nicht gelesen – in jedem Fall sollten Sie diese wichtigen Fettverbrenner kennen. Behalten Sie bei den folgenden Informationen bitte im Hinterkopf, dass jedes Lebensmittel auf der Welt neben Hunderten von kleinen Mikronährstoffen Fett, Protein und Kohlenhydrate enthält. Daher ist es nicht ganz korrekt, wenn man ein Lebensmittel nur als „Fett" einstuft und ein anderes als „Protein". Für unsere Zwecke habe ich die Lebensmittel dennoch nach ihrem hauptsächlichen Makronährstoff in die jeweiligen Kategorien eingeordnet. So befinden sich bestimmte fettreiche Nusssorten in der Gesunde-Fette-Gruppe, während andere, proteinreiche Nusssorten unter Gesunde Proteine aufgeführt werden.

Gesunde Fette

Eines gleich vorweg: Fett ist nicht Ihr Feind. Gesunde Fette sind extrem gut für Sie und werden für eine intakte Zellgesundheit, für die Hormonproduktion und diverse andere Dinge benötigt. Eine Ernährung ohne gesunde Fette ist wie ein Kuchen ohne Guss – es fehlt etwas Wichtiges. Das viel größere Problem sind die *falschen* Fette. Das liegt daran, dass die heutzutage überwiegend verwendeten Fette und Öle stark entzündungsauslösende und oftmals ranzige Pflanzenöle sind wie Rapsöl, Sojaöl und viele andere Sorten, wie ich gleich näher erläutern werde. Bitte bedenken Sie dabei jedoch, dass die besten Lieferanten für gesunde

Fette ebenfalls pflanzlichen Ursprungs sind. Lassen Sie mich daher einige Dinge klarstellen.

Pflanzenöle (und aus solchen Ölen hergestellte Margarine) werden aus Saaten wie Rapssamen (Rapsöl), Sojabohnen (Sojaöl), Maiskörnern (Maiskeimöl), Sonnenblumenkernen (Sonnenblumenöl), Färberdistelsamen (Färberdistelöl) und anderen Pflanzen gewonnen. Interessanterweise wurden solche Öle erst Anfang des 20. Jahrhunderts Bestandteil der menschlichen Ernährung, als neuartige chemische Prozesse deren Extraktion ermöglichten. Das Problem ist, dass sich diese Art Pflanzenöle, im Gegensatz zu Kokosöl, nicht allein durch Pressung oder natürliche Abspaltung von der Saat extrahieren lassen. Sie müssen vielmehr durch chemische Verfahren isoliert, mit Duftstoffen versetzt und auf andere Weise verändert werden. Und hierin liegt die Krux: Pflanzenöle sind hochgradig anfällig für hitze-, sauerstoff- und lichtbedingte Schäden. Das liegt daran, dass es mehrfach ungesättigte Fettsäuren sind (sie weisen also mehr als eine Doppelbindung auf und sind bei Raumtemperatur flüssig), die eine sehr instabile chemische Struktur haben.

Butter und Kokosöl sind sehr stabile gesättigte Fettsäuren. Ihre chemischen „Ketten" sind widerstandsfähiger, wenn sie Hitze, Sauerstoff und Licht ausgesetzt werden, und aus diesem Grund eignen sie sich auch sehr gut zum Kochen und Backen. Flüssige Pflanzenöle dagegen – selbst gesunde Sorten wie Oliven- und Leinsamenöl – nehmen Schaden, wenn sie den drei zuvor genannten Elementen ausgesetzt werden, und sollten daher niemals erhitzt und schon gar nicht in irgendeiner Weise stark verarbeitet werden.

Und damit zurück zu den Pflanzenölen, die in den Lebensmitteln von heute am häufigsten zu finden sind – das sind die, die auf der Rückseite fast jeder Verpackung aufgelistet werden: Rapsöl, Maiskeimöl und Sojaöl. Das Problem ist, dass diese mehrfach ungesättigten Fettsäuren (wie erwähnt) hochgradig instabil sind und leicht oxidieren, und diese Oxidation führt zu ernsthaften Entzündungen im Körper. Und wir wissen, was eine Entzündung für unsere Abnehmaussichten bedeutet, oder? Abgesehen von der Oxidation und davon, dass solche Pflanzenöle im Zuge der intensiven Verarbeitung auf dem Weg in die Ladenregale ranzig geworden sind, haben die meisten von ihnen auch einen hohen Gehalt an entzündungsauslösenden Omega-6-Fettsäuren. Von den Omega-3- und Omega-6-Fettsäuren haben Sie vielleicht schon gehört;

zwischen den beiden besteht aber ein großer Unterschied. Während Omega-3 stark entzündungshemmende Eigenschaften besitzt und daher sehr gut für den Körper ist, trifft auf Omega-6 das genaue Gegenteil zu.

Im Idealfall braucht der menschliche Körper die Omega-3- und Omega-6-Fettsäuren in ausgewogenen Maßen, vorzugweise im Verhältnis 1:2. Doch in den USA liegt das Verhältnis bei der Ernährung heute eher bei 1:20. Das bedeutet, dass wir generell zehn Mal mehr entzündungsauslösende Öle verzehren als entzündungshemmende. Setzen wir dem sofort ein Ende und konzentrieren uns darauf, nur qualitativ hochwertige, gesunde Fette zu verzehren. Dadurch tragen wir dazu bei, Entzündungen in unserem Körper zu reduzieren, was wiederum dabei hilft, hartnäckige Fettpolster viel leichter loszuwerden, womit wir unsere Gesundheit in vielerlei Hinsicht fördern.

Zu den gesunden Fetten zählen gesättigte Fettsäuren (wie Butter und Kokosöl), einfach ungesättigte Fettsäuren (Oliven, Avocados) und mehrfach ungesättigte Fettsäuren (Leinsamen und Fischöl). Solche Fette liefern lebenswichtige Bausteine, die die Qualität unserer Zellmembranen verbessern (was sich zum Teil in der Qualität unserer Haut, Haare und Nägel widerspiegelt), dienen als wichtiger Baustein für unsere Hormone, liefern Bausteine für die Myelinscheide um unsere Nerven herum und vieles andere mehr.

Die folgende Tabelle gibt einen Überblick über gesunde und ungesunde Fette. Bitte beachten Sie, dass die Zuordnung der Lebensmittel danach erfolgt, welche Fettart sie überwiegend enthalten, denn die meisten Lebensmittel weisen zu unterschiedlich hohen Teilen alle drei Arten von Fetten auf. Die Rezepte in diesem Buch enthalten die meisten dieser gesunden Fette in gesunden Mengen.

AVOCADOS ALS SONNENSCHUTZ?

Wie Sie vielleicht wissen, hat der Verzehr von Avocados eine Schutzwirkung auf unser Herz-Kreislauf-System. Ja, gesunde Fette sind gut für Sie. Aber wussten Sie auch, dass Avocados polyhydroxylierte Fettalkohole enthalten, die nachweislich entzündliche Reaktionen hemmen und wie ein Sonnenschutz vor durch UV-Strahlung bedingte Schäden wirken?[1] Spätestens jetzt wissen Sie es. Mag sein, dass sie deswegen in heißen Klimazonen so beliebt sind. Eine halbe Avocado pro Tag (oder mehr, wenn Sie mögen) ist alles, was Sie brauchen, um zu 100 Prozent vom gesundheitlichen Nutzen zu profitieren.

Gesunde Fette (ja, gerne)			Ungesunde Fette (lieber nicht)
Gesättigte	Einfach ungesättigte	Mehrfach ungesättigte	Mehrfach ungesättigte
Bio-Weide-butter	Avocados	Algenöl	Backfett
Ghee	Macadamianüsse (und Macadamia-nussöl)	Fischöl	Baumwoll-samenöl
Kokosöl	Oliven (und Olivenöl)	Hanföl	Erdnussöl
	Paranüsse	Leinöl	Färberdistelöl
		Sonnenblumen-kerne	Maiskeimöl
		Walnüsse	Margarine
			Rapsöl
			Sojaöl
			Sonnen-blumenöl
			Traubenkernöl

Gesunde Proteine

Im folgenden Abschnitt werde ich darüber sprechen, warum Protein für die Fettverbrennung wichtig ist. An dieser Stelle möchte ich Ihnen ans Herz legen, mehr Protein aus pflanzlichen Quellen zu beziehen. Es existieren viele Ammenmärchen über pflanzliche Proteine; Sie sollten aber wissen, dass Sie Ihren kompletten Proteinbedarf problemlos mit Lebensmitteln pflanzlichen Ursprungs decken können. Pflanzliche Proteine sind weniger säurehaltig und generell viel nährstoffreicher als tierische. Das einzige Manko pflanzlicher Proteine ist, dass sie auch mehr Kohlenhydrate enthalten. An und für sich ist das kein Problem, aber wenn das Programm vorschreibt, dass Sie weniger Kohlenhydrate zu sich nehmen sollen als sonst – wie etwa an Ihren kohlenhydratarmen Tagen –, sollten Sie sie etwas einschränken.

Es wird Sie freuen, dass es in diesem Buch auch viele Gerichte mit Fleisch oder Fisch gibt, es sei denn, Sie ernähren sich komplett vegan. Wenn Sie tierische Produkte essen, versuchen Sie bitte, wo immer dies möglich ist, auf Biofleisch aus Freiland- oder Weidehaltung oder Wild zurückzugreifen. „Du bist, was du isst" (und absorbierst) – wer will schon ständig Unmengen von Pestiziden, Hormonen, Antibiotika oder anderen künstlichen Stoffen über die Nahrung aufnehmen, die sich im Fleisch der Tiere durch das ihnen verabreichte Futter angesammelt haben? Die meisten Tiere aus kommerzieller Aufzucht werden mit Hormonen und Antibiotika vollgepumpt und erhalten artfremdes Futter wie Soja und Getreide, was ihre Gesundheit beeinträchtigt und dazu führt, dass die Giftstoffe letztlich in Ihrem Körper landen.

In der folgenden Tabelle werden die gesunden Proteine aufgeführt und auch Beispiele für Proteine, die Sie lieber meiden sollten.

Gesunde Proteine (ja, gerne)		Ungesunde Proteine (lieber nicht)	
Pflanzliche	Tierische	Pflanzliche	Tierische
Cannellini-Bohnen*	Austern	Soja	Alle Produkte aus konventioneller Tierzucht
Hanfsamen	(Bio, Freiland, Weidehaltung, Wild)		Fast-Food-Fleisch
Kichererbsen*	Bacon (nitratfrei)		Hotdogs
Kidneybohnen*	Eier		
Linsen (gekocht oder gekeimt)*	Forelle		
Mandeln (roh oder eingeweicht)	Garnelen		
Pintobohnen*	Huhn		
Schwarze Bohnen*	Hummer		
Weiße Bohnen*	Krebs		
	Lachs (wild gefangen)		
	Lamm		
	Pute		
	Rind		
	Sardellen		
	Sardinen		
	Schinken (nitratfrei)		
	Schwein		
	Wild (Bison etc.)		

* Weist (neben Protein) vermehrt stärkehaltige Kohlenhydrate auf.

Stärkehaltige Kohlenhydrate und Obst

Ich glaube, dieser Abschnitt geriet im letzten Buch etwas zu kurz, daher werde ich etwas detaillierter erklären, warum stärkehaltige Kohlenhydrate und Obst hilfreich und wichtig sind für Ihre Fähigkeit, Gewicht zu verlieren. Doch bevor ich näher darauf eingehe, hier eine Liste der gesunden stärkehaltigen Kohlenhydrate und Obstsorten, die ich empfehle. Es versteht sich von selbst, dass Sie um diese an Ihren kohlenhydratarmen Tagen einen Bogen machen (und um die Lebensmittel in der Spalte rechts sowieso).

Stärkehaltige Kohlenhydrate und Obst (ja, gerne)			Raffinierte, dick machende Kohlenhydrate (lieber nicht)
Stärkehaltige Kohlenhydrate	Obst	Glutenfreie Getreidesorten	
Jamswurzel	Ananas	Amaranth	Cerealien in Packungen
Kartoffeln (am besten kochen und abkühlen lassen)	Äpfel	Buchweizen	Chips
Möhren	Bananen	Glutenfreier Hafer	Dörrobst (keine Bioqualität)
Pastinaken	Beerenfrüchte (alle Sorten)	Hirse	Gebäck
Rote Bete	Birnen	Quinoa	Pizza
Steckrüben	Dörrobst (Bioqualität)		Pommes frites
Süßkartoffeln	Feigen		Roggenbrot
	Grapefruit		Süßigkeiten
	Mango		Weizenbrot
	Melone (alle Sorten)		
	Orangen		
	Papaya		
	Salatgurken		
	Tomaten		
	Weintrauben		
	Zitrone		

→ HÄTTEN SIE'S GEWUSST? Die Bananen in Ihrem Supermarkt sind
genetisch alle identisch, denn sie stammen von Bäumen, die seit
Jahrzehnten ungeschlechtlich vermehrt werden. Ist Ihnen schon
mal aufgefallen, dass alle Bananen irgendwie gleich aussehen, während es bei anderem Obst (Äpfeln zum Beispiel) viele verschiedene
Sorten gibt? Das liegt daran, dass nur die Bananensorte Cavendish
im Handel ist. Obwohl es viele verschiedene Bananensorten gibt,
haben die Obstbetriebe vor langer Zeit entschieden, dass es ihrem
Profitstreben am dienlichsten ist, wenn sie den Verbrauchern weis-
machen, dass alle Bananen gleich aussehen. Damit die typischen
Merkmale von Cavendish-Bananen erhalten bleiben, dürfen diese
sich niemals geschlechtlich vermehren. Das bedeutet: Sie alle haben
exakt denselben genetischen Code wie der erste Cavendish-Baum,
den die United Fruit Corporation in den 1950er-Jahren auswählte.
Noch eine interessante Tatsache: Bananen sind die einzige Obstsor-
te, bei der die Früchte von unten nach oben wachsen. Ziemlich cool.

Da ich häufig nach Süßstoffen gefragt werde, kommt hier eine Liste
mit Süßstoffen, die beim Fett-weg-Programm okay sind, und solchen,
von denen man lieber die Finger lassen sollte. Bitte denken Sie daran:
Nur weil viele der aufgeführten Süßungsmittel unbedenklich sind,
heißt das nicht, dass man sie in großen Mengen verzehren sollte. Am
besten immer nur wenig davon essen.

Süßstoffe			
Optimal	Auch gut	Okay (in sehr kleinen Mengen)	Lieber nicht
Erythrit	Rohhonig	Brauner Zucker	Acesulfam-K
Stevia	Zuckeralko-hole (Sorbit, Maltit, etc.)	Kokospalmzucker	Agave
Xylit	Ahornsirup		Aspartam
			Glucose-Fructose-Sirup (Zucker), Maissirup mit hohem Fructosegehalt
			Sucralose
			Weißer Zucker

→ **HÄTTEN SIE'S GEWUSST?** Der in vielen Lebensmitteln enthaltene Maissirup mit hohem Fructosegehalt (HFCS) wird unter Einsatz eines toxischen chemischen Katalysators hergestellt und es kann sein, dass die meisten HFCS-Produkte sogar mit Quecksilber belastet sind. HFCS wird in den USA in fast allen herkömmlichen abgepackten Lebensmitteln – in Brot, Limonade, sogar in Frühstücks-Cerealien – als Süßstoff verwendet. Er wird dafür verantwortlich gemacht, dass die Ernährung in den USA immer mehr leere Kalorien enthält, und Wissenschaftler sehen einen Zusammenhang zwischen dem Verzehr von HFCS und Diabetes und Adipositas.[2] Der weitverbreitete Süßstoff ist aber auch aufgrund der toxischen Chemikalien gefährlich, die eingesetzt werden, um Mais zunächst in Maisstärke zu verwandeln und dann in HFCS. Eine dieser Chemikalien, Glutaraldehyd, ist so gefährlich, dass schon kleine Mengen die Magenschleimhaut schädigen können. Wie andere chemische Desinfektionsmittel kann es die Lunge, die Augen und den Rachen reizen und, wenn es inhaliert wird, zu Kopfschmerzen und Benommenheit führen – ein weiterer Grund, unverarbeitete Lebensmittel zu essen und von dem chemisch behandelten, künstlichen Mist die Finger zu lassen.[3]

WARUM KOHLENHYDRATE GUT SIND

Zurück zum Thema Kohlenhydrate. Wenn man sie strategisch einsetzt, sind sie sehr hilfreich (und wichtig) für unsere Fähigkeit, Gewicht zu verlieren. Wenn Sie sich zu lang zu kohlenhydratarm ernähren, macht Ihr Körper schlapp und wird irgendwann rebellieren, indem er eine Kohlenhydratorgie veranstaltet. Außerdem fühlt sich niemand wohl, wenn er für längere Zeiträume die Kohlenhydratzufuhr einschränkt, selbst dann, wenn er dafür höhere Mengen an gesundem Fett verzehrt. Aus diesem Grund ist dies hier keine kohlenhydratarme Ernährung.

Ohne zu sehr in die wissenschaftlichen Zusammenhänge einzusteigen, warum ein strategisch motivierter erhöhter Verzehr von Kohlenhydraten gut für einen ist, hier ein kurzer Überblick:

● Er verhindert, dass die Schilddrüsenfunktion sich verringert; das ist wichtig, um für eine konstant hohe Stoffwechselrate zu sorgen, was wiederum die Fettverbrennung unterstützt.

- Er hilft, bei Frauen eine hypothalamische Amenorrhoe zu verhindern (eine Reaktion des Körpers auf das Hungern), eine Beeinträchtigung der normalen Hormonfunktion, die zu einem erhöhten Körperfettanteil, einer geringeren Knochendichte und zur Unfruchtbarkeit führen kann.
- Er sorgt für einen ausgeglichenen Testosteronspiegel und verhindert, dass der Cortisolspiegel, bedingt durch längere Perioden mit niedriger Kalorienzufuhr, steigt, was wiederum dazu beiträgt, Muskelschwund und damit einem Absinken der Stoffwechselrate vorzubeugen.
- Er sorgt auch für einen optimalen Leptinspiegel, jenes Hormon, das dem Gehirn mitteilt, dass wir satt sind, und damit verhindert, dass wir zu viel essen. Umgekehrt sinkt der Leptinspiegel bei einer eingeschränkten Kalorienzufuhr, sodass wir eine Fressorgie veranstalten, weil unser Gehirn davon ausgeht, wir würden verhungern.

Wie Sie sehen, haben Kohlenhydrate mehrere wichtige Funktionen in unserem Körper, daher kann man nicht einfach auf sie verzichten. Sich für eine kohlenhydratarme Ernährung zu entscheiden, ist sicherlich eine Option und Sie werden damit wahrscheinlich viel Gewicht verlieren. Die Chance ist aber auch sehr hoch, dass Sie sich dabei ziemlich elend fühlen und alles wieder zunehmen, sobald Sie beschließen, Kohlenhydrate wieder in Ihre Ernährung aufzunehmen. Wenn Sie aber den 5-Tage-Plan befolgen, auf dem *The All-Day Fat-Burning Diet* und dieses Kochbuch basieren, können Sie zu den richtigen Zeiten die richtigen Kohlenhydrate genießen und auf sichere Art dauerhaft abnehmen.

DER RICHTIGE ZEITPUNKT FÜR KOHLENHYDRATE

Man hat uns beigebracht zu glauben, das Beste wäre, gleich morgens zum Frühstück Kohlenhydrate zu essen. Dafür können Sie sich im Grunde bei den großen Cerealien-Herstellern bedanken, denn die haben mit ihrem Marketing über Jahrzehnte unsere Kultur einer Gehirnwäsche unterzogen und uns glauben gemacht, dass man den Tag mit Cerealien, Bagels, Muffins und anderen Kohlenhydraten beginnen sollte. Tatsächlich werden Sie, wenn Sie in irgendeine Starbucks-Filiale gehen, nur mit viel Glück etwas zu essen finden, das keine raffinierten Kohlenhydrate (in Gebäckform) enthält, die Ihren Blutzuckerspiegel in die

Höhe treiben und mit denen Sie sich etwa eine Stunde später fühlen wie ein Zombie.

Folgendes sollten Sie wissen: Wenn Sie zum Frühstück Kohlenhydrate zu sich nehmen, dämpfen diese die natürlichen Cortisolreaktionen Ihres Körpers, die morgens am stärksten sind. Dies passiert, weil das Cortisol auf natürliche Weise die Glykogenspeicher in Ihrem Körper in schnell verfügbaren Blutzucker aufspaltet. Wenn Sie nun morgens viele Kohlenhydrate essen, verpassen Sie sich selbst einen Blutzuckerschub. Das bedeutet, dass das Cortisol seine Aufgabe nicht zu erledigen braucht, und in der Folge werden die Cortisolreaktionen Ihres Körpers schwächer sein.

Ich weiß, was Sie denken: „Cortisol ist schlecht, oder?" Die Wahrheit ist: Cortisol ist nicht grundsätzlich schlecht. Es hängt alles davon ab, wie viel davon Sie in Ihrem Körper haben – zu viel ist sehr schlecht – und wann es verfügbar ist. Cortisol spielt eine wichtige Rolle in der menschlichen Biologie und folgt einem natürlichen Tagesrhythmus: Der Spiegel ist morgens am höchsten und abends am niedrigsten. Wenn wir Dinge tun, die diesen Rhythmus stören, werden wir über kurz oder lang Probleme bekommen. Das ist einer der Gründe, warum der Verzehr von Kohlenhydraten am Morgen keine so gute Idee ist.

Außerdem führen Kohlenhydrate am frühen Morgen dazu, dass Sie sich träge fühlen, denn die Kohlenhydrataufnahme (insbesondere von raffinierten Kohlenhydraten) lässt Ihren Blutzucker in die Höhe schießen. In der Folge wird Insulin freigesetzt, um den überschüssigen Zucker aus dem Blut zu entfernen und anderswo zu speichern. Wenn das passiert, kommt es bei den meisten zu einem signifikanten Absinken des Blutzuckerspiegels, wodurch sie sich hungrig und übellaunig oder sogar wie ein Zombie fühlen: Sie werden nervös, haben Konzentrationsschwierigkeiten und können nur an den nächsten sie wieder aufmunternden Zuckerschub denken. Das ist keine Art, seinen Tag zu beginnen, finden Sie nicht auch?

Daher rate ich dazu, Kohlenhydrate erst später am Tag zu sich zu nehmen und morgens mehr Protein. Wenn Sie möchten, können Sie trotzdem Ihren grünen Saft oder Smoothie trinken, aber tun Sie auch Protein mit hinein – dann bleiben Sie länger satt und konzentrierter. Sie können trotzdem abends ein Steak mit Salat essen, wenn Sie Lust darauf haben – ich werde Ihnen das sicher nicht verbieten – aber Sie brauchen sich vor den Kohlenhydraten nicht zu fürchten.

Das heißt allerdings nicht, dass ich Ihnen raten würde, jeden Abend vor dem Zubettgehen ein Stück Schokoladenkuchen zu verspeisen. Was ich damit sagen will, ist, dass der Verzehr von Kohlenhydraten später am Tag besser für den Biorhythmus Ihres Körpers ist, was Ihnen helfen wird, abzunehmen und schlank zu bleiben. Außerdem werden Sie, wenn Sie Kohlenhydrate später am Tag essen, tatsächlich besser schlafen können, denn durch die Zufuhr von Kohlenhydraten steigt der Gehalt an freiem Tryptophan im Blut. Das Tryptophan wird dann ins Gehirn transportiert und kann dort in Serotonin umgewandelt werden, ein beruhigender Neurotransmitter. Das Serotonin wird schließlich in Melatonin verwandelt, das ist der Neurotransmitter beziehungsweise das Hormon, das Ihren Körper einschlafen lässt.

Ich weiß, das klingt sehr technisch, aber merken Sie sich einfach Folgendes: Wenn Sie einen Großteil Ihrer Kohlenhydrate später am Tag essen, werden Sie davon nicht zunehmen, sondern es wird Ihnen beim Abnehmen helfen (weil Sie damit dem natürlichen Rhythmus Ihres Körpers folgen) und Sie werden besser schlafen. Ich hoffe, Sie haben damit etwas Klarheit, welcher Ansatz für den Verzehr von Kohlenhydraten der richtige ist. Sie brauchen auf Kohlenhydrate nicht zu verzichten, aber wenn Sie Bescheid wissen, wann die richtige Zeit dafür ist, wird sich das auf Ihre Gesundheit positiv auswirken.

VIER KOHLENHYDRATE-VERTRETER FÜR SCHNELLEREN FETTABBAU (UND EINE BESSERE GESUNDHEIT)

Bei all dem Gerede über Kohlenhydrate denken Sie inzwischen entweder, dass ich verrückt bin, oder freuen sich darüber, dass ich ein für alle Mal Licht ins Dunkel der geheimnisvollen Kohlenhydrate bringe. Gesunde Kohlenhydrate – wer hätte gedacht, dass es so etwas gibt? In Anbetracht der Tatsache, dass Kohlenhydrate heutzutage in den meisten Fitnesskreisen als Ursache fürs Zunehmen verteufelt werden, verstehe ich völlig, wenn Ihnen der Begriff *gesunde Kohlenhydrate* verdächtig vorkommt, aber es stimmt: Es gibt gesunde Kohlenhydrate, mit denen Sie nicht zunehmen. Vielmehr helfen diese gesunden Kohlenhydrate Ihnen bei der Fettverbrennung.

Das Entscheidende ist, dass Sie den Verzehr gesunder Kohlenhydrate über die Woche verteilt strategisch angehen und zum richtigen Zeitpunkt das Richtige essen – daher auch der 5-Tage-Plan. Im Folgenden möchte ich Ihnen vier meiner Favoriten unter den Kohlenhydraten für die Fettverbrennung vorstellen, die sich insgesamt positiv auf Ihre Gesundheit auswirken. Einige werden Sie vielleicht überraschen. Bitte denken Sie daran, dass meine Empfehlung lautet, an kohlenhydratarmen Tagen (also nur einmal pro Woche) auch gesunde Kohlenhydrate zu meiden, um die Menge an Netto-Kohlenhydraten niedrig zu halten.

BANANEN

Bananen beziehen eine Menge Prügel, weil sie besonders süß und eine Quelle für sehr viel Zucker sind. Und das stimmt auch, wenn man überreife Bananen isst. Das ganze Geheimnis liegt darin, in welchem Stadium man die Bananen isst. Im Zuge der Reifung werden Bananen gelb und bekommen dunkle Flecken. Wenn das passiert, steigt ihr natürlicher Zuckergehalt. Ist eine Banane aber unreif, enthält sie eine höhere Menge eines bestimmten Kohlenhydrattyps, der resistenten Stärke, die vom Körper nicht verdaut und absorbiert wird, was bedeutet, dass sie keinen negativen Einfluss auf den Blutzucker hat.

Das Großartige an der resistenten Stärke ist auch, dass sie den gesunden Darmbakterien als Nahrung dient. Und eines der Nebenprodukte aus der Aufspaltung resistenter Stärke durch die Darmbakterien ist Buttersäure. Buttersäure, falls Sie das interessiert, ist eine der wichtigsten kurzkettigen Fettsäuren, die der Darmsanierung dienen.

Warum spielt das eine Rolle? Weil der Darm im Grunde das zweite Gehirn unseres Körpers ist und eng verbunden mit unserem Immunsystem. Erinnern Sie sich, dass zuvor die Rede war von all den Entzündungen, die schlecht für den Körper sind und den Fettabbau stoppen? Entzündungen werden auf der Ebene des Darms und der ihn umgebenden Immunzellen gefördert oder ausgebremst. Je gesünder der Darm ist, desto weniger können belastende Essenspartikel in den Blutstrom gelangen und unerwünschte Entzündungen auslösen.

Zur Verbesserung der Darmgesundheit genügt es nicht, sich auf Probiotika zu verlassen. Sie müssen den guten Bakterien auch die für sie ideale Nahrung geben, und das sind resistente Stärke und andere Ballaststoffe. Mit ihrem hohen Gehalt an resistenter Stärke sind unreife Bananen eine großartige Quelle für die guten Bakterien, die keinerlei Einfluss auf Ihren Bauch, Ihre Taille oder Ihren Blutzucker haben.

GEKOCHTE UND ABGEKÜHLTE KARTOFFELN

Das dürfte Sie schockieren: Ja, Kartoffeln sind gesunde Kohlenhydrate. Ja, Sie dürfen sie essen. Die Sache ist die: Sie sollten sie auf andere Art essen, als Sie das normalerweise machen würden. Wenn Sie zum Beispiel Kartoffeln kochen und dann zerstampfen, sind sie im Allgemeinen hochglykämisch, das heißt, sie treiben Ihren Blutzucker in die Höhe und führen zu Fettablagerungen. Diabetiker (und all diejenigen, die gern abnehmen möchten) sollten sie so lieber nicht essen. Wenn Sie die Kartoffeln aber kochen und zum Abkühlen in den Kühlschrank stellen, dehnt sich die resistente Stärke in der Kartoffel aus. Da ist sie wieder, die resistente Stärke. Erkennen Sie ein Muster?

BRAUCHEN SIE NOCH MEHR BEWEISE, DASS RESISTENTE STÄRKE GUT FÜR SIE IST?

In einer in der Fachzeitschrift *Diabetes Care* erschienenen Studie wurde aufgezeigt, dass die Blutzuckerwerte von übergewichtigen Testpersonen, die täglich einen Muffin bekamen, dem heimlich fünf Gramm dieser Superstärke beigegeben wurden, viel effektiver gesenkt und stabilisiert werden konnten als bei den Testpersonen, die eine solche Superstärkebeigabe nicht erhielten.[4] Da zucker- und weizenhaltige Muffins für Diabetiker (und die meisten Menschen im Allgemeinen) bekanntermaßen schädlich sind, sind diese Ergebnisse ziemlich verblüffend. Eine im *American Journal of Clinical Nutrition* publizierte Studie von 2005 wies nach, dass die Insulinsensitivität durch die bloße Zugabe von einigen Esslöffeln dieser Superstärke nach nur vier Wochen um 33 Prozent verbessert wurde.[5]
Resistente Stärke reduziert Bauchfett erwiesenermaßen nicht nur dadurch, dass sie einfach die Zahl der verzehrten Kalorien verringert. Es wurde die Theorie aufgestellt, dass die Stärke Einfluss auf die Energiebilanz nimmt, und zwar über einen Signalmechanismus, der die Aktivierung der Sättigungshormone, der im Darm befindlichen Peptidhormone YY (PYY) und der sogenannten Glucagon-like Peptide 1 (GLP-1), über kurzkettige Fettsäuren (d. h. Buttersäureester) auslöst, die im Darm durch die Fermentierung der resistenten Stärke produziert werden. Eine Studie ergab, dass die Testpersonen (im Vergleich mit der Kontrollgruppe) über einen Zeitraum von nur zwölf Wochen 50 Prozent an Bauchfett verloren, wenn man ihre Ernährung mit resistenter Stärke ergänzte.[6]

Wenn Sie sich fragen, wie Sie es hinbekommen, dass auf diese Weise zubereitete Kartoffeln schmecken, brauchen Sie sich nur einige der Kartoffelsalate in diesem Kochbuch anzusehen. Wenn Sie mal was anderes ausprobieren wollen, können Sie auch rohe beziehungsweise unmodifizierte (glutenfreie) Kartoffelstärke verwenden, die im Naturkostladen erhältlich ist. Wohlgemerkt, das ist nicht das Gleiche wie

Kartoffelmehl, sondern etwas ganz Anderes. Man kann beispielsweise einen Esslöffel Kartoffelstärke in ein Glas Wasser oder in einen Smoothie geben, das reicht schon. Auch wenn in keinem der Smoothie-Rezepte in diesem Kochbuch rohe Kartoffelstärke explizit als Zutat aufgeführt wird, wertet sie auf jeden Fall jeden Smoothie auf, ohne dessen Geschmack zu beeinflussen.

Wenn Ihr Magen Ihnen ein wenig Probleme bereitet, ist das okay und normal. Ihr Darm braucht eine oder zwei Wochen, um sich auf diese für Sie sehr, sehr guten Präbiotika einzustellen und sich an sie zu gewöhnen. Die meisten von uns bekommen nicht genug Ballaststoffe oder derartige Präbiotika. Daher bekommt unser Körper, wenn wir sie das erste Mal essen, einen kleinen Schock. Wenn das eintritt, verringern Sie die Dosis und erhöhen Sie sie nach und nach.

Falls Sie nicht schon von selbst darauf gekommen sind: Darmgesundheit und Gewichtsabnahme greifen ineinander. Daher sind eine ordentliche Portion gesunder Bakterien in Ihrem Darm und die richtige, unterstützende Ernährung immens wichtig fürs Abnehmen und die Verbesserung der Gesundheit insgesamt.

BEERENFRÜCHTE

Jede Frucht, die auf *-beere* endet, ist gut für die Gesundheit und die schlanke Linie. Kirschen gehören auch dazu. Warum diese Früchte so großartig sind? Beerenfrüchte und Kirschen sind Obstsorten mit einem sehr niedrigen glykämischen Index, das heißt, sie treiben Ihren Blutzucker nicht in die Höhe, und wenn die Blutzuckerwerte nicht ansteigen, dann wird nicht in hohen Mengen Insulin ausgeschüttet. Insulin ist ein Hormon, das gespeichert wird, und wenn es in zu hohen Mengen vorhanden ist, zieht es den Zucker aus dem Blut heraus und speichert ihn in den Fettzellen. Wie Sie sich vielleicht vorstellen können, ist das verheerend. Außerdem ist ein hoher Insulinspiegel Auslöser für Entzündungen im Körper, insofern ist das ebenfalls problematisch.

Alles, was Sie tun können, um die Insulinausschüttung zu verringern, wird sich sehr positiv auf Ihre Fähigkeit auswirken, Gewicht zu verlieren und anschließend zu halten. Aus diesem Grund stehen Beerenfrüchte unter den Lebensmitteln mit einer fettverbrennenden Wirkung bei mir ganz oben auf der Liste. Darüber

BLAUBEEREN FÜR BESSERE BLUTZUCKERWERTE

Blaubeeren enthalten jede Menge Krankheiten bekämpfende Antioxidantien, aber sie leisten auch sehr gute Arbeit bei der Stabilisierung Ihres Blutzuckerspiegels. Das ist für Diabetiker und Abnehmwillige gleichermaßen wichtig, weil ein Anstieg der Blutzucker- und Insulinwerte (der normalerweise beim Verzehr von Lebensmitteln mit hohem Zuckergehalt zu beobachten ist) den Körper an der Fettverbrennung hindert. In einer mit einzelnen Testpersonen mit der Diagnose Typ-2-Diabetes durchgeführten Studie wurden bei den Teilnehmern, die am Tag mindestens drei Portionen Obst mit niedrigem glykämischen Index (einschließlich Blaubeeren) verzehrten, in einem Zeitraum von drei Monaten signifikante Verbesserungen bei der Blutzuckerregulierung festgestellt.[7] Blaubeeren sind darüber hinaus sehr ballaststoffreich (fast vier Gramm pro Tasse), wodurch sich erklären lässt, warum sie für die Regulierung der Blutzuckerwerte und des Gewichts so nützlich sind.

hinaus bietet der Verzehr von Blaubeeren Studien zufolge mehrere gesundheitliche Vorteile: Sie sollen die kognitiven Fähigkeiten verbessern, antioxidativ wirken, als Schutz gegen Entzündungen dienen und eine regulierende Wirkung bei Übergewicht und Adipositas haben.[8, 9, 10] Daher dürfen Sie Blaubeeren (und andere Beerenfrüchte) nach Herzenslust genießen.

HÜLSENFRÜCHTE

In diesem Buch finden Sie viele Rezepte mit Hülsenfrüchten wie Linsen, Bohnen und Kichererbsen. Wenn Hülsenfrüchte Ihnen Probleme bereiten (ich wende mich hier an die unerschütterlichen Paläo-Anhänger unter Ihnen), dann können Sie diese Rezepte entweder auslassen oder noch mal überlegen, warum Sie von vornherein einen Bogen um sie machen. Es liegen viel zu viele Studien vor, die belegen, welche Vorteile der regelmäßige Verzehr von Hülsenfrüchten mit sich bringt, als dass man sie komplett aus seiner Ernährung verbannen sollte.

Ich möchte Sie darüber aufklären, dass die Anti-Bohnen-Brigade hier einem Irrtum unterliegt. Ja, es kann sein, dass Hülsenfrüchte manchmal zu Blähungen führen oder im Magen rumoren, aber sie enthalten eine Menge Ballaststoffe – Oligosaccharide und solche Sachen, die der Körper nicht unbedingt gewohnt ist – ähnlich wie bei der resistenten Stärke. Bei regelmäßigem Verzehr werden die Blähungen allmählich nachlassen, wenn sie überhaupt auftreten.

Die Forschung weist schlüssig nach, dass eine vermehrte Aufnahme von Hülsenfrüchten einschließlich Bohnen das Risiko von Herz-Kreislauf-Erkrankungen senkt. Es wird Sie vielleicht überraschen zu erfahren, dass eine im *American Journal of Clinical Nutrition* erschienene Metaanalyse von 2014 zu dem Ergebnis kam, dass bei den 501.791 Testpersonen der Verzehr von Hülsenfrüchten im umgekehrten Verhältnis zum Vorkommen von Herzerkrankungen stand. Im Wesentlichen wurde festgestellt, dass ein vermehrter Verzehr von Hülsenfrüchten das Risiko eines Herzinfarkts senkte.[11] In einer weiteren Aufarbeitung des aktuellen Forschungsstands wurde 2014 untersucht, welchen Effekt die Aufnahme von Hülsenfrüchten auf Entzündungsmarker im Körper hat, einschließlich C-reaktives Protein. Die Forscher sahen sich alle Studien zum Thema an und fanden heraus, dass der Verzehr von Hülsenfrüchten zur Senkung der Konzentration von C-reaktivem Protein beiträgt, das heißt weniger lebensgefährliche, dick machende Entzündungen im Körper![12]

Und wie sieht es mit dem Abnehmen aus? Trägt der Verzehr von Hülsenfrüchten direkt dazu bei, dass man ein paar überschüssige Pfunde verliert? Und ob! Forschungsarbeiten haben dies bestätigt, darunter eine Studie im *European Journal of Nutrition* 2011, in der übergewichtige und adipöse Testpersonen nach dem Zufallsprinzip acht Wochen lang entweder eine kalorienreduzierte Diät ohne Hülsenfrüchte durchführten (die Kontrollgruppe) oder eine kalorienreduzierte Diät mit Hülsenfrüchten als Grundlage (die Hülsenfruchtgruppe). Die Hülsenfruchtgruppe wurde gebeten, viermal pro Woche zusätzlich zu ihrer normalen Nahrung eine Portion Linsen, Kichererbsen, Erbsen oder Bohnen zu essen (insgesamt 160 bis 235 Gramm pro Woche). Am Ende der achtwöchigen Studie zeigte sich bei der Hülsenfruchtgruppe, dass die Entzündungsmarker wie C-reaktives Protein sich signifikant verringert hatten. Diese Teilnehmer hatten auch mehr Gewicht verloren und im Vergleich mit der Kontrollgruppe wiesen sie signifikant verbesserte Blutfettprofile und Blutdruckwerte auf.[13]

Der Verzehr von Hülsenfrüchten senkt also das Risiko für Herzerkrankungen, reduziert Entzündungen und hilft beim Abnehmen. Warum um alles in der Welt sollte man dann eine so wichtige Lebensmittelgruppe dämonisieren? Davon abgesehen sind Hülsenfrüchte für Veganer und Fleischesser gleichermaßen eine tolle Proteinquelle (rund 16 Gramm pro Tasse) und haben einen hohen Ballaststoffgehalt – den werden Sie nicht bekommen, wenn Sie Ihr Protein nur aus fleischlichen Quellen beziehen. Was ich außerdem an Hülsenfrüchten sehr schätze, ist, dass sie so vielseitig sind. Sie können sie in die Suppe, in den Eintopf oder ins Chili geben, als Hauptmahlzeit essen oder als Beilage. Es sind großartige Lebensmittel und Sie sollten mehr davon essen.

Ich hoffe, dieser Abschnitt hat dazu beigetragen, dass Sie beim Thema gesunde Kohlenhydrate jetzt etwas klarer sehen. Nicht alle Kohlenhydrate sind ungesund und mit den hier aufgeführten werden Sie sicher nicht zunehmen. Sie werden Ihnen vielmehr beim Abnehmen helfen und dabei etwas für Ihre Gesundheit tun. Außer an Ihren kohlenhydratarmen Tagen dürfen Sie daher nach Herzenslust davon essen.

DIE WICHTIGSTEN FRAGEN UND ANTWORTEN
ZUM THEMA KOHLENHYDRATE

Ich verbringe viel Zeit damit, Fragen zu verschiedenen Fitness- und Ernährungsthemen zu beantworten. Besonders viele Fragen bekomme ich zu Kohlenhydraten und ich denke, meine Antworten dürften auch Sie interessieren. Daher habe ich die häufigsten hier aufgeführt.

Warum sind Kohlenhydrate gut für uns?

Kohlenhydrate sind gut für uns, weil sie eine wichtige Rolle bei der Energieerzeugung spielen und zum einwandfreien Funktionieren der Schilddrüse beitragen. Wird die Kohlenhydratzufuhr über mehrere Tage drastisch reduziert, sinkt die Schilddrüsenfunktion und ihr Hormonspiegel. Als Begleiterscheinung verlangsamt sich der Stoffwechsel, Sie fühlen sich träge und haben Probleme, nicht zuzunehmen.

Welche gesunden Kohlenhydrate dürfen Diabetiker verzehren?

Für Diabetiker gut geeignet sind alle komplexen Kohlenhydrate mit einem hohen Ballaststoffgehalt und einem niedrigen glykämischen Index. Äpfel, Birnen, Beerenfrüchte und so ziemlich alle Gemüsesorten sind gut, Hülsenfrüchte wie Linsen, Bohnen und Kichererbsen auch. Glutenfreie Getreidesorten wie Quinoa können ein guter Ersatz für herkömmliches Getreide sein.

Welche gesunden Kohlenhydrate fördern das Abnehmen?

So ziemlich die gleichen komplexen Kohlenhydrate wie die zuvor aufgelisteten für Diabetiker geeigneten. Alle Kohlenhydrate, die nicht den Blutzuckerspiegel in die Höhe treiben, eignen sich zum Abnehmen.

Welche gesunden Kohlenhydrate sind beim Sporttreiben geeignet?

Generell sollte man größere Kohlenhydratmengen am besten nach dem Sport zu sich nehmen. Dann sind die Muskeln am empfänglichsten für die Aufnahme von Glukose (dem Primärbaustein der Kohlenhydrate). Daher ist direkt nach einer intensiven Sportsession der einzige Zeitpunkt, zu dem der Verzehr von Kohlenhydraten mit einem höheren glykämischen Index sinnvoll sein kann, zum Beispiel Datteln, Weintrauben oder sogar Fruchtsaft. Diese werden helfen, die Glykogenspeicher (gespeicherte Kohlenhydrate) in Ihren Muskeln und Ihrer Leber wieder aufzufüllen, und dafür sorgen, dass Sie sich schneller erholen. Außerdem sind alle zuvor erwähnten komplexen Kohlenhydrate gut für Ihre gesamte Ernährung.

Wie viele gesunde Kohlenhydrate sollte man pro Tag essen?

Das ist eine interessante Frage. Es kommt ganz darauf an, wie aktiv man ist. Wie Sie wissen, bin ich kein Freund des Kalorienzählens und auch keiner von penibler Grammabwiegerei. Ich gebe Ihnen aber zwei Tipps: Ich würde empfehlen, dass Sie an einem kohlenhydratarmen Tag (den Sie einmal pro Woche strategisch einsetzen können) Ihre Netto-Kohlenhydratmenge (Gesamtkohlenhydratmenge minus Ballaststoffe) unter 50 Gramm halten. Das bringt Ihren Körper dazu, seine Energie verstärkt aus dem Fett zu ziehen. An Normalkalorien-Tagen, an denen Sie bei der Kohlenhydratzufuhr nicht so eingeschränkt sind, dürfte eine Menge zwischen 100 und 250 Gramm für die meisten Menschen angemessen sein. Wenn Sie extrem aktiv sind (das heißt, wenn Sie an fünf bis sieben Tagen pro Woche intensiv Sport treiben), können Sie auch mit 400 bis 600 Gramm Kohlenhydraten pro Tag durchkommen.

Ballaststoffreiches Gemüse

Unsere letzte Lebensmittelkategorie ist ballaststoffreiches Gemüse. Solches Gemüse können Sie buchstäblich in unbegrenzten Mengen essen. Es hat einen sehr hohen Nährstoffgehalt bei sehr wenig Kalorien und ist daher perfekt zum Abnehmen und für die Gesundheit, besonders an kalorienarmen Tagen.

In der Tabelle rechts sind die Gemüsesorten aufgeführt, die Sie sich schmecken lassen dürfen. Wahrscheinlich könnte man hier noch andere geeignete (aber seltenere) Gemüsesorten in die Liste aufnehmen, doch die vorliegenden sind die häufigsten, die man am einfachsten beschaffen kann. Ein Hinweis: Es gibt im Grunde keine ballaststoffreichen Gemüsesorten, auf die man verzichten sollte, da diese Lebensmittelgruppe durchweg gesund ist. In jedem Fall sollten Sie versuchen, Bioqualität einzukaufen.

IST ROHES KREUZBLÜTLERGEMÜSE SCHÄDLICH FÜR DIE SCHILDDRÜSE?

Unter den Leserinnen und Lesern dieses Buches gibt es wahrscheinlich etliche, die an einer Schilddrüsenunterfunktion leiden. Manche wissen

Ballaststoffreiches Gemüse (ja, gerne)
Aubergine
Blattkohl
Blumenkohl
Brokkoli
Grüne Bohnen
Grünkohl
Kopfsalat und andere Blattsalate
Mangold
Paprikaschoten
Pilze
Rosenkohl
Rucola
Salatgurke
Sellerie
Spinat
Sprossen (Bohnensprossen, Brokkolisprossen und andere)
Weißkohl, Rotkohl
Zucchini

MIT ACHT PORTIONEN ODER MEHR PRO TAG SPAREN SIE SICH DEN GANG ZUM ARZT

Wussten Sie, dass Ihr Risiko für Herz-Kreislauf-Erkrankungen umso geringer ist, je mehr Obst und Gemüse Sie durchschnittlich pro Tag essen? Die mit 110.000 Männern und Frauen durchgeführte größte Studie dieser Art ergab, dass diejenigen, die täglich durchschnittlich acht oder mehr Portionen Obst und Gemüse aßen, mit 30 Prozent geringerer Wahrscheinlichkeit einen Herzinfarkt oder Schlaganfall erlitten als diejenigen mit dem geringsten Verzehr an Obst und Gemüse (weniger als 1,5 Portionen pro Tag). Ein weiteres Ergebnis der Studie war, dass grünes Blattgemüse wie Kopfsalat, Spinat und Mangold, Kreuzblütler wie Brokkoli, Blumenkohl, Weißkohl, Rosenkohl, Pak Choi und Grünkohl sowie Zitrusfrüchte wie Orangen, Zitronen, Limetten und Grapefruits (auch in Saftform) hierbei den wichtigsten Beitrag leisteten. [14]

das vielleicht noch nicht einmal. Hier geht es darum, auf gesunde Art Fett zu verbrennen, und wie gut die Schilddrüse arbeitet, hat einen großen Einfluss auf die Fähigkeit, Gewicht zu verlieren. Schließlich ist die Schilddrüse die wichtigste Stoffwechseldrüse des Körpers. Wenn sie langsam und träge ist, sind Sie es auch. Und die Zellen in Ihrem Körper werden in geringerem Maße Energie (und Wärme) produzieren, was bedeutet, dass Sie nicht so viele Kalorien verbrennen. Eine langsame Schilddrüse macht es einem daher schwer, abzunehmen.

Ich werde oft gefragt, ob rohes Kreuzblütlergemüse – Grünkohl, Brokkoli et cetera – sich nachteilig auf die Schilddrüse auswirkt. Über diese Frage wurde viel diskutiert und ich werde Ihnen meine Meinung darüber mitteilen, dazu einige fundierte wissenschaftliche Erkenntnisse, um Ihnen wichtige Einblicke in das Thema zu geben. Doch bevor ich näher darauf eingehe, möchte ich eines gleich vorweg deutlich sagen: Es gibt kaum Forschung, die die Angst vor dem Verzehr von rohem Kreuzblütlergemüse untermauern würde. Dass dieses Ammenmärchen so weitverbreitet ist, ärgert mich, weil es in zahlreichen Studien Belege dafür gibt, dass viele der dämonisierten Gemüsesorten Krankheiten verringern. Die Vorstellung, dass der Verzehr einem schaden könnte, ist absurd. Tatsächlich schadet es einem viel mehr, wenn man sie nicht isst.

So abwegig, wie es sein mag, dieses Ammenmärchen war nicht völlig aus der Luft gegriffen. Der Grund, warum viele Menschen Angst vor rohem Kreuzblütlergemüse haben, hat etwas zu tun mit Goitrogenen genannten Substanzen, die bei bestimmten Gemüsesorten überwiegend im rohen Zustand vorkommen. Ein Goitrogen ist eine Substanz, die die Funktion der Schilddrüse unterdrücken kann, indem sie die Jodaufnahme im Schilddrüsengewebe hemmt. Jod hat eine zentrale Bedeutung für die Produktion des Schilddrüsenhormons, daher wäre alles, was diese behindert, natürlich äußerst besorgniserregend – falls die Jodaufnahme ernsthaft beeinträchtigt wäre.

Man hat festgestellt, dass manche Lebensmittel goitrogen sind, wenn man sie im Übermaß verzehrt oder die eigene Jodaufnahme gering ist. Dies sind überwiegend Kreuzblütlergemüse wie Weißkohl, Brokkoli, Rosenkohl, Blumenkohl, Pak Choi, Grünkohl und Blattkohl. Die Sache ist die: In relativ geringen Konzentrationen haben Goitrogene keine spürbar negativen Auswirkungen. Isst man diese Lebensmittel einige Male pro Woche, hat man überhaupt nichts zu befürchten. Doch einige Experten sind der Ansicht, wenn man dazu übergeht, sie regelmäßiger und im Rohzustand zu essen (zum Beispiel in einem grünen Smoothie oder grünen Saft), dann können die Goitrogene die Schilddrüsenfunktion tatsächlich unterdrücken, indem sie die Jodaufnahme hemmen. Selbst wenn dies stimmen würde – es gibt keine Studien mit menschlichen Testpersonen zum Beleg dafür –, ließe sich dies ganz einfach beheben, indem man ein Jod- und ein Selenpräparat einnimmt oder einfach mehr jodhaltige Lebensmittel verzehrt wie zum Beispiel Algen.

Der Grund dafür, dass diese ganze Debatte überhaupt in Gang gesetzt wurde, ist, dass einige vor Jahren mit Nagern durchgeführte Studien hypothetische Schilddrüsenprobleme aufzeigten, bedingt durch den Verzehr sehr großer Mengen von Kreuzblütlergemüse. Es ist jedoch sehr wichtig, auf eine grundlegende Tatsache hinzuweisen: In keiner Humanstudie konnte eine durch den Verzehr von Kreuzblütlergemüse bedingte Fehlfunktion der Schilddrüse nachgewiesen werden. Nur eine derartige Studie scheint überhaupt durchgeführt worden zu sein. Die Testpersonen aßen vier Wochen lang jeden Tag 150 Gramm gedünsteten Rosenkohl – eine weit größere Menge, als ein Mensch normalerweise regelmäßig essen würde – ohne nachweisbare Auswirkungen auf die Schilddrüsenfunktion!

In einem Fallbeispiel wurde behauptet, dass es so gut wie unmöglich wäre, ausreichend viel Kreuzblütlergemüse zu essen, um der Schilddrüse schaden zu können. In diesem Fall entwickelte eine 88 Jahre alte Frau eine Schilddrüsenunterfunktion, nachdem sie über mehrere Monate täglich ein bis eineinhalb Kilogramm rohen Pak Choi gegessen hatte, eine offensichtlich unverhältnismäßig große Menge. In Wahrheit müssten Sie absurde Mengen rohes Kreuzblütlergemüse verzehren, um eine negative Auswirkung auf Ihre Schilddrüsenfunktion zu provozieren.

Wenn Sie das nicht überzeugt, denken Sie über Folgendes nach: Jüngere Ergebnisse der Adventist Health Study deckten auf, dass vegan lebende Adventisten – die viel mehr Gemüse essen als eine durchschnittliche Person und die zu den am längsten

GRÜNKOHL FÜR EINE SAUBERE, TOXINE ABBAUENDE LEBER

Grünkohl besitzt nachweislich Eigenschaften, die vor Krebs und Herz-Kreislauf-Erkrankungen schützen. Wussten Sie übrigens, dass er darüber hinaus eine entscheidende Rolle für die Entgiftungsprozesse im Körper spielt? Die meisten Toxine, die eine Gefahr für den Körper darstellen, müssen in einem zweischrittigen Prozess von unseren Leberzellen abgebaut werden. Diese zwei Schritte heißen Phase-I-Entgiftung und Phase-II-Entgiftung. Die aus den Senfölglycosiden im Grünkohl gebildeten Isothiocyanate wirken sich erwiesenermaßen günstig auf die Modifizierung der beiden Entgiftungsschritte aus (Phase I und Phase II).[15] Außerdem konnte nachgewiesen werden, dass die ungewöhnlich hohe Anzahl an Schwefelverbindungen im Grünkohl jene Aspekte in der Phase-II-Entgiftung unterstützt, die das Vorhandensein von Schwefel voraussetzen. Indem sie beide Phasen des zellulären Entgiftungsprozesses unterstützen, können die im Grünkohl enthaltenen Nährstoffe bei Kontakt mit Toxinen – wie wir wissen ein starker Dickmacher – für den Körper von Vorteil sein.

lebenden Menschen auf der Erde zählen – mit einer geringeren Wahrscheinlichkeit unter einer Schilddrüsenunterfunktion litten als omnivore Adventisten. Wenn pflanzliche Nahrung ein großes Problem wäre, sollte man meinen, es wäre umgekehrt, oder?

Und wenn *das* noch nicht ausreicht: Eine 2011 im *Journal of Clinical Endocrinology and Metabolism* veröffentlichte Studie ergab, dass Veganer im Urin einen höheren Thiocyanat-Gehalt aufwiesen (ein Indiz für eine erhöhte Aufnahme von Kreuzblütlern) und eine geringere Jodaufnahme, aber keine Unterschiede bei der Schilddrüsenfunktion zeigten, die im Normalbereich lag.

Wenn überhaupt, beweist die Wissenschaft das Gegenteil dieses ärgerlichen Ammenmärchens. Solange Sie also nicht jeden Tag unsägliche Mengen rohes Kreuzblütlergemüse essen, haben Sie wirklich nichts zu befürchten.

All diese Erklärungen sollen nicht dazu dienen, Sie dazu zu drängen, mehr rohes Kreuzblütlergemüse zu essen. Das würde ich zwar stark befürworten, aber mein größtes Anliegen ist prinzipiell, dass wir alle grundsätzlich mehr Gemüse essen sollten. Wenn Sie also immer noch skeptisch sind, dann dünsten Sie einfach Ihr Gemüse, auch das rohe Kreuzblütlergemüse, bevor Sie es essen. Dadurch werden seine goitrogenen Eigenschaften erheblich verringert.

Tatsächlich esse ich Kreuzblütlergemüse nur dann roh, wenn es morgens in meinen Smoothie oder grünen Saft wandert – zum Beispiel Grünkohl und anderes grünes Blattgemüse. Ich persönlich esse mein Kreuzblütlergemüse lieber gedünstet, zum Beispiel Brokkoli und Rosenkohl – beides mag ich sehr –, weil es sich im Rohzustand nicht gut kauen lässt.

Und hier kommt noch etwas anderes, woran Sie unbedingt denken sollten: In Anbetracht der Tatsache, dass jeder zweite Mann und jede dritte Frau zu irgendeinem Zeitpunkt an Krebs erkrankt, wäre es verrückt, kein Kreuzblütlergemüse zu essen. Denn Kreuzblütlergemüse schützt nachweislich besonders gut vor Krebs. Kreuzblütlergemüse enthält Senfölglycoside und das Enzym Myrosinase. Beim Mixen, Schneiden und Kauen dieses Gemüses spalten wir die pflanzlichen Zellen auf und die Myrosinase gelangt in Kontakt mit den Senfölglycosiden. Dadurch wird eine chemische Reaktion ausgelöst, durch die Isothiocyanate produziert werden, starke Verbindungen gegen den Krebs.

Solche Isothiocyanate haben nachweislich eine entgiftende Wirkung, eliminieren Karzinogene, töten Krebszellen ab und verhindern das Wachstum von Tumoren. Wie zuvor erwähnt, belegen zahlreiche Studien, dass der Verzehr von Kreuzblütlergemüse vor allen möglichen Krebsarten schützt. Nachfolgend einige Beispiele.

- Mit 28 Portionen Gemüse pro Woche (vier pro Tag) wurde das Risiko einer Prostatakrebserkrankung um 33 Prozent gesenkt, aber schon drei Portionen Kreuzblütlergemüse pro Woche reichten aus, um das Risiko einer Prostatakrebserkrankung um 41 Prozent zu verringern. [16]
- Mit einer oder mehr Portionen Weißkohl pro Woche wurde das Risiko einer Bauchspeicheldrüsenkrebserkrankung um 38 Prozent gesenkt. [17]
- Mit einer täglichen Portion Kreuzblütlergemüse wurde das Risiko einer Brustkrebserkrankung um mehr als 50 Prozent gesenkt. [18]

Ich hoffe, dies trägt dazu bei, dass Sie verstehen, wie wichtig es ist, mehr von diesen erstaunlich wirkungsvollen Lebensmitteln zu essen. Man braucht sich vor ihnen wirklich nicht zu fürchten. Wenn Sie einen Schuldigen für unkontrollierbare Schilddrüsenprobleme suchen, dann haben Sie ihn mit Gluten schnell gefunden. Dieses schädliche Protein, das in vielen Getreidesorten enthalten ist, ist eng verbunden mit der Entstehung der Hashimoto-Thyreoiditis (autoimmune Schilddrüsenunterfunktion), die in 90 Prozent aller Fälle Ursache der Schilddrüsenunterfunktion ist. Geben Sie also nicht dem Gemüse die Schuld.

Es ist dazu da, Ihnen zu helfen. Gluten dagegen hat eigentlich keine positiven Eigenschaften. Nichts daran ist Ihrer Gesundheit auch nur im Entferntesten zuträglich. Es schadet ihr nur.

Jetzt kennen Sie also die Wahrheit über rohes Kreuzblütlergemüse, Goitrogene und die Schilddrüsenfunktion. Mit diesen neu gewonnenen, beruhigenden Erkenntnissen können Sie heute Nacht hoffentlich beruhigt schlafen. Und was noch besser ist: Sie können sich die Rezepte in diesem Buch schmecken lassen in der Gewissheit, dass der Verzehr dieser gesundheitsfördernden Gemüsesorten Ihrem Körper nur Gutes tut.

Da Entzündungen zu den bekannten Dickmachern gehören (und der Grund für viele Krankheitsprozesse sind), sollte jedes Lebensmittel, das entzündungslindernd wirkt, regelmäßiger Bestandteil Ihrer Ernährung sein. Ingwer gehört hier zu den effektivsten. Eine im *Journal of Alternative and Complementary Medicine* veröffentlichte Studie ergab, dass Ingwer im gesamten Körper entzündungsfördernde Verbindungen (Zytokine und Chemokine) hemmt.

In einer neueren Studie zu Typ-2-Diabetikern wurde nachgewiesen, dass zwei Gramm Ingwerpulver pro Tag den Nüchternblutzucker um zwölf Prozent senkten. Der Ingwer führte auch eine dramatische Verbesserung des A1C-Wertes herbei (ein Marker für Langzeit-Blutzuckerwerte) – innerhalb von zwölf Wochen senkte er diesen um zehn Prozent.[19] Die entzündungshemmende Wirkung von Ingwer trug nach einer Trainingseinheit zudem zur Verringerung des Muskelkaters bei. Eine Studie ergab, dass der Muskelkater durch den Verzehr von täglich zwei Gramm Ingwer innerhalb von elf Tagen signifikant reduziert wurde.[20]

Sieben Lebensmittel, die den Stoffwechsel auf Trab bringen

Wenn Sie Ihren trägen Stoffwechsel als Grund für Ihre Unfähigkeit, abzunehmen, in Verdacht haben, besteht sehr wohl die Möglichkeit, dass Sie damit recht haben. Wenn Sie *The All-Day Fat-Burning Diet* gelesen haben, dann wissen Sie, dass das, was Sie essen, eine tief greifende Auswirkung auf Ihren Stoffwechsel haben kann – im guten wie im schlechten Sinn. Zu den wichtigsten Dingen, die Sie tun können, um dafür zu sorgen, dass Sie für möglichst lange Zeit einen gesunden Stoffwechsel haben, gehören die Gesunderhaltung Ihrer Schilddrüse und der Aufbau und die Erhaltung Ihrer Muskeln. Es gibt allerdings auch einige Lebensmittel, die hierbei helfen können. Einige unterstützen Ihren Stoffwechsel indirekt, indem sie Entzündungen reduzieren, während andere unmittelbaren Einfluss haben, indem sie die *Thermogenese* (beziehungsweise die Entstehung von Wärme) steigern, welche direkt zu einer erhöhten Fettverbrennung beiträgt. Nachfolgend finden Sie eine Auflistung der zahlreichen Lebensmittel, die in diesem Kochbuch zum Einsatz kommen, und erfahren, auf welche Weise sie Ihrem Stoffwechsel dienen und Ihrer Fähigkeit, Gewicht zu verlieren.

Ingwer

Ingwer ist einer meiner absoluten Favoriten. Ich verwende ihn bei allen möglichen Gerichten, die ich zu Hause zubereite, seien es Smoothies oder Pfannengerichte. Er ist nicht nur ein entzündungshemmendes Gewürz mit vielen antioxidativen Eigenschaften, sondern gehört auch zu den erstaunlichsten den Stoffwechsel ankurbelnden Lebensmitteln, die es gibt. Seine den Stoffwechsel fördernden Eigenschaften hat er den einzigartigen Verbindungen zu verdanken, die in ihm stecken, allen voran Gingerol. Gingerol fördert nicht nur die Verdauung, sondern erhöht nach dem Essen auch die Körpertemperatur und die Stoffwechselrate um bis zu 20 Prozent.

Cayennepfeffer

Cayennepfeffer strotzt nur so von einer Verbindung mit dem Namen Capsaicin, die den Stoffwechsel ordentlich ankurbelt. Capsaicin lässt die Körpertemperatur leicht ansteigen, wodurch der Stoffwechsel erhöht und die Fettverbrennung angeregt wird. Capsaicin setzt überdies Endorphine im Gehirn frei. Diese körpereigenen, morphinähnlichen Moleküle erzeugen ein erhöhtes Glücksgefühl, sobald sie im Gehirn freigesetzt werden.

Cayennepfeffer zählt nicht nur zu den besten den Stoffwechsel ankurbelnden Lebensmitteln im Haushalt, er senkt auch den LDL-Spiegel (das schlechte Cholesterin) im Blut und reduziert dadurch das Risiko von Herz-Kreislauf-Problemen. Auch wenn Cayennepfeffer in keinem der Rezepte in diesem Buch vorkommt, möchte ich Ihnen ans Herz legen, ein klein wenig davon zu Ihrem Abend- oder Morgentee zu geben (Zitronentee mit Apfelessig und Cayennepfeffer mag ich am liebsten) oder eine Prise davon zu den Suppenrezepten, wenn Sie es gern scharf mögen.

Zimt

Zimt schmeckt nicht nur köstlich über Apfelküchlein oder heiße Schokolade gestreut. Er ist auch ein großartiges Lebensmittel zum Ankurbeln des Stoffwechsels. Er enthält reichlich Kumarin, eine Substanz, die den Kohlenhydratstoffwechsel im Körper reguliert. Darüber hinaus optimiert Kumarin die Wirkung des Insulins und erhöht so die Glukoseaufnahme durch das Körpergewebe. Zudem trägt Zimt zur Blutverdünnung bei, indem er die Blutgerinnung verlangsamt. Allein diese Eigenschaften machen Zimt zu einem der besten den Stoffwechsel fördernden Lebensmittel, die es gibt, aber er kann noch mehr: Er ist bekannt als Appetitzügler und daher eine große Hilfe bei der Gewichtskontrolle. Zimt findet in vielen Rezepten in diesem Buch Verwendung. Er leistet nicht nur Erstaunliches für die Gesundheit und die Fettverbrennung, sondern gibt auch ganz unterschiedlichen Gerichten eine wunderbare Geschmacksnote.

Kurkuma

In bestimmten Medizinsystemen wie Ayurveda gilt Kurkuma dank seiner stark entzündungshemmenden, antibiotischen und fiebersenkenden Eigenschaften als Wundermittel. Das sehr aromatische Gewürz ist auch eine der Hauptzutaten in traditionellen indischen Curry-Rezepten. Es hat einen hohen Gehalt an Curcumin, die wirkungsvollste entzündungshemmende Verbindung in unserer Nahrung. Da Entzündungen ein großes gesundheitliches Problem darstellen und teilweise der Grund dafür sind, dass so viele Menschen es nicht schaffen abzunehmen, ist das Reduzieren von Entzündungen im Körper ein wichtiges Thema. Daher enthalten viele der Gerichte in diesem Kochbuch Kurkuma.

Kreuzblütlergemüse

Wenngleich die Forschungsarbeiten zu den Kreuzblütlergemüsesorten wie Grünkohl, Blumenkohl, Weißkohl, Rosenkohl und Brokkoli sich überwiegend mit ihren herausragenden Eigenschaften bei der Krebsbekämpfung befassen, tragen diese Sorten indirekt auch dazu bei, dass man sein Gewicht hält. Zum einen enthalten sie jede Menge Ballaststoffe, die länger satt machen und verhindern, dass man zu viel isst. Zum anderen enthalten sie Sulforaphane (und ähnliche Verbindungen), die entscheidend für den Entgiftungsprozess im Körper sind. Das ist wichtig, denn wenn der Körper nicht ordentlich entgiften kann, wird er Schwierigkeiten haben, den Energiestoffwechsel und den Blutzuckerspiegel zu regulieren und die Giftstoffe und Hormone zu eliminieren, die sich im Körper ansammeln. Dieses Toxizitätsproblem ist einer von sechs Dickmachern, über die ich in *The All-Day Fat-Burning Diet* berichtet habe, und sehr ernst zu nehmen. Daher spielt Kreuzblütlergemüse eine so wichtige Rolle bei den Fett-weg-Rezepten.

Kokosöl

Kokosöl hat einige einmalige Eigenschaften, die den Stoffwechsel auf Hochtouren bringen. Das liegt daran, dass es hauptsächlich aus mittelkettigen Triglyceriden (MKT) besteht, wogegen andere Öle überwiegend langkettige Triglyceride (LKT) enthalten, die eher gespeichert als verbrannt werden. Die mittelkettigen Fettsäuren nehmen einen anderen Stoffwechselweg als die langkettigen Fette. MKT werden grundsätzlich schneller vom Körper absorbiert und als Energiestoff verstoffwechselt (verbrannt). Das Ergebnis dieser beschleunigten metabolischen Umsetzung ist, dass die in den MKT enthaltenen Kalorien sehr effektiv in einen Brennstoff zur sofortigen Nutzung durch die Organe und Muskeln verwandelt werden, anstatt als Fett angelagert zu werden.

49 EINFACHE ARTEN, MEHR GRÜNKOHL ZU ESSEN

Wir wissen, dass Grünkohl gut für uns ist. Aber ihn immer nur zu dünsten, kann ziemlich langweilig werden, oder? Damit Sie einige pfiffige Ideen bekommen, wie Sie Grünkohl als Beilage zu Ihren Hauptgerichten reichen können, finden Sie nachfolgend 49 einfache Arten, einen leckeren Grünkohl-salat zuzubereiten. Der ist perfekt als Mittagessen, Partysalat oder Beilagen-salat zum Abendessen. Er kann sogar als eigenständiges Abendessen serviert werden – dann auf jeden Fall eine Handvoll Nüsse darüberstreuen, um eine ausreichende Proteinzufuhr zu gewährleisten! Dutzende von Geschmacks-kombinationen sorgen für Abwechslung und stellen sicher, dass Sie reichlich Grünkohl essen. Mit der folgenden einfachen Tabelle können Sie sich 49 neue Grünkohlsalate zusammenstellen! Nehmen Sie einfach drei Tassen grob gehackte Blätter Grünkohl oder jungen Grünkohl und wählen Sie dazu:

1. Zutaten nach Geschmack und
2. ein Dressing nach Geschmack.

Wählen Sie die Extrazutaten für den Grünkohlsalat aus ...	... und ein Dressing
	(Schmecken Sie das Dressing jeweils mit Meersalz und Pfeffer ab.)
Kirschtomaten + gewürfelte rote Zwiebel + Kalamata-Oliven	1 EL Balsamico-Essig + ½ TL Dijon-Senf + 2 EL Olivenöl
Grob gehackter Apfel + gewürfelte rote Zwiebel + grob gehackte Walnüsse + gewürfelte Sellerie	2 EL zerdrückte Himbeeren + 2 EL Olivenöl + 1 EL Apfelessig + 1 EL Sesamsamen
Grob gehacktes gekochtes Ei + grob gehackter Bacon + Kirschtomaten + Frühlings-zwiebeln	2 EL Tahin + 1 TL Coconut-Aminos-Soße + 1 TL Honig
Erdbeeren + grob gehackte Walnüsse + gewürfelte gelbe Paprikaschote	2 EL Limettensaft + 1 EL Honig + 1 EL Kokoscreme
Orangefarbene und gelbe Paprikaschote + grob gehackter Bacon + Salatgurke in Scheiben	1 EL Balsamico-Essig + 1 TL frischer Koriander + 1 TL Sesamsamen + 1 TL Zitronensaft + 2 EL Olivenöl
Naturreis + Cannellini-Bohnen (abgespült) + grob gehackte rote Zwiebel	2 EL Olivenöl + 1 EL Zitronensaft + 1 Knoblauchzehe, zerdrückt und fein gehackt
Blaubeeren + Walnüsse + Sesamsamen	1 EL Apfelessig + ½ TL Dijon-Senf + 1 EL Honig + 2 EL Olivenöl

KOKOSÖL KURBELT DEN STOFFWECHSEL AN

Ist es möglich, dass eine Fettsorte tatsächlich die Stoffwechselrate steigert und zu einer höheren Fettverbrennung beiträgt? Kokosöl kann das. Randvoll mit mittelkettigen Triglyceriden (MKT) gibt es dem Stoffwechsel nachweislich einen ordentlichen Schub. Laut einer Studie steigerten Männer, die ein bis zwei Esslöffel Kokosöl pro Tag verzehrten, ihren Energieumsatz innerhalb von 24 Stunden um fünf Prozent.[21] Das führt im Laufe der Zeit zu einer höheren Fettverbrennung, womit eine Gewichtsabnahme einhergeht. Ähnliche Ergebnisse zeigten sich bei Frauen, deren Gesamtenergieumsatz (das heißt der Stoffwechsel) nach einer siebentägigen Diät erhöht war, die aus einer Fettzufuhr von 40 Prozent bestand (davon 80 Prozent aus MKT).[22]

Interessanterweise haben MKT einen etwas niedrigeren Brennwert als langkettige Fette (8,3 Kalorien pro Gramm gegenüber neun Kalorien pro Gramm).[23] Abgesehen von ihrem niedrigeren Brennwert werden MKT nicht in demselben Maße als Fettdepots im Körper gespeichert, wie das bei LKT der Fall ist. Außerdem verbessern MKT nachweislich die Thermogenese (Fettverbrennung).[24] Kokosöl und seine MKT scheinen also der Gewichtsabnahme in dreifacher Hinsicht förderlich zu sein: Sie haben erstens einen niedrigeren Brennwert als andere Fette, werden zweitens in geringerem Maße als Fettdepots im Körper gespeichert und tragen drittens zur Erhöhung der Stoffwechselrate bei, wodurch noch mehr Kalorien verbrannt werden.

Ich hoffe, ich konnte Ihnen damit die Angst vor dem Verzehr von mehr gesundem Fett nehmen. Sie werden in diesem Kochbuch auf eine Menge Kokosöl stoßen – und jetzt wissen Sie auch, warum.

Protein

Stimmt, das ist eher eine *Lebensmittelgruppe* als ein Lebensmittel, aber es darf nicht außer Acht gelassen werden, welche Rolle Protein beim Abnehmen und Aufrechterhalten der Stoffwechselrate spielt. Es ist die für diesen Zweck wichtigste Lebensmittelgruppe und Sie sollten sie kennen. Wenn es um Abnehmen, Zügeln von Gelüsten und Bewahren wertvoller Muskelmasse geht, kommt die Forschungsliteratur immer wieder zum gleichen Ergebnis: Entscheidend ist die Proteinzufuhr.

Ein 2013 vom Karolinska Institutet in Stockholm (eine von Europas größten und angesehensten medizinischen Universitäten) publizierter

Übersichtsartikel befasste sich mit 20 Abnehmstrategien (darunter Medikamente, Sport, kalorienreduzierte Ernährung et cetera) übergewichtiger oder adipöser Testpersonen. Es stellte sich heraus, dass diejenigen, denen es nach dem Abnehmen gelang, ihr Gewicht zu halten, mehr Protein zu sich nahmen und Mahlzeiten teilweise sogar durch Proteinshakes ersetzten. [25]

Im Unterschied zu den meisten Fitnesszeitschriften und Herstellern von Nahrungsergänzungsmitteln, die darauf aus sind, noch mehr Werbung für ihre Proteinpräparate zu machen, werde ich Ihnen nicht erzählen, dass Sie täglich aberwitzige Mengen Protein brauchen. Laut den Angaben in der Fachliteratur sind 0,8 bis 1,0 Gramm Protein pro Kilogramm Körpergewicht mehr als ausreichend, um gesund und schlank zu bleiben (Sportler benötigen natürlich etwas mehr). Wenn Sie also 73 Kilogramm wiegen, sollten Sie pro Tag im Durchschnitt 58 bis 73 Gramm Protein zu sich nehmen. Doch die Mehrheit der im Proteinhandel Tätigen wird behaupten, dass man zwei- bis dreimal so viel braucht, was absolut verrückt ist!

Mit das Einfachste und Wichtigste, was man tun kann, um dauerhaft schlank zu bleiben, ist, den Tag mit 20 bis 30 Gramm Protein zu beginnen, daher enthalten viele der Frühstücks- und Smoothie-Rezepte in diesem Buch verschiedene Proteinquellen. Warum? Weil Protein länger sättigt, wodurch der Heißhunger und die Lust aufs Essen verringert werden. Außerdem steigert Protein die Stoffwechselrate (viel mehr als Kohlenhydrate oder Fette) und man verbrennt mehr Kalorien.

Die am 13. November 2013 im Rahmen der jährlichen wissenschaftlichen Tagung der Adipositas Society vorgestellten Forschungsergebnisse legen nahe, dass „der Verzehr eines Frühstücks mit hohem Proteingehalt die Appetitkontrolle verbessert und bei Frauen dazu beitragen kann zu verhindern, dass diese über den Tag zu viel essen". Die 18- bis 55-järigen Frauen dieser Studie nahmen entweder ein proteinreiches Frühstück zu sich (mit 30 bis 39 Gramm Protein) oder eines mit niedrigem Proteingehalt (Pancakes mit Sirup) und wurden gebeten, später wie gewohnt und so viel zu Mittag zu essen (wann immer sie hungrig waren), bis sie angenehm satt waren. Alle Frühstücke enthielten circa 300 Kalorien und ähnliche Mengen Fett und Ballaststoffe.

Den Ergebnissen der Studie zufolge hatten sich bei den Teilnehmerinnen die morgendlichen Appetitwerte verbessert, das heißt, sie hatten weniger Hunger, waren satter und hatten weniger das Bedürfnis, etwas zu essen. Außerdem nahmen sie nach dem Verzehr eines proteinreichen Frühstücks beim Mittagessen weniger Kalorien zu sich, als wenn sie ein Frühstück mit niedrigem Proteingehalt gegessen hatten. [26] Dieses Resultat überrascht nicht. Was bedeutet es? Dass man seinen Tag unbedingt mit Protein beginnen sollte, wenn man einen gesunden, schlanken Körper behalten will. Sie werden in diesem Kochbuch verschiedenen Möglichkeiten begegnen, wie Sie Ihren Proteinbedarf decken können, dazu zählen Fleisch, Fisch, Hülsenfrüchte, Nüsse, Hanfsamen und sogar Proteinpulver als Beigabe zu einigen Smoothies.

Mindestens genauso wichtig wie Protein selbst ist, dass man sich deswegen nicht verrückt macht. Wenn Sie an einem bestimmten Tag aus welchen Gründen auch immer nicht ausreichend Protein bekommen, machen Sie sich keine Sorgen – Ihnen wird nichts passieren. Tatsächlich verfügen Ihre Leber und Ihre Muskeln über einen Pool an Aminosäuren, aus denen sie in Notzeiten oder bei etwas niedrigerer Proteinzufuhr vollständige Proteine bilden können. Worauf es am meisten ankommt, ist, dass Ihre *durchschnittliche* Proteinzufuhr dauerhaft angemessen ist: nicht zu viel und nicht zu wenig. Ich kann Ihnen versprechen: Solange Sie sich ausgewogen ernähren und viele Rezepte aus diesem Kochbuch nachkochen, bekommen Sie alles Protein, das Sie brauchen, ohne dabei Kalorien zählen oder sich über Kleinigkeiten Gedanken machen zu müssen.

Zur Erinnerung: An diese fünf Dinge sollten Sie denken

Jetzt, wo Sie sich besser mit Ernährung auskennen als die meisten Ärzte und wissen, welche Grundnahrungsmittel Sie brauchen werden, möchte ich Sie an fünf Dinge erinnern, die Sie im Hinterkopf behalten sollten, wenn Sie das Buch durchblättern und die Rezepte ausprobieren.

Diese Erinnerungen dienen als Grundlage beim Kauf vieler Zutaten für die Rezepte in diesem Buch. Ich gehe hier darauf ein, damit ich nicht bei jedem einzelnen Rezept wiederholen muss, wie wichtig sie sind. Zum Beispiel wird es bei den Zutaten heißen „1 Tasse Grünkohl" und nicht „1 Tasse Bio-Grünkohl" oder „Olivenöl" statt „natives Olivenöl extra". Denken Sie stets daran, dass Sie bei solchen Zutaten die beste Qualität wählen sollten, wo immer dies möglich ist.

1. Bevorzugen Sie Bio-Qualität

Es versteht sich eigentlich von selbst, dass man zur Verringerung von Entzündungen und Giftstoffen im Körper dafür sorgen sollte, dass man seine Pestizidbelastung reduziert. Sie sollten daher, wo immer dies möglich ist, auf Zutaten in Bio-Qualität zurückgreifen. Wenn Ihr Portemonnaie das erlaubt, super. Wenn nicht, sollten Sie zumindest die rechts aufgeführten Produkte möglichst in Bio-Qualität kaufen, denn hiervon essen Sie meistens alles (inklusive Schale), daher lassen sich die Pestizidrückstände nicht einfach abschälen.

Essen Sie zum Beispiel Bananen oder Avocados, bei denen die Schale entfernt wird, dann ist es nicht ganz so wichtig, dass Sie Bio-Produkte kaufen. Was tierische Produkte betrifft (sollten Sie Fleisch essen), entscheiden Sie sich bitte für die von mir so genannten „gesunden Proteine". Darunter fallen Fleischsorten und Eier mit den Bezeichnungsergänzungen „Wild-", „aus Weidehaltung", „Freiland-" oder „Bio-". Wenn Sie Lachs essen, dann sollten Sie zum Beispiel Wildlachs nehmen und keinen Zuchtlachs. Bei Rind sollten Sie sich für Rindfleisch aus Weide- und nicht aus Massentierhaltung entscheiden. Bevorzugen Sie beim Kauf von Eiern Freilandeier und Eier von Hühnern, die mit Bio-Futter gefüttert wurden, und nicht von Tieren, die in Käfige eingepfercht sind und mit Mais gefüttert werden. Denken Sie an den Spruch „Du bist, was du isst". Wenn Sie tierische Produkte essen, dann ist es wirklich wichtig, womit die Tiere gefüttert wurden.

→ **HÄTTEN SIE'S GEWUSST?** Rote Weintrauben (und Rotwein) sind bekannt für ihr Antioxidans Resveratrol. Doch das produzieren sie nur als Reaktion auf eine Pilzinfektion während des Wachstums. Bio-Weintrauben haben daher einen höheren Gehalt an Resveratrol, weil sie gezwungen sind, sich mangels chemischer Pestizide selbst zu schützen. Im Unterschied zu anderen Antioxidantien wie Anthocyanen, die den Blaubeeren ihre Farbe geben und ein wesentlicher Bestandteil der Frucht sind, produzieren Pflanzen Resveratrol nur als Reaktion auf eine Infektion durch Pilze oder Bakterien. Resveratrol ist ein natürliches Antibiotikum und Fungizid. Das bedeutet: Je mehr eine Pflanze natürlichen Pilzen und Bakterien ausgesetzt ist, desto mehr Resveratrol produziert sie. Doch wenn eine Rebe wiederholt mit synthetischen Fungiziden besprüht wird – und

Äpfel
Blattkohl
Blaubeeren
Erdbeeren
gelbe Zucchini
 (kann gentechnisch
 verändert sein)
grüne Bohnen
Grünkohl
Papaya aus Hawaii
 (kann gentechnisch
 verändert sein)
Kartoffeln
Kirschen
Kopfsalat
Mais
 (kann gentechnisch
 verändert sein)
Nektarinen
Paprikaschoten
Peperoni
Pfirsiche
Salatgurken
Sellerie
Spinat
Weintrauben
Zucchini
 (kann gentechnisch
 verändert sein)

Weintrauben gehören zu den Pflanzen, bei denen sehr intensiv Gebrauch von Pestiziden gemacht wird –, verringert sich der Resveratrol-Gehalt. Brauchen Sie noch einen Grund, warum Sie lieber Bio-Weintrauben kaufen sollten?

2. Verwenden Sie BPA-freie Konserven

In vielen Rezepten in diesem Buch finden Sie Zutaten wie Bohnen und andere Hülsenfrüchte und selbst vollfette Kokosmilch, die in Dosen verkauft werden. Bei solchen Lebensmitteln ist es wichtig, dass Sie sich für Bio-Marken und BPA-freie Konserven entscheiden. Falls Sie das nicht wussten: BPA (Bisphenol A) ist ein Toxin, das oft in Getränke und Lebensmittel gelangt, die in Flaschen und Metalldosen verkauft werden. BPA ist bekannt als endokriner Disruptor beziehungsweise hormonaktive Substanz, die insbesondere die einwandfreie Funktion der Schilddrüse beeinträchtigt. Wenn Sie Ihren Stoffwechsel weiterhin glücklich machen wollen, verzichten Sie besser auf BPA.

3. Verwenden Sie kalt gepresste native Öle und natives Olivenöl extra (möglichst in Bio-Qualität)

Viele Rezepte führen Olivenöl oder Kokosöl auf. Auch hier sollten Sie die reinsten Ölsorten nehmen. Da Kokosöl viel stärker erhitzt werden darf, empfehle ich, mit Kokosöl (oder Butter) zu kochen und mit Olivenöl nur auf sehr niedriger Temperatur zu kochen oder es vor allem für Dressings zu verwenden. Bei der Wahl eines Olivenöls sollten Sie beachten, dass Sie es hier mit einfach ungesättigten Fettsäuren zu tun haben, die durch hohe Lichteinwirkung, Wärme und Sauerstoff beschädigt werden können. Daher kommt es auf die Qualität und die Verarbeitung des Öls an, wenn man sicherstellen will, kein ranziges Öl zu verzehren, das dem Körper mehr schadet als nützt.

Natives Olivenöl extra ist ein unraffiniertes Öl und das qualitativ hochwertigste Olivenöl, das man kaufen kann. Öl muss ganz bestimmte Standards erfüllen, um die Bezeichnung „nativ" und „extra" führen zu dürfen. Aufgrund seiner Herstellungsmethode bewahrt natives Olivenöl extra mehr vom ursprünglichen Olivengeschmack und enthält mehr natürliche Vitamine und Mineralstoffe aus der Olive. Natives Olivenöl extra wird als unraffiniertes Öl eingestuft, weil es weder mit Chemikalien noch wärmebehandelt ist. Die besten Sorten sind kalt gepresst. Solche Olivenöle haben normalerweise eine goldgrüne Farbe, einen intensiven Geschmack und eine leicht pfeffrige Note im Abgang.

Beim Kokosöl gibt es zwei Hauptsorten, raffiniertes und unraffiniertes Öl. Raffiniertes Öl ist billiger, schmeckt nicht nach Kokos und hat auch kein Kokosaroma. Es wird aus getrockneter Kopra (Kokosfleisch) hergestellt, nicht aus frischen Kokosnüssen, und das Öl durchläuft normalerweise eine mehrstufige Verarbeitung, während derer es auch aromatisiert und gebleicht wird. Nicht gut! Essen Sie lieber unraffiniertes Kokosöl. Das erkennen Sie für gewöhnlich an der Deklaration „nativ" (früher fälschlicherweise „nativ ... extra") und es schmeckt und riecht leicht nach Kokos. Natives Öl wird meist aus frischen Kokosnüssen gewonnen und im Idealfall durch Kaltpressung. Um von den guten Eigenschaften optimal zu profitieren, sollten Sie daher natives, also unraffiniertes, Kokosöl nehmen. Ich persönlich verwende das native Bio-Kokosöl der Marke Nutiva. Auch bei Olivenöl und Kokosöl gilt, dass „Bio" immer die beste Option ist.

4. Trinken Sie ungesüßte Mandelmilch

Es werden viele Mandelmilch-Marken am Markt angeboten. Bei der Auswahl sollten Sie darauf achten, dass Sie eine nehmen, die nicht gesüßt und nicht aromatisiert ist, denn viele der traditionellen Sorten enthalten unnötigerweise Zucker. Mir schmeckt die Mandelmilch von Almond Breeze – ich benutze sie zu Hause, wenn ich es nicht geschafft habe, selbst Mandelmilch zuzubereiten (wie das geht, zeige ich Ihnen gleich).

Viele regen sich über fertige Mandelmilch auf, weil sie Carrageen enthält, ein Verdickungsmittel, das als möglicher Krebserreger bei Nagetieren verteufelt wurde, wobei die Forschung hierzu sehr dürftig ist. Es gibt Menschen, die auf Carrageen mit Verdauungsbeschwerden oder Hautausschlägen reagieren. Ich finde es amüsant, wenn Leute sich über solche Inhaltsstoffe mokieren, gleichzeitig aber einen großen Latte macchiato schlürfen oder sich ein gekauftes Sandwich reinpfeifen, das aus stark nitrathaltigem Fleisch und reichlich glutenhaltigem Brot besteht. Wir Menschen sind komische Wesen und setzen ganz unterschiedliche Maßstäbe an. Wir sind irrational, aber es gibt Dinge, auf die wir einfach stehen. Auf jeden Fall ist man wie immer am besten damit bedient, wenn man die Dinge selbst herstellt. Hier nun also mein Mandelmilch-Rezept.

Hausgemachte Mandelmilch

Ergibt 4 Tassen

1 Tasse ungeschälte Mandeln
4 Tassen gefiltertes Wasser
1 entkernte Medjool-Dattel (nach Wunsch)
1 TL Vanilleextrakt
eine kleine Prise Meersalz

1. Die Mandeln in eine Schüssel geben, mit Wasser aufgießen, sodass sie bedeckt sind, und über Nacht einweichen lassen.
2. Die Mandeln abbrausen, abtropfen lassen und in einen Mixer geben. Gefiltertes Wasser, Dattel (nach Wunsch), Vanilleextrakt und Meersalz hinzufügen. Auf hoher Stufe circa eine Minute verarbeiten.
3. Einen Nussmilchbeutel/ein Mull-/Passiertuch über eine große Schüssel halten und die Mandelmilchmischung langsam hineingießen. Den Beutel/das Tuch an der Unterseite leicht zusammendrücken, damit die Milch durchläuft. Die Pulpe entsorgen.
4. Die gefilterte Mandelmilch in ein Einmachglas mit Schraubdeckel füllen und im Kühlschrank aufbewahren. Sie ist drei bis fünf Tage haltbar. Das Einmachglas vor dem Eingießen schütteln, da die Mischung sich beim Absetzen trennt.

5. Kaufen Sie Bio-Dörrobst

Manche Rezepte in diesem Buch verlangen nach Dörrobst. Da die meisten Trockenobstsorten durch Zugabe von Sulfiten haltbar gemacht werden – eine Substanz, auf die viele allergisch reagieren –, empfehle ich, nur Trockenfrüchte in Bio-Qualität zu verwenden, da diese keine Sulfite enthalten. Ob es sich um Bio-Dörrobst handelt, lässt sich mit einer einfachen Methode prüfen: Die Farbe verrät es. Getrocknete Aprikosen müssten zum Beispiel braun werden. Da die Lebensmittelhersteller aber fürchten, die Verbraucher könnten ablehnend auf diese Farbe reagieren, setzen sie Sulfite ein, damit die orange Farbe der Aprikose erhalten bleibt. Bio-Dörraprikosen dagegen sind braun und das ist gut so.

KAPITEL 4

Rezepte

Schlemmermahlzeit ● Kohlenhydratarm ● Kalorienarm ●
1 Tasse = 237 ml

Frühstück

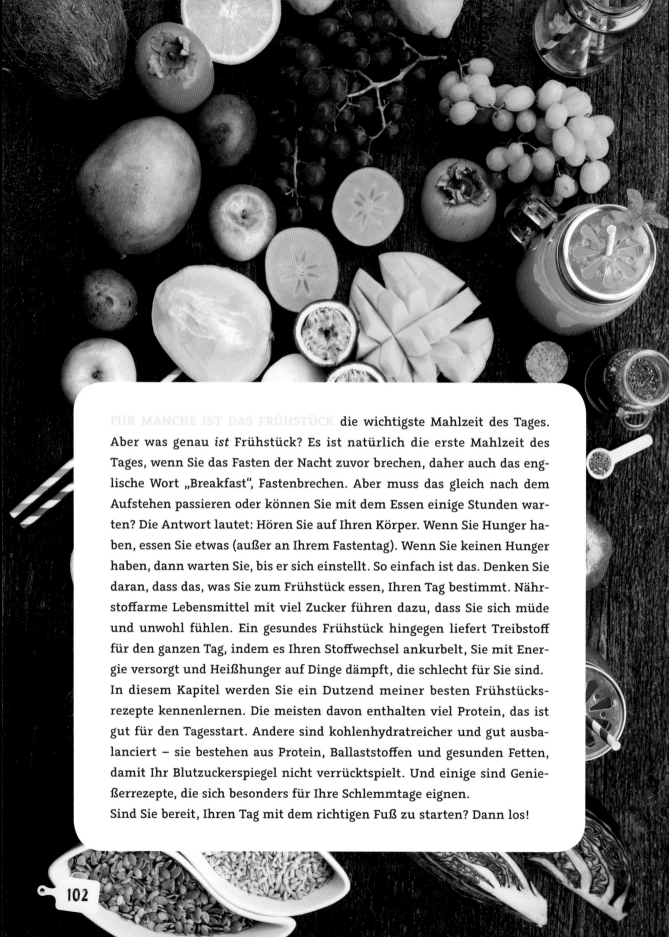

FÜR MANCHE IST DAS FRÜHSTÜCK die wichtigste Mahlzeit des Tages. Aber was genau *ist* Frühstück? Es ist natürlich die erste Mahlzeit des Tages, wenn Sie das Fasten der Nacht zuvor brechen, daher auch das englische Wort „Breakfast", Fastenbrechen. Aber muss das gleich nach dem Aufstehen passieren oder können Sie mit dem Essen einige Stunden warten? Die Antwort lautet: Hören Sie auf Ihren Körper. Wenn Sie Hunger haben, essen Sie etwas (außer an Ihrem Fastentag). Wenn Sie keinen Hunger haben, dann warten Sie, bis er sich einstellt. So einfach ist das. Denken Sie daran, dass das, was Sie zum Frühstück essen, Ihren Tag bestimmt. Nährstoffarme Lebensmittel mit viel Zucker führen dazu, dass Sie sich müde und unwohl fühlen. Ein gesundes Frühstück hingegen liefert Treibstoff für den ganzen Tag, indem es Ihren Stoffwechsel ankurbelt, Sie mit Energie versorgt und Heißhunger auf Dinge dämpft, die schlecht für Sie sind.

In diesem Kapitel werden Sie ein Dutzend meiner besten Frühstücksrezepte kennenlernen. Die meisten davon enthalten viel Protein, das ist gut für den Tagesstart. Andere sind kohlenhydratreicher und gut ausbalanciert – sie bestehen aus Protein, Ballaststoffen und gesunden Fetten, damit Ihr Blutzuckerspiegel nicht verrücktspielt. Und einige sind Genießerrezepte, die sich besonders für Ihre Schlemmtage eignen.

Sind Sie bereit, Ihren Tag mit dem richtigen Fuß zu starten? Dann los!

Frühstücks-Gemüsepfanne mit Spiegelei

● Schlemmermahlzeit

Ergibt 4 Portionen

Keine Lust auf die ewig gleichen Eier zum Frühstück? Diese Gemüsepfanne ist mal was Neues – und superleicht zuzubereiten. Einfach das Gemüse kurz anbraten und mit den Spiegeleiern garnieren. Das einfache Gericht ist gesund, nahrhaft und dabei sehr aromatisch.

1. Butter beziehungsweise Kokosöl in einer großen Pfanne bei mittlerer Temperatur schmelzen. Süßkartoffel, Paprika und Zwiebel darin unter ständigem Rühren etwa 5 bis 7 Minuten anbraten, bis sie weich sind. Spinat oder Mangold dazugeben und unter Rühren weitere 2 Minuten dünsten.

2. Inzwischen in einer separaten Pfanne bei mittlerer Temperatur den Bacon leicht knusprig braten, etwa 4 Minuten auf jeder Seite. Den Frühstücksspeck in eine mit Küchenkrepp ausgelegte Schüssel legen und in circa 2,5 cm große Stücke schneiden.

3. 2 EL des Bacon-Fetts aus der zweiten Pfanne zurückbehalten, den Rest weggießen. Die Eier über der Pfanne aufschlagen und bei mittlerer Temperatur 3 Minuten braten, bis das Eiweiß stockt. Nach Belieben mit Salz und Pfeffer würzen.

4. Pfannengemüse und Bacon auf 4 Teller verteilen und mit den Spiegeleiern garnieren.

Zutaten:

- 1 EL Butter oder Kokosöl
- 1 mittelgroße Süßkartoffel, geschält und gewürfelt
- 1 mittelgroße grüne Paprika, entkernt und gewürfelt
- 1 mittelgroße Zwiebel, geschält
- 2 Tassen Spinat oder Mangold, grob gehackt
- 4 Scheiben Bacon
- 4 Eier
- 1 TL Meersalz
- ½ TL schwarzer Pfeffer aus der Mühle

SO SCHLÄGT MAN EIN EI RICHTIG AUF

Man sollte Eier lieber auf einer flachen Oberfläche aufschlagen, zum Beispiel auf dem Küchentresen, und nicht am Rand einer Schüssel. Das hat den Grund, dass das Aufschlagen am Schüsselrand mehr Schalenbruch verursacht und so winzige Schalenstückchen in das Eiweiß gelangen können. Schlägt man Eier auf dem Küchentresen auf, wird dadurch der Kollateralschaden minimiert.

Beerenfrüchte mit Kokos-Schlagsahne

● Kohlenhydratarm

Ich liebe es, meine Kinder auszutricksen (wenn es zu ihrem Besten ist). Und das hier ist ein nachtischähnliches Frühstück, mit dem ich sie jedes Mal kriege. Sie denken, sie essen ein Dessert, wenn sie in Wahrheit ein reichhaltiges Frühstück mit einem hohen Anteil an gesunden Fetten und einer Menge Antioxidantien zu sich nehmen. Eine sehr gute Alternative zu Joghurt. Und tatsächlich auch als Nachtisch nach dem Abendessen geeignet. Schmeckt am besten, wenn die Kokosmilchdose vor dem Zubereiten einige Stunden im Kühlschrank steht.

1. Die festen Bestandteile der Kokosmilch (das, was dick und cremig ist) mit einem Löffel abschöpfen und in eine mittelgroße Schüssel geben. Die Flüssigkeit weggießen. Xylit oder Erythrit dazugeben (nach Wunsch), außerdem Zimt und Vanille.

2. Die Kokosmilchmischung mit einem elektrischen Handrührgerät 2 Minuten aufschlagen beziehungsweise bis sich Spitzen bilden und sie die gewünschte schlagsahneähnliche Konsistenz hat.

3. Die Beerenfrüchte in eine separate Schüssel geben, einen Klecks Kokossahne dazu – lecker!

Ergibt 2 Portionen

- 1 Dose (400 ml) vollfette Bio-Kokosmilch, gekühlt
- 2 EL Xylit oder Erythrit (nach Wunsch)
- 1 EL gemahlener Zimt
- 1 EL Vanilleextrakt
- 2 Tassen Beerenfrüchte nach Wahl

Chiasamen-Kokos-Pudding mit Mango

Chiasamen absorbieren besonders gut Flüssigkeit, mit ein Grund, warum sie eine hervorragende Ballaststoffquelle sind, Schadstoffe aufnehmen und aus dem Verdauungstrakt leiten. Außerdem liefern sie viel Omega-3-Fettsäuren. Die einfachste Art, mehr Chiasamen zu essen, ist, wenn man sie in einen Pudding packt – wie bei diesem Rezept hier. Die Kombination aus Kokos und Mango macht dieses ballaststoffreiche Frühstück zum köstlichen Genuss. Am besten am Abend zuvor zubereiten, damit man es gleich am Morgen genießen kann.

1. Mandelmilch, Chiasamen, Vanille und Kokosraspel in ein verschließbares Glas oder einen Behälter mit Deckel geben. Gut schütteln, damit sich die Zutaten verbinden. Über Nacht (oder mindestens 4 Stunden) in den Kühlschrank stellen.
2. Den eingedickten Chiasamen-Pudding aus dem Kühlschrank nehmen, in eine Schüssel füllen und mit der gewürfelten Mango servieren.

Ergibt 4 Portionen

- 2 Tassen ungesüßte Mandelmilch
- ½ Tasse Chiasamen
- 1 TL Vanilleextrakt
- 1/3 Tasse ungesüßte Kokosraspel
- 1 Mango, gewürfelt

Chiasamen-Pudding mit Zimtapfel

Ergibt 4 Portionen

½ Tasse Chiasamen
2 Tassen vollfette Kokos-
   milch aus der Dose
1 EL Vanilleextrakt
eine Prise Meersalz
1 EL Kokosöl
1 mittelgroßer Apfel,
   in Scheiben geschnitten
1 TL gemahlener Zimt
¼ Tasse Rosinen
¼ Tasse grob gehackte
   Mandeln
2 EL Hanfsamen
¼ Tasse Kokosraspel

Wenn Sie eher der Apfel-Zimt-Typ sind, dann probieren Sie mal diesen Chiasamen-Pudding. Er ist ein toller Ersatz für den traditionellen Haferbrei mit Apfel und Zimt, der gern zum Frühstück gegessen wird. Dieses Rezept enthält relativ wenig Kohlenhydrate, dafür einen hohen Ballaststoffanteil und gesunde Fette. Sie werden stundenlang voller Energie sein, ohne dass dabei der fettspeichernde Insulinspiegel steigt (wie das beim Haferbrei der Fall wäre).

1. Chiasamen, Kokosmilch, Vanille und Meersalz in ein Einmach-glas mit Schraubdeckel geben. Umrühren, mit einem Deckel verschließen und über Nacht in den Kühlschrank stellen.
2. Kokosöl in einer mittelgroßen Pfanne bei mittlerer Temperatur schmelzen. Apfelscheiben, Zimt und eine Prise Meersalz dazu-geben und unter gelegentlichem Rühren etwa 10 Minuten düns-ten, bis die Scheiben weich und karamellisiert sind.
3. Chiasamen-Pudding in 4 Schüsselchen füllen und mit Apfel-scheiben, Rosinen, Mandeln, Hanfsamen und Kokosraspeln gar-nieren. Guten Appetit!

Proteinreiches Frühstücks-müsli mit Apfelmus

Lust auf ein proteinreiches Frühstück ohne Eier? Dann probieren Sie mal dieses Nussmüsli aus. Mit diesem Rezept bekommen Sie pro Portion rund 15 Gramm pflanzliches Protein zugeführt, und mit dem schnell gemachten Apfelmus schmeckt es auch Schleckermäulern.

1. *Für das Apfelmus*: Alle Zutaten in einen mittelgroßen Topf geben und bei mittlerer Temperatur aufkochen lassen. Dann die Hitze reduzieren und zugedeckt etwa 15 Minuten köcheln lassen.
2. Den Topf von der Kochstelle nehmen. Das Apfelmus leicht zerdrücken oder mit dem Mixer zu einem glatten Mus verarbeiten (je nach gewünschter Konsistenz). Den Deckel wieder aufsetzen, um das Mus warmzuhalten.
3. *Für das Müsli*: Inzwischen das Kokosöl in einer großen Pfanne bei mittlerer Temperatur schmelzen. Hafer, Mandeln, Walnüsse oder Pekannüsse und Kürbiskerne dazugeben. Die Nüsse unter häufigem Rühren 10 Minuten rösten, bis sich ein Aroma entwickelt und sie eine leicht goldene Farbe angenommen haben. Zum Schluss 1 EL Ahornsirup über die gerösteten Nüssen geben. Die Pfanne von der Kochstelle nehmen und die Hanf- und Leinsamen, 1 TL Zimt, 1 TL Muskatnuss und den grob gehackten halben Apfel einrühren.
4. Das Müsli auf 2 Schalen aufteilen und mit Apfelmus garnieren.

Ergibt 2 Portionen

Für das Apfelmus:
3 Äpfel, geschält und
    gewürfelt
¼ Tasse Wasser
1 TL gemahlener Zimt
½ TL gemahlene
    Muskatnuss
¼ TL Ingwer, frisch gerieben
eine Prise Salz

Für das Müsli:
¼ Tasse Kokosöl
1 Tasse glutenfreier Hafer
¼ Tasse Mandeln,
    grob gehackt
¼ Tasse Walnüsse oder
    Pekannüsse, grob gehackt
2 EL Kürbiskerne
1 EL Ahornsirup
3 EL Hanfsamen
1 EL gemahlene
    Leinsamen
1 TL gemahlener Zimt
1 TL gemahlene
    Muskatnuss
½ Apfel, grob gehackt

Ziegenkäse-Omelett mit Pilzen

 kohlenhydratarm, **kalorienarm**

Ich empfehle nicht oft Käse, aber wenn, dann ist es Ziegenkäse. Der ist viel weniger problematisch für die Gesundheit und die schlanke Linie als Kuhmilchkäse. Außerdem gibt Ziegenkäse diesem Omelett einen besonderen Pfiff. Wenn Sie den Käse lieber weglassen möchten, ist das auch in Ordnung. Dann essen Sie das Omelett einfach nur mit den Pilzen.

1. Die Butter in einer großen Pfanne bei mittlerer Temperatur schmelzen. Die Pilze dazugeben und unter ständigem Rühren 5 Minuten anbraten, bis sie eine schöne bräunliche Farbe haben und zart sind. Bei Bedarf etwas mehr Butter dazugeben. Den Knoblauch und ½ TL Salz einrühren und etwa 1 Minute weiterbraten, bis sich das Aroma entfaltet hat.

2. Inzwischen in einer mittelgroßen Schüssel die Eier mit dem restlichen ½ TL Salz, nach Belieben mit Pfeffer und (nach Wunsch) mit Estragon verquirlen, bis alle Zutaten gut vermengt sind.

3. Die Eiermischung über die Pilze gießen und gleichmäßig in der Pfanne verteilen. Mit einem Pfannenwender an den Pfannenrändern anheben, damit noch mehr Ei in alle Ecken dringt.

4. Wenn die Eiermasse nach etwa 2 Minuten zu stocken beginnt, die Petersilie und den Ziegenkäse dazugeben. Das Omelett zur Hälfte überklappen. 1 weitere Minuten stocken lassen, dann servieren.

1 EL Butter
1 Tasse braune oder weiße Champignons ohne Stiele, grob gehackt
1 Zehe Knoblauch, fein gehackt
1 TL Meersalz, in zwei Portionen aufgeteilt
2 große Eier
schwarzer Pfeffer aus der Mühle
1 TL frischer Estragon, grob gehackt (nach Wunsch)
1 EL Petersilie, grob gehackt
1 oder 2 EL Ziegenkäse

Schinken-Spargel-Wickel mit Spiegeleiern

● Kohlenhydratarm

Halten Sie sich fest, denn dieses Frühstück ist der Hammer. Innerhalb weniger Minuten und mit wenigen Zutaten zaubern Sie ein Gericht, mit dem Sie sich wie ein Starkoch fühlen werden. Wenn es einen besonderen Menschen gibt, den Sie beeindrucken möchten, dann ist das genau das richtige Frühstück. Das Entscheidende an diesem Rezept ist, den Spargel gut hinzubekommen. Er darf weder zu labberig sein noch zu zäh. Achten Sie also genau auf die Zubereitungshinweise – es lohnt sich. Der Schinken ist eine leckere Zutat, die dem zarten grünen Gemüse eine besondere Note verleiht. Wenn Sie Kinder haben, werden die das Gericht bestimmt auch mögen.

Ergibt 2 Portionen

½ Tasse Wasser
8 Stangen grüner Spargel, die holzigen Enden abschneiden
1 EL Butter
4 Eier
1 TL Meersalz
schwarzer Pfeffer aus der Mühle
4 Scheiben roher Schinken

1. Das Wasser in eine große Pfanne gießen und den Herd auf mittlere Temperatur stellen. Den Spargel dazugeben. Den Deckel auf die Pfanne setzen, das Wasser zum Kochen bringen, anschließend die Hitze reduzieren und leicht köcheln lassen. Den Spargel etwa 5 Minuten garen, bis er weich ist. Das Wasser abgießen und den Spargel beiseitestellen.

2. In einer zweiten großen Pfanne die Butter bei mittlerer Temperatur schmelzen. Die Eier aufschlagen und in die Pfanne gleiten lassen. Darauf achten, dass die Eidotter heil bleiben. Nach Belieben mit Salz und Pfeffer würzen und etwa 2 Minuten braten, bis die Spiegeleier die gewünschte Konsistenz haben.

3. Inzwischen je 2 Spargelstangen mit einer Scheibe Schinken umwickeln. Insgesamt 4 Wickel herstellen, auf 2 Teller verteilen und mit je zwei fertigen Spiegeleiern garnieren. Auf Wunsch einen Beilagensalat dazu reichen. Mmmh!

Kokos-Kirsch-Knuspermüsli

Ergibt etwa 6 Tassen

- ¼ Tasse Kokosöl, geschmolzen, und etwas extra Öl zum Einfetten des Backblechs
- 1 TL Vanilleextrakt
- ¼ Tasse Honig oder Ahornsirup
- 1 Tasse ungesüßte Kokosflocken
- ½ Tasse rohe geschälte Sonnenblumenkerne
- 1 Tasse Mandeln, grob gehackt
- 1 Tasse Pekannüsse, grob gehackt
- 1 Tasse ungesüßte getrocknete Kirschen
- 1 TL gemahlener Zimt
- Meersalz

● Schlemmermahlzeit

Die meisten im Laden gekauften Knuspermüslis sind nichts anderes als teure Süßigkeiten mit jeder Menge Zucker und anderen unnötigen Inhaltsstoffen. Die gute Nachricht ist, dass Sie innerhalb von Minuten ein viel gesünderes Knuspermüsli zubereiten können, das Ihnen für Tage reicht. Bei dieser Variante wird der Zucker aus den Kirschen und dem Honig beziehungsweise dem Ahornsirup durch die Nüsse, Kerne und den Zimt abgemildert.

1. Den Ofen auf 180 °C vorheizen und ein Backblech mit Kokosöl einfetten.
2. ¼ Tasse geschmolzenes Kokosöl, Vanille und Honig oder Ahornsirup in einer kleinen Schüssel verquirlen. Kokosflocken, Sonnenblumenkerne, Mandeln, Pekannüsse, Kirschen und Zimt in einer mittelgroßen Schüssel miteinander vermengen und mit Salz abschmecken. Die Kokosölmischung über die trockenen Knuspermüslizutaten gießen und alles gut durchmischen.
3. Das Knuspermüsli auf dem Backblech verteilen und für 15 bis 20 Minuten im Ofen backen, bis es eine goldbraune Farbe hat. Abkühlen lassen und mit Mandelmilch oder vollfetter Kokosmilch servieren.

TIPPS: SO GELINGT DAS KNUSPERMÜSLI
- ● Das Knuspermüsli gleichmäßig auf dem Backblech verteilen, damit es gleichmäßig gebacken wird.
- ● Knuspermüsli lieber nicht so lange backen, bis es ganz hart ist, denn dann schmeckt es verbrannt. Direkt nach dem Backen sollte es noch eine leicht weiche Konsistenz haben und erst beim Abkühlen fest werden.
- ● Das Müsli wird noch knuspriger, wenn man es bei geöffneter Ofentür im Ofen abkühlen lässt.
- ● Knuspermüsli ist in einem luftdicht verschlossenen Behälter etwa 3 Wochen lang haltbar.

Hanfsamen-Porridge

● Kohlenhydratarm

Ergibt 2 Portionen

Als Kind bekam ich Instant-Griesbrei zum Frühstück. Damals verstand ich nicht, warum mein Bauch so gebläht war, und das noch Stunden, nachdem ich den Brei gegessen hatte. Heute weiß ich, warum. Das (im Weizen enthaltene) Gluten macht Probleme – deshalb kommt es in den Fett-weg-Rezepten auch nicht vor. Zum Glück bietet dieser Hanfsamen-Porridge eine prima Alternative zum traditionellen Frühstücksbrei. Er ist nicht nur glutenfrei, sondern enthält auch jede Menge Protein und Ballaststoffe. So bleiben Sie stundenlang satt und bekommen keinen Heißhunger nach Süßem.

2 Tassen Mandelmilch
½ Tasse Hanfsamen
2 EL Chiasamen
¼ TL gemahlener Zimt
2 EL Mandelmus
¼ Tasse Mandeln, grob gehackt
1 Apfel, in Scheiben geschnitten (an kohlenhydratarmen Tagen weglassen)

1. Die Mandelmilch in einem mittelgroßen Stieltopf bei mittlerer Temperatur zum Köcheln bringen. Hanfsamen, Chiasamen und Zimt einrühren. 5 Minuten köcheln lassen, dabei gelegentlich umrühren.
2. Den Herd ausschalten und das Mandelmus einrühren. Den Porridge mit grob gehackten Mandeln und (nach Wunsch) mit Apfelscheiben garnieren und servieren.

Schoko-Knuspermüsli nach Art des Hauses

Ergibt etwa 10 Tassen

3 EL Butter, geschmolzen,
und 1 EL extra Butter
zum Einfetten
der Backbleche

3 Tassen glutenfreie Haferflocken

1 Tasse Mandeln,
grob gehackt

1 Tasse Pekannüsse,
grob gehackt

½ Tasse Cashewnüsse,
grob gehackt

½ Tasse Haselnüsse,
grob gehackt

1 EL Rohkakaopulver

1 TL Meersalz

¼ Tasse Honig oder Ahorn-
sirup

1 EL reiner Vanilleextrakt

¼ Tasse Rohkakao-Nibs oder
ungesüßte Schokoladen-
splitter

● Schlemmermahlzeit

Wie die meisten Kinder meiner Generation wuchs ich mit Unmengen von Junkfood auf. Meine Frühstücks-Cerealien waren in Milch schwimmende Süßigkeiten. Kein Wunder, dass ich mich die halbe Zeit wie ein Zombie fühlte. Zum Glück ist dieses Knuspermüsli ein gesunder Frühstücksschmaus und auch noch gut für den Körper. In meinem Schrank ist dieses Grund-nahrungsmittel Dauergast. Es schmeckt verdammt lecker und macht richtig satt, besonders, wenn es mit vollfetter Kokosmilch serviert wird. Mit einigen grob gehackten Erdbeeren kann man den Schokogeschmack ein wenig neutralisieren. Wie das vorige ist auch dieses proteinreiche Knuspermüsli in einem luftdicht verschlossenen Behälter etwa 3 Wochen lang haltbar.

1. Den Ofen auf 160–170 °C vorheizen. Zwei große Backbleche mit 1 EL Butter einfetten.

2. Hafer, Mandeln, Pekannüsse, Cashew- und Haselnüsse in einer gro-ßen Schüssel mit Kakaopulver und Salz mischen. Geschmolzene But-ter, Honig oder Ahornsirup und Vanille in einer kleineren Schüssel miteinander verquirlen. Die Buttermischung über die Hafer-Nuss-Mischung gießen und mit einem Löffel gut durchmischen.

3. Die Knuspermüsli-Mischung gleichmäßig auf 2 Backblechen ver-teilen. 20 Minuten im Ofen backen, dann durchrühren. Weitere 10 bis 15 Minuten (nicht zu lange!) backen, bis der Hafer eine gold-braune Farbe hat und die Nüsse geröstet aussehen. Kurz vor Ende der Backzeit Kakao-Nibs oder Schokosplitter unterrühren.

4. Das Knuspermüsli auf den Backblechen vollständig abkühlen lassen. Es kann sein, dass sich der Hafer noch weich anfühlt, aber mit dem Abkühlen wird er knusprig. Das Knuspermüsli in einer Schale mit Mandel-milch oder vollfetter Kokosmilch servieren. Mit diesem Sattmacherfrühstück halten Sie stundenlang durch.

Yuris berühmte Crêpes

Ergibt 8 Stück

1 Tasse Buchweizenmehl
½ Tasse Tapiokastärke
2 Eier
3 Tassen Mandelmilch
2 TL Vanilleextrakt
eine Prise Meersalz
Haselnuss- oder
   Erdnussmus
   (nach Wunsch)

● Schlemmermahlzeit

Seit Jahren habe ich bei meinen Freunden und der Familie mit meinen glutenfreien Crêpes großen Erfolg. Da ich während meiner Fußballerjahre auch in Frankreich gelebt habe, kann ich, ohne zu zögern, behaupten, dass diese Crêpes sogar besser sind als die von Pariser Crêperien. Ernsthaft!
Diese Crêpes sind gefährlich lecker, daher sollte man sie sich am besten für den Schlemmtag aufsparen. Ja, sie verstoßen gegen meine Empfehlung, die Kohlenhydratmenge am Morgen zu limitieren, aber hin und wieder darf man sich diese Leckerbissen gönnen.

1. Den Ofen auf 120 bis 130 °C vorheizen. Mehl, Stärke, Eier, Mandelmilch, Vanille und Salz in einer großen Schüssel zu einem dünnflüssigen Teig verarbeiten.
2. Eine große Pfanne auf den Herd stellen und auf hohe Temperatur schalten. Ausreichend Butter in die Pfanne geben, um sie einzufetten. Eine Kelle voll Teig in die Pfanne gießen, anschließend die Pfanne schwenken, sodass der Teig den gesamten Pfannenboden bedeckt.
3. Den Crêpe etwa 2 Minuten backen, bis er Bläschen wirft. Wenden, den Herd auf mittlere Temperatur herunterschalten und den Crêpe für weitere 2 Minuten backen. Wer mag, kann während der letzten Backminuten Haselnuss- oder Erdnussmus auf dem Crêpe verstreichen, damit es sich erwärmt und schmilzt. Köstlich!
4. Mit dem restlichen Teig weitere Crêpes ausbacken. Die fertigen Crêpes im Ofen warmhalten. Zum Servieren die Crêpes auf einem Teller anrichten, nach Herzenslust garnieren, zusammenrollen und genießen.

Avocado-Bowl mit Ei

Das ideale Frühstück für einen hektischen Morgen, mit viel Protein und jeder Menge gesunder Fette. Es hält für Stunden satt und vertreibt den Heißhunger nach Kohlenhydraten am Vormittag. Weichgekochte Eier sind nicht nur schneller zuzubereiten als Spiegeleier, sondern auch leichter verdaulich.

1. Die Eier in einen mittelgroßen Topf geben und mit kaltem Wasser bedecken. Den Topf auf den Herd stellen und bei mittlerer Temperatur das Wasser erhitzen, bis es zu köcheln beginnt. Die Eier 2 bis 4 Minuten köcheln lassen. Das Wasser nicht aufkochen lassen, sonst platzen die Eier. Die Temperatur kontrollieren.
2. Den Topf vom Herd nehmen, das heiße Wasser abgießen und die Eier einige Minuten unter fließend kaltem Wasser abschrecken, bis sie lauwarm sind.
3. Die Eier pellen, vierteln und in eine Schale legen. Die grob gehackte Avocado dazugeben. Mit Olivenöl und Zitronensaft beträufeln und nach Belieben mit Salz und Pfeffer abschmecken.

Ergibt 1 Portion

2 Eier
½ Avocado, grob gehackt
1 EL Olivenöl
2 TL Zitronensaft
Salz und schwarzer Pfeffer
   aus der Mühle

Smoothies

Wie viel Obst und Gemüse haben Sie gestern gegessen? Ihr Ziel sollten acht bis zwölf Portionen pro Tag sein. Denn einen gesunden Körper tankt man am besten mit rohen Frischprodukten auf. Trotzdem haben die meisten Menschen damit zu kämpfen, täglich wenigstens ein paar Portionen Obst und Gemüse zu essen. Smoothies sind eine super Möglichkeit, Ihre Obst- und Gemüsezufuhr anzukurbeln, denn es ist viel einfacher, vier bis sechs Portionen Gemüse und Obst zu trinken, als sie zu essen. Die Smoothies in diesem Kapitel sind sehr ausgewogen und enthalten gesunde Kohlenhydrate (Obst), Protein und Ballaststoffe. Das bedeutet, dass sie länger satt machen und den Blutzuckerspiegel nicht in die Höhe treiben.

Wenn Sie möchten, können Sie zu allen Smoothies Wasser (oder Nussmilch) dazugeben, um sie flüssiger zu machen. Falls Sie rohe Kartoffelstärke im Haus haben, können Sie auch immer einen Esslöffel davon zu den Smoothies geben, ohne dass dies den Geschmack verändert. Wie an anderer Stelle erwähnt, ist diese Form der resistenten Stärke eine einfache Methode, wie Sie die guten Darmbakterien mit ihrer Lieblingsnahrung versorgen und damit etwas Gutes für Ihre Gesundheit tun können.

Birnen-Spinat-Smoothie

● kalorienarm

Ergibt 2 Portionen

Seinen besonderen Kick bekommt dieser grüne Smoothie durch den Ingwer. Ingwer ist nicht nur ein Lebensmittel mit erstaunlicher entzündungshemmender Wirkung, er gibt einem Rezept auch eine pikante Note. Dieser Smoothie ist ein klassisches Beispiel. Durch die Hanfsamen enthält er eine ordentliche Menge Protein, und die gemahlenen Leinsamen sorgen für eine Extraportion Ballaststoffe, die lange satt machen.

Mandelmilch, Birne, Hanfsamen, Leinsamen, geriebenen Ingwer mit dem zurückbehaltenen Saft und Spinat in den Mixer geben. Für circa 20 Sekunden zu einem Smoothie pürieren.

- 2 Tassen Mandelmilch
- 1 Birne, entkernt und geviertelt
- 2 EL Hanfsamen
- 1 EL gemahlene Leinsamen
- 2,5 cm großes Stück Ingwer, geschält und gerieben, den Saft auffangen
- 2 Tassen junger Spinat

Rotkohl-Blaubeeren-Smoothie

● kalorienarm

Ergibt 2 Portionen

Wussten Sie, dass Kohl zu den besten Nahrungsquellen für Glutamin gehört? Das ist deshalb wichtig für uns, weil Glutamin die wichtigste Aminosäure für die Reparatur der Darmzellen ist. Außerdem wird es zur Muskelreparatur benötigt.
Kohl schmeckt von Natur aus etwas scharf, aber die Blaubeeren und der Ahornsirup in diesem Rezept verfeinern sein Aroma.

Mandelmilch, Rotkohl, Blaubeeren, Mandeln, Mandelextrakt und Ahornsirup in den Mixer geben. Für circa 20 Sekunden zu einem Smoothie pürieren.

- 2 Tassen Mandelmilch
- 1 Tasse Rotkohl, grob gehackt
  - 1½ Tassen Blaubeeren (frisch oder gefroren)
- 2 EL Mandeln
- ¼ TL Mandelextrakt
- ½ EL Ahornsirup

Grüner Frucht-Smoothie

Ergibt 2 Portionen

1 Tasse Ananas, in Stücken
1 Tasse Honigmelone,
    in Stücken
2 Tassen Spinat
2 EL Hanfsamen
1 EL gemahlene
    Leinsamen
1 Tasse Wasser
1 Tasse Kokoswasser
¼ Tasse Minzblätter

● **Schlemmermahlzeit**

Falls Sie sich Gedanken über den Fruchtzuckergehalt in diesem Smoothie machen – das brauchen Sie nicht.
Das Protein und die Ballaststoffe aus den Hanfsamen und den Leinsamen bringen die Dinge ins Gleichgewicht. Da dieser Smoothie aber viel Obst enthält, würde ich empfehlen, sich ihn für nach dem Sport aufzusparen oder am Schlemmtag als Mahlzeit oder Snack zu genießen. Das Kokoswasser und die Minze machen diesen Smoothie so lecker und sehr erfrischend, besonders nach einem schweißtreibenden Training.

Ananas, Melone, Spinat, Hanf- und Leinsamen, Wasser, Kokoswasser und Minzblätter in den Mixer geben. Für circa 20 Sekunden zu einem Smoothie pürieren.

Beeren-Pfirsich-Smoothie

🔘 Schlemmermahlzeit

Ergibt 2 Portionen

Pfirsiche haben offenbar an Popularität verloren. Sie werden heutzutage nur noch selten gegessen. Doch mit diesem Smoothie werden Sie Ihre Liebe zu Pfirsichen wiederentdecken. Zusammen mit den Beerenfrüchten kaschiert der Pfirsich den Spinat perfekt. Der nährstoffreiche Smoothie eignet sich daher prima für Kinder, die eine Abneigung gegen Grünzeug haben.

Mandelmilch, Wasser oder Kokoswasser, Beerenfrüchte, Pfirsich, Spinat, Hanf- und Leinsamen, Cashewmus, Vanille und Stevia (nach Wunsch) in den Mixer geben. Für circa 20 Sekunden zu einem Smoothie pürieren.

- 2 Tassen Mandelmilch
- 1 Tasse Wasser oder Kokoswasser
- 1 Tasse tiefgekühlte Beerenfrüchte
- 1 Pfirsich, entkernt
- 1 Tasse junger Spinat
- 2 EL Hanfsamen
- 1 EL gemahlene Leinsamen
- 2 EL Cashewmus
- 1 TL Vanilleextrakt
- 2 oder 3 Tropfen flüssiges Stevia (nach Wunsch)

TAUSCHEN SIE IHRE LIMO GEGEN DIESE ALTERNATIVE EIN
Wenn Sie ein bekennender Limonadenfan sind und auf der Suche nach einer gesünderen Alternative, die etwas aufregender schmeckt als reines Wasser, dann probieren Sie doch mal Apfelessig-Limonade. Mischen Sie dazu 2 große Tassen Wasser mit 2 EL Apfelessig und dem Saft einer halben Zitrone. Vor oder zum Essen getrunken fördert das Getränk die Verdauung und befriedigt die Lust auf „süßen Sprudel".

Sattmacher-Smoothie

Ergibt 2 Portionen

● Schlemmermahlzeit

1 Tasse Mandelmilch
1 Tasse vollfette Kokosmilch
  aus der Dose
1 Tasse Beerenfrüchte,
  tiefgekühlt
2 EL Hanfsamen
1 EL gemahlene
  Leinsamen
1 TL gemahlener Zimt
2 oder 3 Tropfen flüssiges
  Stevia (nach Wunsch)

Warnung: Dieser Smoothie macht echt satt. Ich würde ihn für einen Schlemmtag aufsparen oder nach einem intensiven Work-out trinken. Es ist wichtig, sich auf dem Fett-weg-Weg ins Gedächtnis zu rufen, dass hin und wieder eine kalorienreiche Mahlzeit nicht nur in Ordnung, sondern äußerst empfehlenswert ist, um die Schilddrüsen- und andere Hormone bei Laune zu halten. Denken Sie daran, während Sie diesen dicken und cremigen Smoothie ohne Reue genießen.

Mandelmilch, Kokosmilch, Beerenfrüchte, Hanfsamen, Leinsamen, Zimt und Stevia (nach Wunsch) in den Mixer geben. Für circa 20 Sekunden zu einem Smoothie pürieren.

Tropischer Grüner Smoothie

Ergibt 2 Portionen

● Schlemmermahlzeit

1 Tasse ungesüßtes
  Kokoswasser
1 Tasse Wasser
3 Tassen Spinat
1 Tasse tiefgekühlte Ananas
½ Mango, grob gehackt
½ Avocado
2 EL Hanfsamen
2,5 cm großes Stück Ingwer,
  geschält und gerieben,
  den Saft auffangen

Ich war viele Male in meinem Leben in Mexiko. Das Land, die Menschen, die Aromen, ich mag sie einfach. Das ist wahrscheinlich auch der Grund, warum viele meiner Rezepte von mexikanischen Aromen und Zutatenkombinationen inspiriert sind. Dieser ein bisschen an Mexiko erinnernde Smoothie macht für viele Stunden ordentlich satt. Heben Sie ihn sich daher bitte fürs Frühstück auf, für eine Mahlzeit am Schlemmtag oder als Snack oder Mahlzeit nach dem Sport.

Kokoswasser, Wasser, Spinat, Ananas, Mango, Avocado, Hanfsamen und geriebenen Ingwer mit dem zurückbehaltenen Saft in den Mixer geben. Für circa 20 Sekunden zu einem Smoothie pürieren.

Tropischer Grüner Smoothie

Vanille-Cashew-Ingwer-Smoothie

Ergibt 3 Portionen

1 Banane
1 Tasse Cashewnüsse
2 Messlöffel Vanille-
   proteinpulver
3 Tassen Wasser
2 EL Hanfsamen
1 EL Leinöl
1 EL gemahlene
   Leinsamen
1 TL gemahlener Zimt
2,5 cm großes Stück Ingwer,
   geschält
6 Eiswürfel

● Schlemmermahlzeit

Das ist ein gefährlich leckerer Smoothie. Wenn unsere Kinder etwas zu naschen möchten, geben wir ihnen stattdessen diesen Smoothie. Und um ehrlich zu sein, sie erkennen noch nicht mal den Unterschied. Die Kombination aus Cashewnüssen, Vanille und Ingwer schmeckt überraschend lecker. Dieser Smoothie ist dickflüssig und macht satt, daher eignet er sich perfekt für die Gelegenheiten, wenn Sie mal Lust auf etwas Gehaltvolleres haben. Und wie alle anderen Smoothies eignet auch dieser hier sich sehr gut für nach dem Sport.

Banane, Cashewnüsse, Proteinpulver, Wasser, Hanfsamen, das Öl, Leinsamen, Zimt, Ingwer und Eiswürfel in den Mixer geben. Für circa 20 Sekunden zu einem Smoothie pürieren.

BANANEN SOLLEN BEI DER FETTVERBRENNUNG HELFEN?

Nicht alle Bananen sind gleich. Denken Sie daran: In unreifen Bananen steckt außergewöhnlich viel von einem sehr gesunden Kohlenhydrat, der sogenannten resistenten Stärke, deren Gehalt mit dem Reifen der Banane immer weniger wird. Die resistente Stärke ist eine Stärkeart, die den Dünndarm unverdaut passiert und in den Dickdarm gelangt, wo sie den Darmbakterien als Nahrung dient. Untersuchungen haben gezeigt, dass die Aufnahme resistenter Stärke den Blutzucker- und Insulinspiegel nach dem Essen senkt, ebenso den Cholesterin- und den Tri-glycerid-Spiegel, die Zellen sensibler gegenüber Insulin macht, das Sättigungsgefühl steigert und die Fetteinlagerung verringert. Ziemlich erstaunlich, wenn Sie mich fragen. Resistente Stärke bekommt man auch aus Kartoffeln, Bohnen und Reis, wenn man sie erst kocht und anschließend abkühlen lässt, oder indem man ein bis zwei Esslöffel rohe Kartoffelstärke (gibt es als Pulver im Naturkostladen) in Wasser oder einen Smoothie gibt.

Schoko-Protein-Smoothie

● kohlenhydratarm

Ergibt 2–3 Portionen

Wenn Sie ein Schokoladenfan sind und einen proteinreichen Smoothie möchten, dann ist der hier der Richtige. Da er außerdem kohlenhydratarm ist, eignet er sich perfekt für einen kohlenhydratarmen Tag. Wie in vielen anderen Smoothies dieses Buches stecken auch in diesem hier viele gute Sachen: gesunde Fette, Protein, Ballaststoffe und ein toller Geschmack. Er ist ziemlich gehaltvoll, deshalb würde ich ihn generell als einzelne Frühstücksmahlzeit empfehlen oder nach dem Sport.

Kokosmilch, Wasser, Spinat, Mandeln, Hanf- und Leinsamen, Kakaopulver und Proteinpulver in den Mixer geben. Für circa 20 Sekunden zu einem Smoothie pürieren.

- 1 Dose (400 ml) vollfette Kokosmilch
- 2 Tassen Wasser
- 2 Handvoll Spinat
- ¼ Tasse Mandeln
- 2 EL Hanfsamen
- 1 EL gemahlene Leinsamen
- 1 EL Rohkakaopulver
- 1 Messlöffel Proteinpulver nach Wahl (am besten geschmacksneutral oder mit Schokogeschmack)

Birnen-Spinat-Smoothie (S. 123)
Regenbogen-Schicht-Smoothie (S. 131)
Zitrus-Spritzer (S. 132)

Regenbogen-Schicht-Smoothie

● Schlemmermahlzeit

Ergibt 2 Portionen

Wie dieser Smoothie zu seinem Namen gekommen ist, wird klar, wenn man die Zubereitungshinweise genau befolgt. Natürlich könnte man auch alles zusammen in den Mixer schmeißen und auf den Knopf drücken, aber dann würde einem der „Regenbogen" entgehen. Das Besondere an diesem Smoothie ist das Schichten (wie im Rezept erläutert). Wenn Sie sich und andere mit einem hübsch anzuschauenden, köstlichen Smoothie beeindrucken wollen, dann probieren Sie mal den hier.

1. Die tiefgekühlten Pfirsiche und 1/3 Tasse Wasser oder Kokoswasser 20 Sekunden im Mixer pürieren. Mit dem Löffel als unterste Schicht in 2 große Gläser füllen.

2. Die tiefgekühlten Himbeeren mit einer weiteren 1/3 Tasse Wasser oder Kokoswasser in den Mixer geben und 20 Sekunden pürieren. Mit dem Löffel als nächste Schicht in die Gläser füllen. Banane, Mandelmilch, Spinat und/oder Grünpulver, Chiasamen, Leinsamen, Hanfsamen und Stevia (nach Wunsch) in den Mixer geben und 20 Sekunden pürieren. Mit dem Löffel als dritte Schicht in die Gläser füllen. Den Mixer mit Wasser ausspülen.

3. Die Blaubeeren und die restliche 1/3 Tasse Wasser oder Kokoswasser in den Mixer geben und 20 Sekunden pürieren. Mit dem Löffel als vierte Schicht in die Gläser füllen. Mit gewürfeltem Pfirsich und Beerenfrüchten garnieren.

1 Tasse tiefgekühlte Pfirsiche
1 Tasse Wasser oder Kokoswasser, in drei Teilen
1 Tasse tiefgekühlte Himbeeren
1 Tasse Blaubeeren
1 tiefgekühlte Banane
½ Tasse Mandelmilch
3 Tassen Spinat und/oder 1 Messlöffel Grünpulver
1 EL Chiasamen
1 EL gemahlene Leinsamen
1 EL Hanfsamen
4 oder 5 Tropfen flüssiges Stevia (nach Wunsch)
½ Tasse gewürfelte frische Pfirsiche und Beerenfrüchte

Kokos-Sportler-Smoothie

Ergibt 2 Portionen

🔵 Kalorienarm

¼ Ananas
1 Handvoll Spinat
3 Tassen Kokoswasser
2 EL Grünpulver
1 EL gemahlene
  Leinsamen
2 EL Hanfsamen
4 oder 5 Eiswürfel

Kokoswasser ist das Sportlergetränk von Mutter Natur. Von der Zusammensetzung her entspricht es fast dem Elektrolythaushalt der Gewebeflüssigkeit im Körper. Aus diesem Grund ist es das ideale Getränk nach schweißtreibendem Sport. Und wenn Sie kein Fan von Gemüse sind, macht das von Natur aus süße Aroma des Kokoswassers es schmackhafter als einfaches Wasser oder Mandelmilch. Gut zum Rezept passt auch Grünpulver. Wenn Sie keines haben, ist das nicht tragisch – bereiten Sie den Smoothie einfach ohne zu.

Ananas, Spinat, Kokoswasser, Grünpulver, Leinsamen, Hanfsamen und Eiswürfel in den Mixer geben. Für circa 20 Sekunden zu einem Smoothie pürieren.

Zitrus-Spritzer

Ergibt 2 Portionen

🔵 Kalorienarm

2 ganze Orangen, ungeschält
1 Tasse Salatgurke, geschält
  und grob gehackt
2 EL Grünpulver
2,5 cm großes Stück Ingwer,
  geschält und gerieben
1 EL gemahlene
  Leinsamen
2 EL Hanfsamen
2 Tassen Wasser
4 Eiswürfel

Salatgurke, Orangen, Ingwer – das hört sich nach einer merkwürdigen Kombination an, oder? Wenn Sie diesen Smoothie getrunken haben, werden Sie vielleicht anders darüber denken. Wie der Name schon sagt, ist er ein erfrischendes Getränk und perfekt für einen warmen Sommertag. Das Grünpulver verstärkt den Geschmack noch, aber ohne ist der Smoothie genauso lecker.

Orangen, Salatgurke, Grünpulver, Ingwer, Leinsamen, Hanfsamen, Wasser und Eiswürfel in den Mixer geben. Für circa 20 Sekunden zu einem Smoothie pürieren.

Vanille-Protein-„Milchshake"

● Schlemmermahlzeit

Während meiner Studienzeit ging ich gern in Nachtclubs, um mich von weltberühmten DJs in den Bann ziehen zu lassen und zu tanzen. Oft verließen wir den Club um zwei Uhr früh, natürlich total ausgehungert. In Toronto gab es ein Restaurant, in dem wir nach unseren Clubnächten immer auf ein üppiges Mahl am frühen Morgen zählen konnten. Der Diner hatte rund um die Uhr geöffnet, und es gab dort, neben anderen tollen Sachen, die besten Milchshakes der Welt. Dieser Smoothie ist inspiriert von den Erinnerungen an die damaligen nächtlichen Milchshakes, obwohl meine Version sehr viel gesünder ist. Dieser „Milchshake" verursacht keine Blähungen und hat auch keine zig Kalorien, dafür enthält er viel Protein und ist perfekt zu jeder Tageszeit.

Mandelmilch, Banane, Erdnussmus und Vanille-Proteinpulver beziehungsweise geschmacksneutrales Proteinpulver mit dem Vanilleextrakt in den Mixer geben. Für circa 20 Sekunden zu einem Smoothie pürieren.

Ergibt 2 Portionen

2 Tassen Mandelmilch
1 tiefgekühlte Banane
1 EL Erdnussmus
2 Messlöffel Vanille-Proteinpulver oder 2 Messlöffel geschmacksneutrales Proteinpulver +
1 TL Vanilleextrakt

Beilagen

MANCHMAL IST ES SCHÖN, eine gesunde Auswahl an Beilagen zu den Hauptgerichten zu haben. Und viele der Beilagen in diesem Kapitel sind gehaltvoll genug, um auch als kleinere Gerichte durchzugehen (vielleicht an einem kalorienarmen Tag). Bei meinen Beilagen dürfte für jeden Bedarf etwas dabei sein: vom Reisersatz über gesunde „Pommes" bis hin zu Kartoffelsalaten, die sogar Fett verbrennen, und das ist noch nicht alles. Wenn Ihr Hauptgericht nicht so sättigend ist, wie Sie es gern hätten, dann sollten Sie es prinzipiell mit einer dieser Beilagen kombinieren, um Ihren Bedarf zu decken. Gibt es bei einem bestimmten Hauptgericht wenig Gemüse, dann wählen Sie eine Beilage (oder einen Salat), der diese Lücke schließt, damit Sie möglichst oft gut ausbalancierte Gerichte essen.

Gedünsteter Brokkoli mit Zitronen-Knoblauch-Butter

● Kohlenhydratarm

Ergibt 3-4 Portionen

1 Kopf Brokkoli,
  in Röschen zerteilt
¼ Tasse Butter
2 Zehen Knoblauch,
  fein gehackt
Saft von ½ Zitrone

Brokkoli muss nicht langweilig schmecken. Das Geheimnis eines tollen Geschmacks ist, dass man den Brokkoli dick mit Butter bestreicht und mit etwas Zitronensaft beträufelt. Und ein wenig Knoblauch schadet sicher auch nicht. Hört sich an wie ein Dickmacher, finden Sie? Nicht wirklich. Butter (oder Ghee, wenn Ihnen das lieber ist) besteht überwiegend aus kurz-kettigen Fettsäuren, die eher als Brennstoff verwertet werden, als dass sie als Fett eingelagert würden. Außerdem schmeckt Butter einfach gut. Wenn Sie immer noch an Margarine fest-halten, in der Meinung, Butter wäre ungesund, dann werfen Sie den künstlichen Kram bitte weg. Schließlich essen Sie nicht jede Woche pfundweise Butter, sondern nur hier und da ein wenig. Als Beilage passt dieser Brokkoli hervorragend zu Lachs.

1. Den Brokkoli circa 5 Minuten dünsten, bis er den gewünschten Weichegrad hat. Inzwischen die Butter in einer kleinen Pfanne bei mittlerer bis niedriger Temperatur schmelzen. Den Knob-lauch unter häufigem Rühren 2 Minuten darin anschwitzen. Zitronensaft dazugeben und eine weitere Minute köcheln lassen. Die Pfanne vom Herd nehmen.
2. Den Brokkoli auf einer Platte anrichten und mit Zitronen-Knob-lauch-Butter übergießen.

Pastinaken-Pommes mit Salz und Essig

Mögen Sie Pommes wie ich auf die englische Art, mit Salz und Essig? Die schmecken zwar lecker, sind aber leider nicht sehr förderlich für die Figur. Ich habe es mir zur Aufgabe gemacht, einen gesünderen Ersatz zu finden: Pastinaken-Pommes mit Salz und Essig. Falls Sie noch nie Pastinaken gegessen haben – sie sind mit den Möhren verwandt, haben aber einen neutraleren Geschmack und eignen sich perfekt als Alternative zu Pommes oder Chips auf Kartoffelbasis. Diese Pommes passen gut zu allen Gerichten mit rotem Fleisch, dazu zählen auch viele der Hauptgerichte in diesem Kochbuch. Übrig gebliebene Pastinaken-Pommes können Sie unterwegs als Snack verzehren. Da sie stärkehaltige Kohlenhydrate enthalten, sollten Sie an kohlenhydratarmen Tagen darauf verzichten. An allen anderen Tagen sind sie aber okay.

Ergibt 4 Portionen

500 g Pastinaken, geschält
2 EL Kokosöl, geschmolzen
1 TL Meersalz
½ TL schwarzer Pfeffer
  aus der Mühle
1 EL Malzessig
½ EL flüssiger Honig
½ EL Meerrettich
½ EL körniger Senf

1. Den Ofen auf 220 °C vorheizen. Die Pastinaken in circa 0,5 cm dicke Pommes schneiden, mit Kokosöl, Meersalz und Pfeffer in eine große Schüssel geben und alles gut durchmischen.
2. Die Pastinaken in einer Lage auf einem mit Backpapier ausgelegten Backblech verteilen. Circa 25 bis 30 Minuten im Ofen backen, bis die Spitzen eine goldbraune Farbe angenommen haben.
3. Inzwischen Essig, Honig, Meerrettich und Senf in einem Schüsselchen verrühren. Die heißen Pommes mit der Soße beträufeln und servieren.

Süßkartoffelsalat

Ergibt 4 Portionen

Für das Dressing:
3 EL Apfelessig
1 EL Honig
2 TL Dijonsenf
1 TL Mohn
½ TL Meersalz
½ TL schwarzer Pfeffer
  aus der Mühle
2 EL Olivenöl
¼ Tasse rote Zwiebel (circa
  ¼ mittelgroße Zwiebel,
  gewürfelt

Für den Salat:
500 g Süßkartoffeln (circa
  2 mittelgroße), geschält
2 EL Kokosöl, geschmolzen
1 TL Meersalz
½ TL schwarzer Pfeffer
  aus der Mühle
1 TL Ingwer, frisch gerieben
1/3 Tasse Radieschen,
  in Scheiben geschnitten
1/3 Tasse Gewürzgurken,
  grob gehackt
¼ Tasse Frühlingszwiebeln,
  grob gehackt

Reich an gesunden Kohlenhydraten vereint dieser Salat ein ganzes Potpourri unterschiedlichster Aromen, die wunderbar miteinander harmonieren. Süßkartoffeln liefern stärkehaltige Kohlenhydrate (besonders gut für aktive Menschen) und riesige Mengen an Vitamin A. Ich empfinde ihren von Natur aus süßlichen Geschmack manchmal als etwas zu intensiv, wenn man nichts Anderes dazu isst. Doch in diesem Rezept machen Ingwer, Radieschen, Gewürzgurken, Frühlingszwiebeln und ein tolles Dressing die langweilige Süßkartoffel zum Rockstar. Dieser Salat schmeckt klasse als Einzelgericht oder auch als Beilage zu leichteren Hauptspeisen.

1. *Für das Dressing:* Essig, Honig, Senf, Mohn, Salz und Pfeffer in einer großen Schüssel miteinander verquirlen. Unter ständigem Rühren langsam das Öl zugießen, bis die Zutaten sich verbunden haben. Die Zwiebel unterrühren und die Schüssel beiseitestellen.

2. *Für den Salat:* Ein Grillgitter mit Kokosöl einfetten. Den Grill vorheizen. Die Süßkartoffeln in circa 0,5 cm breite Scheiben schneiden. Süßkartoffeln, Kokosöl, Meersalz und Pfeffer in einer großen Schüssel gut miteinander vermischen. Auf dem eingefetteten Grillgitter 10 bis 12 Minuten grillen, bis sie weich sind, zwischendrin einmal wenden.

3. Inzwischen Ingwer, Radieschen, Gewürzgurken und Frühlingszwiebeln in einer kleinen Schüssel vermengen.

4. Die gegrillten Süßkartoffeln auf 4 Tellern verteilen. Jeweils mit der Radieschenmischung garnieren und mit Dressing beträufeln.

Blumenkohlreis

 Kohlenhydratarm, kalorienarm

Ergibt 8 Tassen

1 Kopf Blumenkohl,
   in Röschen geschnitten
2 EL Kokosöl
½ Tasse Gemüse- oder
   Hühnerbrühe

Dies ist eine großartige getreidefreie Alternative zu Reis und perfekt für kohlenhydratarme Tage und kalorienarme Tage. Wenn wir mittags oder abends Freunde zu Besuch haben, machen wir oft veganes Sushi, mit Blumenkohlreis statt herkömmlichem Reis. Wenn wir dann sagen, dass die Reisgrundlage Blumenkohl ist, sind sie erstaunt, wie gut der schmeckt. Ich denke, es wird Ihnen genauso gehen.

1. Eine kleine Handvoll Blumenkohl in den Mixer oder die Küchenmaschine geben und circa 20 Sekunden zerkleinern, bis der Blumenkohl die Konsistenz von Reis hat. Wiederholen, bis der restliche Blumenkohl zerkleinert ist.
2. Kokosöl in einer großen Pfanne bei mittlerer Temperatur schmelzen. Blumenkohlreis und Brühe dazugeben und bei geschlossenem Deckel 2 bis 3 Minuten dünsten, bis der Blumenkohl weich wird. Den Herd ausschalten, den Blumenkohl etwas abkühlen lassen und zu Ihrem Lieblingsgericht servieren!

Röstkartoffeln mit Räucherlachs und Kräutern

Ergibt 4 Portionen

2 EL Butter
3 große rote Kartoffeln,
   in 2,5 cm große Würfel
   geschnitten
1 Zwiebel, grob gehackt
1 grüne Paprika,
   fein gehackt
1 TL Meersalz
schwarzer Pfeffer
   aus der Mühle
6–8 Scheiben Räucherlachs
   (oder 1 gedünstetes Lachsfilet), grob gehackt
2 EL frischer Schnittlauch,
   fein geschnitten
1 EL frischer Dill,
   grob gehackt
1 TL frischer Estragon,
   grob gehackt
Saft von ½ Zitrone

Obwohl diese Röstkartoffeln technisch gesehen eine Beilage sind, können sie ebenso als eigenständiges Gericht gegessen werden. Als Beilage empfehle ich sie zum Frühstück zusammen mit Eiern. Da das Gericht Kartoffeln (stärkehaltige Kohlenhydrate) enthält, heben Sie es sich für Schlemmtage oder für Normalkalorien-Tage auf. Als Teil eines Wochenendbrunches macht es sich auch sehr gut.

1. Die Butter in einer großen Pfanne mit Antihaftbeschichtung bei mittlerer bis hoher Temperatur schmelzen. Kartoffeln, Zwiebel und Paprika dazugeben. Unter häufigem Rühren circa 10 Minuten anbraten, bis sie eine goldgelbe Farbe bekommen haben. Die Temperatur reduzieren und die Kartoffeln circa 15 Minuten weitergaren, bis sie weich sind. Nach Belieben mit Salz und schwarzem Pfeffer aus der Mühle würzen.
2. Lachs, Schnittlauch, Dill, Estragon und Zitronensaft vorsichtig unter die garen Kartoffeln heben. Noch circa 2 Minuten weitergaren, bis alles erhitzt ist.

Röstkartoffeln mit Räucherlachs und Kräutern

Blumenkohl-Püree mit
Knoblauch, Seite 145

143

Blumenkohlpüree mit Knoblauch

Ergibt 4 Portionen

1 TL Butter

3 Zehen Knoblauch, fein gehackt

1 Kopf Blumenkohl, in Röschen geschnitten

2 Tassen Gemüse-, Hühner- oder Rinderbrühe

¼ Tasse Butter oder Kokoscreme (die festen Bestandteile einer Dose vollfetter Kokosmilch)

1 TL Meersalz

schwarzer Pfeffer aus der Mühle

 Kohlenhydratarm, **kalorienarm**

Diese Beilage ist eine sehr gute kohlenhydratarme Alternative zu Kartoffelpüree. Sie eignet sich daher perfekt für Ihre kohlenhydratarmen Tage und wann immer Sie Lust auf ein sahniges Gericht mit Knoblauch haben, das nicht so schwer ist wie Kartoffelstampf. Passt als Beilage hervorragend zu allen Gerichten mit rotem Fleisch und sogar zu vielen Suppen in diesem Kochbuch.

1. Die Butter in einer kleinen Pfanne bei mittlerer Temperatur schmelzen. Knoblauch dazugeben und unter häufigem Rühren 1 bis 2 Minuten anschwitzen.

2. Blumenkohl und Brühe in einem großen Topf bei hoher Temperatur mit geschlossenem Deckel circa 5 Minuten dünsten, bis der Blumenkohl weich ist. Dann die Flüssigkeit abgießen.

3. Knoblauch, Blumenkohl und Butter oder Kokoscreme in den Mixer geben. Nach Belieben mit Salz und Pfeffer würzen. Circa 20 Sekunden zu Püree verarbeiten. Auf Wunsch noch einmal erhitzen und mit geschmolzener Butter und Schnittlauchröllchen garniert servieren.

Butternusskürbis-Apfel-Pfanne

● Schlemmermahlzeit

Ergibt 2 Portionen

Mit seinen gesunden Kohlenhydraten ist dieses Wohlfühlgericht perfekt für kalte Tage, an denen Sie Lust auf etwas Warmes im Bauch haben. Da es viele stärkehaltige Kohlenhydrate enthält, isst man es am besten an einem Schlemmtag oder an Normalkalorien-Tagen. Die gehaltvolle Beilage eignet sich auch als eigenständiges Gericht und passt zu allen Hühnchengerichten, die etwas Verstärkung brauchen.

1. Den Kürbis im Schnellkochtopf circa 10 Minuten lang dünsten, bis er weich ist.

2. Kokosöl in einer großen Pfanne bei mittlerer Temperatur schmelzen. Den gedünsteten Kürbis und den Apfel dazugeben und für circa 10 Minuten anbraten, bis sie eine goldbraune Farbe haben.

3. Frühlingszwiebeln, Muskatnuss und Zimt dazugeben, mit Salz und Pfeffer abschmecken und weitere 2 Minuten garen lassen. Mit gerösteten Pekannüssen bestreuen und zu einem Hauptgericht Ihrer Wahl servieren.

4 Tassen Butternusskürbis, gewürfelt
2 EL Kokosöl
1 Granny-Smith-Apfel, geschält und gewürfelt
¼ Tasse Frühlingszwiebeln, grob gehackt
¼ TL gemahlene Muskatnuss
¼ TL gemahlener Zimt
Meersalz und schwarzer Pfeffer aus der Mühle
¼ Tasse Pekannüsse, geröstet und grob gehackt

Mangold mit Sultaninen, Pinienkernen und Knoblauch

Ergibt 2-3 Portionen

1 Bund Mangold
1 EL Kokosöl
½ mittelgroße Zwiebel,
    gewürfelt
¼ Tasse Sultaninen
2 Zehen Knoblauch,
    fein gehackt
½ TL Meersalz
schwarzer Pfeffer
    aus der Mühle
¼ Tasse Pinienkerne,
    angeröstet
Saft von ½ Zitrone
2 EL Olivenöl

Mangold ist vermutlich das aromatischste Blattgemüse. Er hat eine natürliche delikate Süße und schmeckt selbst Leuten, die sich sonst nicht für Grünzeug begeistern können. In diesem Beilagengericht zeigt sich der Mangold dank Sultaninen und Pinienkernen von einer ganz anderen Seite – das ungleiche Paar passt wirklich gut zusammen. Ich würde diese Beilage zu Fisch oder Huhn servieren, wenn es etwas mehr Gemüse sein soll.

1. Den Mangold putzen, die Blätter von den Stielen trennen und beides zurückbehalten. Das Kokosöl in einer großen Pfanne bei mittlerer Temperatur schmelzen. Zwiebel und Mangoldstiele dazugeben und unter häufigem Rühren circa 5 Minuten anschwitzen, bis die Stiele weich und die Zwiebelwürfel glasig sind.

2. Inzwischen die Sultaninen in eine kleine Tasse geben und mit heißem Wasser übergießen. Circa 5 Minuten ziehen lassen, bis sie vollgesogen und etwas weicher sind. Das Wasser abgießen und auffangen.

3. Die Mangoldblätter und den Knoblauch in die Pfanne geben. Mit Salz und Pfeffer würzen und unter häufigem Rühren circa 5 Minuten garen, bis die Blätter weich sind. (Einige Esslöffel des Sultaninenwassers zum Dünsten dazugeben.) Während der letzten Kochminuten Sultaninen, Pinienkerne, Zitronensaft und Olivenöl einrühren.

Kichererbsen in Kokosmilch

Dies ist eine ungewöhnliche Beilage, auf die Sie von selbst wahrscheinlich nicht kommen würden. Und das ist das Schöne an einem Kochbuch wie diesem hier: Sie machen neue kulinarische Entdeckungen, von denen Sie vielleicht angenehm überrascht sein werden. Kichererbsen sind eine sehr gute Quelle für Protein, Ballaststoffe und gesunde Kohlenhydrate. Diese Beilage passt zu vielen Huhn- und Fischgerichten. Und wenn etwas übrigbleibt, haben Sie einen gesunden Snack zur Hand, wenn der kleine Hunger zuschlägt.

Kichererbsen, Tomate, Gewürznelken, Knoblauch, Kokosmilch und Kurkuma in einen mittelgroßen Stieltopf geben, auf mittlere Temperatur schalten und mit Salz und Pfeffer würzen. Einmal aufkochen lassen, dann die Hitze reduzieren und mit leicht geöffnetem Deckel etwa 20 Minuten lang köcheln lassen, damit sich die Aromen verbinden.

Ergibt 2 Portionen

- 1 Dose (400 g) Kichererbsen, Flüssigkeit abgießen und abbrausen
- 1 Tomate, grob gehackt
- ¼ TL gemahlene Gewürznelken
- 1 Zehe Knoblauch, fein gehackt
- 1 Tasse vollfette Kokosmilch
- ¾ TL gemahlene Kurkuma
- Meersalz und schwarzer Pfeffer aus der Mühle

Avocado mit Blaubeer-Rucola-Füllung

Ergibt 2 Portionen

1 Avocado, halbiert
2 Tassen Rucola
½ Tasse frische Blaubeeren
Saft von 1 Zitrone
2 EL Olivenöl
Meersalz und schwarzer
  Pfeffer aus der Mühle
1 EL Pinienkerne, Mandel-
  blättchen, Sonnenblumenkerne oder Kürbiskerne

Avocados enthalten viel Fett. Aber es ist gutes Fett, überwiegend in Form von einfach ungesättigten Fettsäuren, die
nachweislich das Herz stärken. Also machen Sie sich keine
Gedanken über Avocados, okay? Sie sind gesund.
Diese einfache Beilage macht aus einer Avocado eine kleine
Obstsalatschüssel und schmeckt als eigenständiges Gericht
genauso wie zu den leichteren Gerichten in diesem Kochbuch.

Auf 2 Tellern je eine Avocadohälfte anrichten. Mit Rucola und Blau-
beeren belegen und mit Zitronensaft und Olivenöl beträufeln. Nach
Belieben mit Salz und Pfeffer abschmecken und mit Nüssen nach
Wahl bestreuen. Kann sofort verputzt werden!

Gebackener Rosenkohl

Rosenkohl gehört zu den Brassica-Arten – vielleicht die am meisten geschätzten Gemüsesorten wegen ihrer vorbeugenden Wirkung gegen Krebs und andere Krankheiten. Ich liebe Rosenkohl, viele Leute mögen ihn jedoch nicht. Wenn auch Sie zu dieser Gattung gehören – dieses Gericht wird Sie mit ihm versöhnen. Getrocknete Cranberrys, Apfel und Pistazien bringen ein wunderbares Aromen-Potpourri hervor, das Sie von der Tatsache ablenkt, dass Sie Rosenkohl essen. Eine tolle Beilage zu rotem Fleisch oder Huhn.

1. Den Ofen auf 200 °C vorheizen. Rosenkohl in einer Lage auf einem großen Backblech verteilen, mit Butter besprenkeln und mit Salz und Pfeffer würzen. Für 10 Minuten im Ofen backen.

2. Apfel und Pistazien gleichmäßig auf dem Backblech verteilen und für circa 5 bis 10 Minuten bis zum gewünschten Weichegrad im Ofen garen.

3. Aus dem Ofen nehmen, mit getrockneten Cranberrys bestreuen und servieren.

Ergibt 4 Portionen

3 Tassen Rosenkohl, geputzt und halbiert
2 EL Butter, geschmolzen
Meersalz und schwarzer Pfeffer aus der Mühle
1 Apfel, geschält und gewürfelt
½ Tasse Pistazien ohne Schale
½ Tasse getrocknete Cranberrys

Butternusskürbis-Ofensteaks mit BBQ-Aroma

● Schlemmermahlzeit

Ergibt 3 Portionen

Ob Sie nun jemand sind, der ohne Steak nicht leben kann, oder kein großer Steakfan sind – diese Butternusskürbis-Ofensteaks mit BBQ-Aroma nach Südstaatenart müssen Sie probieren.

1. Den Ofen auf 200 °C vorheizen. Ein Backblech mit Backpapier auslegen.
2. Die Kürbishälfte auf das Backblech legen. Mit dem Öl beträufeln.
3. Das Raucharoma und den Honig oder Ahornsirup in einer kleinen Schüssel verrühren. Den Kürbis damit beträufeln. In einer zweiten kleinen Schüssel Knoblauchpulver, Paprika, Chilipulver und Salz vermengen. Den Kürbis mit der Würzmischung bestreuen.
4. Circa 25 bis 35 Minuten im Ofen backen, bis der Kürbis weich ist. Etwas abkühlen lassen. Mit Wildreis und mit frischer Petersilie garniert servieren.

- ½ großer Butternusskürbis, entkernt
- 2 EL Kokosöl, geschmolzen
- 1 TL Raucharoma (Liquid Smoke)
- ¼ Tasse Rohhonig oder Ahornsirup
- 1 TL Knoblauchpulver
- 1 TL Paprikapulver
- 1 TL Chilipulver
- 1 TL Meersalz
- 2 Tassen gekochter Wildreis
- 1 TL frische Petersilie als Garnitur

Dips, Snacks und Toppings

IN DIESEM KAPITEL werden einfach zuzubereitende Dips vorgestellt, mit denen Gemüse gleich viel besser schmeckt, außerdem Ideen für leckere Snacks für unterwegs, wenn der kleine Hunger kommt. Und ich präsentiere einige gesunde Alternativen zu den üblichen Garnituren wie Mayonnaise und Schlagsahne. Bei einigen Rezepten in diesem Buch werden solche Extras in den Zubereitungshinweisen erwähnt. Jetzt wissen Sie, wo Sie dafür nachschlagen müssen.

Hummus

Hummus ist wohl der beliebteste orientalische Dip, den die Nordamerikaner in ihre Küche übernommen haben. Es gibt kaum einen Supermarkt, in dem man nicht zahlreiche Varianten Fertig-Hummus findet. Leider enthalten diese meist ranziges Raps- oder Sojaöl statt qualitativ höherwertiges Olivenöl. Bereiten Sie Hummus am besten selbst zu, mit diesem Rezept hier. In einem Glas mit Schraubdeckel hält es sich circa eine Woche im Kühlschrank. Reichen Sie es als Dip zu Gemüse wie Tomaten, Salatgurken, Möhren oder Brokkoli. Wenn Sie oder Ihre Kinder nach einem anstrengenden Tag nach Hause kommen, verhindern Sie so, der Versuchung nach ungesunden Snacks zu erliegen.

Kichererbsen, Tahin, Zitronensaft und Olivenöl für circa 20 bis 30 Sekunden in der Küchenmaschine pürieren, bis das Hummus glatt und cremig ist. Mit Salz und Pfeffer abschmecken. Bei Bedarf mehr Zitronensaft und/oder Olivenöl dazugeben, um die gewünschte Konsistenz zu erhalten.

Ergibt 4 Tassen

1 Dose (400 g) Kichererbsen
3 EL Tahin
Saft von 1 Zitrone (oder mehr, wenn Sie es gern spritzig mögen)
¼ Tasse Olivenöl
Meersalz und schwarzer Pfeffer aus der Mühle

Guacamole

3 reife Avocados
1 kleine Tomate, gewürfelt
¼ rote Zwiebel, fein gehackt
Saft von 1 Limette
1 Zehe Knoblauch, fein
   gehackt
¼ Tasse frischer Koriander,
   grob gehackt

● Kohlenhydratarm

Kennen Sie jemanden, der Guacamole nicht mag? Eben! Wenn Sie abnehmen wollen, sollten Sie diese Guacamole eher zu geschnittenem frischem Gemüse reichen als zu frittierten Tortillachips. Falls Sie übrig gebliebene Guacamole im Kühlschrank aufbewahren wollen, gibt es hierfür einen Trick: Füllen Sie sie in ein luftdicht verschließbares Glas und decken Sie sie mit Frischhaltefolie ab. Sauerstoff lässt die Avocado braun werden, also sollte man sie möglichst wenig der Luft aussetzen.

Avocados, Tomate, Zwiebel, Limettensaft, Knoblauch und Koriander in einer großen Schüssel miteinander vermengen. Mit einer Gabel zerdrücken, bis die Guacamole die gewünschte stückige oder glatte Konsistenz hat.

Fitness-Mayo

Ergibt 2 Tassen

2 große Eier
2 EL Zitronensaft
   oder Apfelessig
½ TL Himalayasalz
1½ Tassen mildes Olivenöl
   (mit dezentem Oliven-
   aroma) oder Avocadoöl

 kohlenhydratarm, kalorienarm

Traditionelle Mayonnaise ist nicht sehr gesund. Sie enthält eine Menge billiges Öl (zum Beispiel Rapsöl) und Zucker, was Entzündungen in unserem Körper fördert. Dieses Rezept ist einfach zuzubereiten und schmeckt genauso gut wie gewöhnliche Mayonnaise, wenn nicht besser. Verwenden Sie dafür ein mildes Olivenöl. Mit normalem Olivenöl wird der Geschmack wahrscheinlich etwas zu intensiv für eine neutrale Mayo. Benutzen Sie diese Mayonnaise einfach als Ersatz für Fertigmayonnaise.

1. Eier, Zitronensaft oder Apfelessig, Salz und Öl in ein verschließbares Glas geben, zum Beispiel ein Einmachglas. Einige Sekunden ruhen lassen, damit sich die Eier auf dem Glasboden unterhalb des Öls absetzen.
2. Einen Stabmixer in das Glas tauchen, bis er Kontakt mit dem Boden hat. Für circa 30 Sekunden einschalten, bis die Mischung sich verfestigt und eine cremig-dicke Konsistenz erhält.
3. Die Mayo ist in einem luftdicht verschließbaren Glas bis zu 2 Wochen im Kühlschrank haltbar.

Kokos-Schlagsahne

● Kohlenhydratarm

Ergibt 2 Tassen

2 Dosen (mit je 400 ml) voll-
    fette Kokosmilch, gekühlt
1 TL Vanilleextrakt
eine Prise gemahlener Zimt
1 TL Xylitpulver

Damit das Rezept gelingt, sollten die Dosen mit der Kokosmilch vor der Zubereitung einige Stunden im Kühlschrank aufbewahrt werden, damit das Fett fest werden kann. Wenn Sie sonst Joghurt essen, ist dies ein super Ersatz ohne Milch. Und bitte denken Sie daran: Die gesunden Fette in der Kokosnuss sind sehr gut für Sie – also können Sie nach Herzenslust davon essen.

Die dicke, cremige Schicht aus den Kokosmilchdosen mit dem Löffel abschöpfen und in eine große Schüssel geben. Die Flüssigkeit abgießen. Vanille, Zimt und Xylitpulver dazugeben. Die Kokoscreme für circa 2 bis 3 Minuten mit dem elektrischen Handrührgerät schlagen, bis sie locker wie Sahne ist.

Baba Ghanoush

Ergibt 4 Tassen

1 große Aubergine
  (circa 500 g)
2 Zehen Knoblauch,
  fein gehackt
2 EL glatte Petersilie,
  fein gehackt
2 EL Tahin
2 EL Olivenöl plus etwas
  mehr zum Drüberträufeln
Saft von ½ Zitrone
eine Prise Meersalz

 Kohlenhydratarm, **kalorienarm**

Mein Vater ist Marokkaner, daher hatte ich schon immer eine Affinität zur nordafrikanischen und orientalischen Küche. Eines meiner Lieblingsgerichte ist das cremig-delikate Baba Ghanoush. Eine sehr gute Alternative zu Hummus, falls man einen schnell zuzubereitenden Dip sucht. Genauso wie Hummus ist dieser Dip ein prima Aufstrich, passt aber auch zu frischem Gemüse.

1. 1. Den Ofen auf 230 °C vorheizen. Die Aubergine mit einer Gabel mehrmals einstechen und auf ein mit Alufolie ausgelegtes Backblech legen. Die Aubergine für circa 20 Minuten im Ofen backen, bis sie innen weich ist. Anschließend abkühlen lassen.

2. Die Aubergine der Länge nach aufschneiden. Die Flüssigkeit abgießen, das Innere mit einem Löffel auskratzen und in eine Küchenmaschine geben. Knoblauch, Petersilie, Tahin, 2 EL Olivenöl, Zitronensaft und Salz hinzufügen und alles für circa 20 Sekunden zu Püree verarbeiten. In eine mittelgroße Schüssel füllen, mit etwas Olivenöl beträufeln und sofort verspeisen.

Mini-Frikadellen

 Kohlenhydratarm, **kalorienarm**

Wenn Sie auf der Suche nach einem proteinreichen Snack sind, der etwas interessanter ist als eine Handvoll Nüsse, dann nehmen Sie diese Mini-Frikadellen als Proviant für unterwegs mit. Sie schmecken lecker, sind einfach in der Zubereitung und das Protein darin macht stundenlang satt. So schlagen Sie dem nachmittäglichen Heißhunger ein Schnippchen. Außerdem sind es klasse Häppchen für Ihre nächste Dinnerparty.

1. Den Ofen auf 200 °C vorheizen und ein großes Backblech mit Backpapier auslegen.
2. Ei, Senf, Knoblauch, Kümmel und Petersilie in einer großen Schüssel mit einer Gabel vermengen. Mit Salz und Pfeffer würzen. Das Schweinehack oder Putenhack in die Schüssel krümeln und alles mit der Hand zu einer homogenen Masse verarbeiten.
3. Die Hände mit Wasser befeuchten und das überschüssige Wasser abschütteln. Circa 1 gestrichenen EL Hackmischung zwischen den Handflächen zu einer Mini-Frikadelle rollen. Weiter Frikadellen rollen, bis keine Hackmischung mehr in der Schüssel ist.
4. Die Frikadellen in einem Abstand von jeweils circa 2,5 cm auf dem Backblech verteilen. Für circa 20 bis 25 Minuten im Ofen backen, bis sie gar sind und eine goldbraune Farbe angenommen haben.

Ergibt 8 bis 12 kleine Frikadellen

- 1 großes Ei
- 1 EL Dijonsenf
- 1 Zehe Knoblauch, fein gehackt
- 1 EL Kümmel
- ¼ Tasse glatte Petersilie, fein gehackt
- ½ TL Meersalz
- ½ TL schwarzer Pfeffer aus der Mühle
- 900 g Schweine- oder Putenhack

Grünkohl-Chips

Ergibt 5 Tassen

1 großer Bund Grünkohl
(10–12 Blätter), ohne Stiele
1 EL Olivenöl
Meersalz und schwarzer
Pfeffer aus der Mühle

 kohlenhydratarm, **kalorienarm**

Haben Sie manchmal Lust auf etwas Salziges? Dann greifen Sie doch statt nach einer Tüte fettiger Kartoffelchips lieber nach diesen gesunden, knusprig-pikanten Grünkohl-Chips. Wenn Sie kein Fan von Grünkohl sind, sollte Sie das nicht abschrecken – mit Salz und Olivenöl im Ofen gebacken schmeckt der viel besser als pur. Bewahren Sie die Grünkohl-Chips (auch für unterwegs) in einem luftdicht verschließbaren Behälter auf, damit sie nicht kaputtgehen.

1. Den Ofen auf 140 °C vorheizen. Den Grünkohl in mundgerechte Stücke zupfen. Die Grünkohlblätter in eine große Schüssel geben, mit Öl beträufeln und gut durchmischen. Mit Salz und Pfeffer würzen.
2. Die Blätter in einer Lage auf einem Backblech ausbreiten. Für circa 30 Minuten im Ofen backen, bis sie knusprig sind. Auf einem Ofengitter oder auf Papiertüchern abkühlen lassen.

Rosenkohl mit krossem Bacon

 Kohlenhydratarm, **kalorienarm**

Ergibt 1 Portion

2 EL Butter
1 Tasse Rosenkohl, geputzt
Meersalz und schwarzer
    Pfeffer aus der Mühle
2 Scheiben Bacon

Sie stehen auf Bacon? Auf Rosenkohl aber eher nicht? Mit diesem einfachen Snack ist das kein Problem, der lecker salzige und fettige Bacon schafft das. Sie können aus den beiden Zutaten einen Rosenkohl-Bacon-Spieß machen oder sie einfach in einer Schüssel zusammenschmeißen. Ein super Snack für unterwegs, besonders wenn Sie im Laufe des Tages die Lust auf was Deftiges zum Knabbern überkommt.

1. Butter in einer mittelgroßen Pfanne bei mittlerer Temperatur schmelzen. Den Rosenkohl dazugeben und mit Salz und Pfeffer würzen. Bei geschlossenem Deckel für circa 10 Minuten unter häufigem Rühren dünsten, bis der Rosenkohl weich ist.
2. Inzwischen eine große Pfanne auf den Herd stellen und auf mittlere Temperatur schalten. Den Bacon in die Pfanne geben und circa 3 Minuten von jeder Seite kross anbraten. Den Bacon abkühlen lassen und anschließend in Stücke schneiden.
3. Bacon und Rosenkohl in einer Schüssel mischen. Mehr Eindruck (und Arbeit) macht es, wenn man beides abwechselnd auf einen Spieß steckt.

SO GELINGT BACON OPTIMAL
Bacon besteht zum größten Teil aus Fett. Daher sollte man möglichst Schweinefleisch aus Weide- oder Freilandhaltung essen, das frei von fiesen Füllstoffen, Konservierungsstoffen und Zucker ist.

Das Geheimnis, wie man Bacon superkross hinbekommt: Man muss die Enden während des Bratens herunterdrücken. Das funktioniert gut, wenn man den Bacon in einer Pfanne auf dem Herd brät. Ich empfehle aber eine etwas entspanntere Methode, bei der man den Bacon nicht dauernd im Auge behalten und sich nicht vor Spritzfett aus der Pfanne hüten muss: Braten Sie ihn doch einfach im Ofen. Das dauert etwas länger, aber ich finde, so schmeckt er viel besser. Heizen Sie den Ofen auf 180 °C vor, schnappen Sie sich ein großes Backblech und legen Sie Ihren Bacon darauf. Braten Sie ihn 5 bis 7 Minuten und drehen Sie die Scheiben dann um. Lassen Sie ihn im Ofen, bis er so kross ist, wie Sie ihn gern mögen.

Legen Sie den gebratenen Bacon in eine mit Küchenkrepp ausgelegte Schale, damit das überschüssige Fett aufgesaugt wird. Fertig ist der beste Bacon aller Zeiten!

Ofengeröstete Kichererbsen

Diese knusprigen Kichererbsen haben das Zeug dazu, weniger gesunde Snacks aus Ihrem Vorratsschrank zu verbannen.

1. Den Ofen auf 220 °C vorheizen. Ein Backblech mit Backpapier auslegen.
2. Die Kichererbsen in ein mit Küchekrepp ausgelegtes Sieb schütten. Für 10 bis 15 Minuten abtropfen und trocknen lassen.
3. Die Kichererbsen auf dem Backblech ausbreiten. Mit Öl beträufeln und durchrühren, bis sich alles vermischt hat. ½ TL Salz darüber streuen. Circa 20 bis 25 Minuten im Ofen backen, bis sie eine goldbraune Farbe angenommen haben, dabei alle 5 Minuten durchrühren. (Es kann sein, dass einige Kichererbsen platzen. Das ist ein gutes Zeichen – so werden sie richtig knusprig.)
4. Inzwischen den restlichen ½ TL Meersalz, Chili-, Kreuzkümmel-, Paprika- und Knoblauchpulver, Zwiebelgranulat und roten Pfeffer in einer großen Schüssel verrühren. Die heißen Kichererbsen zur Würzmischung geben und alles vorsichtig miteinander vermengen, gegebenenfalls nachsalzen. Sofort servieren.

Ergibt 6 Portionen

- 2 Dosen (à 400 g) Kichererbsen, Flüssigkeit abgießen und abbrausen
- ¼ Tasse Olivenöl
- 1 TL Meersalz (in zwei Teile geteilt) plus etwas extra zum Abschmecken
- ½ TL Chilipulver
- ½ TL gemahlener Kreuzkümmel
- ¾ TL Paprikapulver
- ¾ TL Knoblauchpulver
- ½ TL Zwiebelgranulat
- ¼–½ TL roter Pfeffer aus der Mühle

Salate

ICH WEISS NICHT, WIE ES BEI IHNEN WAR, aber ich bekam in meiner Kindheit ziemlich langweilige Salate vorgesetzt – Eisbergsalat, Tomaten und Salatgurken, tagein, tagaus – zumindest dann, wenn ich den Salat nicht gleich verweigerte. Heute liegen die Dinge ganz anders. Ich liebe Salate, besonders wenn ich meiner Kreativität freien Lauf lassen und mit unterschiedlichen Gemüsesorten und Dressings experimentieren kann. Das macht echt Spaß.

Ich empfehle, pro Tag in der Regel mindestens einen Salat zu essen (außer am Fastentag). Das ist eine todsichere Methode, um regelmäßig ausreichend Gemüse zu verzehren. Wenn Sie keine Salate mögen, werden Sie mit Sicherheit Ihre Meinung ändern, nachdem Sie einige der Salate aus diesem Kapitel probiert haben.

Ein Tipp vorweg: Manchmal ist es am sinnvollsten, von einem bestimmten Dressing gleich eine große Menge zuzubereiten und es in einem Einmachglas mit Schraubdeckel im Kühlschrank aufzubewahren. So haben Sie, wenn Sie Ihren nächsten Salat zubereiten möchten, die Hälfte der Arbeit schon erledigt. Probieren Sie es aus.

Leichter Caesar Salad mit Grünkohl und Avocado

● Kohlenhydratarm

Wenn ich ein italienisches Restaurant besuche, bestelle ich als Vorspeise meistens einen Caesar Salad, wobei ich davon ausgehe, dass das Dressing frisch gemacht ist und kein Fertigdressing. Schließen Sie die Augen, essen Sie ein paar Bissen von dieser Salatvariante mit Grünkohl und Avocado – Sie werden den Unterschied zu einem traditionellen Caesar Dressing nicht schmecken. Die gute Nachricht ist, dass Sie ab jetzt den Caesar Salad ohne Reue genießen können. Ein dick machendes Fertigdressing werden Sie hier nicht finden. Dieses Dressing besteht nur aus frischen und gesunden Zutaten, die Ihrem Körper Gutes tun.

1. *Für das Dressing:* Mandelmus, Essig, Öl, Ahornsirup, Coconut-Aminos- oder Tamari-Soße und Knoblauch mit Zitronensaft, Wasser, Salz und Pfeffer in den Mixer geben. Für circa 20 Sekunden zu einem cremigen Dressing pürieren.
2. *Für den Salat:* Grünkohl, Frühlingszwiebeln und Mandeln zusammen mit dem Dressing in eine große Schüssel geben. Gut durchmischen und mit Avocado-Scheiben garniert servieren.

Ergibt 2 Portionen

Für das Dressing:
1½ EL Mandelmus
1 EL Apfelessig
2 EL Olivenöl
½ TL Ahornsirup
½ TL Coconut-Aminos- oder Tamari-Soße
½ Zehe Knoblauch
Saft von 1 Zitrone
1 EL Wasser
1 TL Meersalz
½ TL schwarzer Pfeffer aus der Mühle

Für den Salat:
1 Bund Grünkohl ohne Rippen und Stiele, grob gehackt
2 Frühlingszwiebeln, gewürfelt
¼ Tasse Mandelblättchen
1 Avocado, in Scheiben geschnitten

Apfel-Grünkohl-Salat mit Mohn-Dressing

Ergibt 2-3 Portionen

● Kalorienarm

Für das Dressing:
3 EL Apfelessig
1 EL Honig
2 TL Dijonsenf
1 TL Mohn
1 TL Meersalz
½ TL schwarzer Pfeffer
  aus der Mühle
2 EL Olivenöl
¼ Tasse rote Zwiebel (circa
  ¼ mittelgroße Zwiebel),
  fein gehackt

Für den Salat:
500 g glattblättriger
  Grünkohl (circa 2 Bund)
  ohne Rippen und Stiele
2 mittelgroße Äpfel
  (Granny Smith oder Fuji)

Apfel und Grünkohl passen wunderbar zusammen. Die herbe Süße des Apfels ist ein Gegenwicht zur natürlichen Schärfe des Grünkohls. Und wenn Sie das Ganze mit einem Mohn-Dressing krönen, bekommen Sie einen Salat, den Sie immer wieder genießen wollen. Er ist supereinfach zuzubereiten – und hier noch mal der Tipp: Bereiten Sie gleich größere Mengen des Mohn-Dressings vor und bewahren Sie es im Einmachglas mit Schraubdeckel im Kühlschrank auf, damit Sie es beim nächsten Mal für den Salat gleich parat haben. Das Dressing hält sich 2 Wochen.

1. *Für das Dressing:* Essig, Honig, Senf, Mohn sowie Salz und Pfeffer in einer großen Schüssel mit dem Schneebesen verquirlen. Weiterschlagen und dabei langsam das Öl zugeben, bis alle Zutaten sich verbunden haben. Die Zwiebel dazugeben, umrühren und die Schüssel beiseitestellen.

2. *Für den Salat:* Mehrere Grünkohlblätter übereinanderlegen. Der Breite nach in jeweils circa 0,5 cm breite Streifen schneiden. In die Schüssel mit dem Dressing geben.

3. Die Äpfel entkernen und stifteln (in circa 4 cm lange, streichholzdicke Stifte schneiden). In die Schüssel geben. Gut durchmischen, damit Apfel und Grünkohl sich mit dem Dressing verbinden. 5 Minuten ruhen lassen, damit die Aromen sich mischen, dann servieren.

Kartoffel-Pesto-Salat

Ergibt 4 Portionen

700 g neue Kartoffeln

1½ Tassen frische Basilikum-
blätter

1 Tasse junger Spinat

⅓ Tasse Walnüsse, grob
gehackt, plus ein paar
extra zum Garnieren

¼ TL Zitronenschale

Saft von 1 Zitrone

1 Zehe Knoblauch

½ TL Meersalz

¼ TL schwarzer Pfeffer
aus der Mühle

3 EL Olivenöl

1 EL frischer Schnittlauch,
grob gehackt

● **Schlemmermahlzeit**

Die Leser von *The All-Day Fat-Burning Diet* wissen, dass Kartoffeln, die erst gekocht und dann abgekühlt wurden, tatsächlich beim Abnehmen helfen und sich positiv auf die Gesundheit auswirken können. Wie geht das? Das liegt an ihrem hohen Gehalt an resistenter Stärke – eine Stärkeart, die unverdaut bleibt und den guten Bakterien im Darm als Nahrung dient. Resistente Stärke verbessert nachweislich die Insulin-sensitivität und verbrennt sogar Körperfett. Es stimmt also: Dieser kalte Kartoffelsalat ist ein Fett-weg-Salat. Da er kalt ist, können Sie ihn mehrere Tage im Kühlschrank aufbewahren, und wenn Sie unter Zeitdruck sind oder einfach Lust auf Kartoffeln haben, ein paar Happen davon essen.

1. Die Kartoffeln in einem großen Topf mit Salzwasser circa 12 bis 15 Minuten kochen, bis sie gerade eben gar sind. Das Kochwasser bis auf circa 2 EL, die für später zurückbehalten werden, abgie-ßen. Die Kartoffeln für 5 Minuten in eine Schüssel mit Eiswasser tauchen, anschließend das Wasser abgießen und die Kartoffeln für mindestens 1 Stunde in den Kühlschrank stellen, um ihren Gehalt an resistenter Stärke zu erhöhen.

2. Inzwischen Basilikum, Spinat, ⅓ Tasse Walnüsse, Zitronenscha-le und Zitronensaft, Knoblauch, Salz, Pfeffer und Öl in der Kü-chenmaschine zerkleinern.

3. Das Pesto über die kalten Kartoffeln geben und alles gut durch-mischen. Mit Schnittlauch und den übrigen Walnussstückchen garniert servieren.

Bunter Rüben-Birnen-Salat

● **Kalorienarm**

Der Salat sieht sehr hübsch aus mit seinem Potpourri an bunten Farben, was auch ein guter Indikator dafür ist, dass er zahlreiche Vorzüge im Bereich Entzündungshemmung mit sich bringt. Und dass er außerdem noch verdammt gut schmeckt, schadet auch nicht. Das ist ein leichter Salat, der perfekt zu allen möglichen Gerichten passt. Man kann ihn aber auch pur genießen, besonders an den kalorienarmen Tagen.

1. *Für das Dressing:* Öl, Schalotten, Essig, Salz und Pfeffer in einer kleinen Schüssel verrühren. Beiseitestellen.
2. *Für den Salat:* Rote-Bete- und Möhrenscheiben zusammen mit Birne, Frühlingszwiebel, Sellerie und Rucola in eine große Schüssel geben. Das Dressing darüberschütten, alles gut durchmischen und servieren.

Für das Dressing:
2 EL Olivenöl
1 EL Schalotten, fein gehackt
½ EL Apfelessig
1 TL Meersalz
½ TL schwarzer Pfeffer
   aus der Mühle

Für den Salat:
1 große Rote Bete, mit Gemüsehobel oder Gemüseschäler in feine Scheiben gehobelt
2 große Möhren, ebenfalls in feine Schreiben gehobelt (der Länge nach)
1 große Boscs Flaschenbirne (Kaiser Alexander), in Scheiben geschnitten
1 Frühlingszwiebel, in feinen Ringen
1 Stange Staudensellerie, in feine Scheiben geschnitten
2 Tassen Rucola

Quinoa-Grünkohl-Salat mit Korinthen

Ergibt 4 Portionen

2 Tassen Quinoa
3 Tassen Wasser
3 Tassen Grünkohl ohne
   Rippen und Stiele,
   grob gehackt
2 EL Pinienkerne
2 EL Korinthen oder Rosinen
Saft von ½ Zitrone
1 EL Olivenöl
1 TL Meersalz
½ TL schwarzer Pfeffer
   aus der Mühle

Quinoa ist ein glutenfreies Getreide mit einem hohen Gehalt an Protein und Nährstoffen. Es ist sehr vielseitig und kann auf unterschiedlichste Art verwendet werden. In diesem Salat wird es mit dem Supergemüse Grünkohl kombiniert, außerdem mit Pinienkernen und ein paar Korinthen. Das Ergebnis ist ein aromatischer Salat, der pur genauso gut schmeckt wie als Beilage zu leichten Fischgerichten, zum Beispiel zu Seezunge oder Kabeljau.

1. Quinoa mit Wasser in einem großen Topf bei mittlerer Temperatur zum Kochen bringen. Den Deckel auf den Topf setzen, auf niedrige Temperatur herunterschalten und für circa 15 Minuten köcheln lassen, bis die Quinoa weich ist.
2. Den grob gehackten Grünkohl auf die Quinoa geben, den Deckel wieder auf den Topf setzen und den Grünkohl für 5 Minuten dünsten. Pinienkerne, Korinthen oder Rosinen, Zitronensaft, Öl, Salz und Pfeffer dazugeben. Gut durchmischen. Schmeckt warm und kalt.

Grünkohlsalat

⬜ ⬛ Kohlenhydratarm, **kalorienarm**

Ergibt 4 Portionen

Dieser köstliche Salat basiert auf dem klassischen amerikanischen Krautsalat (Coleslaw), nur dass diese Version hier gesund ist und ohne Mayonnaise und ranziges Öl auskommt. Ich würde ihn zu rotem Fleisch oder einem deftigen Gemüsegericht servieren. Eine perfekte Wahl an kohlenhydrat- und kalorienarmen Tagen.

Zitronensaft, Essig, Öl und Knoblauch zusammen mit Salz und Pfeffer in einer großen Schüssel verquirlen. Grünkohl, Weißkohl, Paprika und Apfel einrühren. Gut durchmischen. Zudecken und vor dem Servieren mindestens 4 Stunden in den Kühlschrank stellen.

Saft von ½ Zitrone
1 EL Apfelessig
2 EL Olivenöl
1 Zehe Knoblauch, fein gehackt
1 TL Meersalz
½ TL schwarzer Pfeffer aus der Mühle
4 Tassen Grünkohl ohne Rippen und Stiele, in schmale Streifen geschnitten
4 Tassen Weißkohl, fein geschnitten
1 rote Paprika, in schmale Streifen geschnitten
½ Apfel, entkernt und in feine Scheiben geschnitten

SO BLEIBT GEMÜSE LÄNGER KNACKIG

Es gibt nichts Schlimmeres als Gemüse, das kurz nach dem Kauf matschig und welk wird. Mit folgenden Tipps bleibt das Grünzeug im Kühlschrank einige Tage länger frisch und knackig.

Waschen und trocknen Sie die Blätter und entfernen Sie, falls nötig, die Stiele (zum Beispiel bei Grünkohl). Tupfen Sie die Blätter mit Küchenkrepp trocken. Legen Sie einen Plastikbehälter mit Küchenkrepp aus und verteilen Sie darauf das Gemüse in einer gleichmäßigen Lage. Bedecken Sie es mit einer zweiten Lage Küchenkrepp, bevor Sie den Deckel schließen. Die Papiertücher absorbieren überschüssige Feuchtigkeit und verhindern, dass das Gemüse matschig wird. Der verschlossene Behälter sorgt dafür, dass keine Luft von außen nach innen dringt oder umgekehrt, und verlangsamt so den Prozess des Welkens. Dadurch hält sich Ihr Gemüse im Kühlschrank gut und gern 10 bis 14 Tage.

Leckerer Thai-Salat

 Kohlenhydratarm, **kalorienarm**

Zu diesem Salat habe ich mich in Toronto von einem meiner Lieblingsasiaten mit Fusionsküche inspirieren lassen. Das Rezept weckt lebhafte Erinnerungen an den Salat mit den 18 Zutaten, den es in jenem Restaurant damals gab. Jeder Bissen ist eine Geschmacksexplosion sich ergänzender Aromen. Lecker als eigenständiges Mittagessen (für kohlenhydrat- oder kalorienarme Tage), passt aber auch als Beilage zu allen möglichen Hauptgerichten. (Wenn Sie keinen Spiralschneider haben, können Sie die Zucchini, die Möhre und die Rote Bete auch mit einer Küchenreibe oder einem Gemüseschäler zerkleinern.)

1. *Für den Salat:* Zucchini, Möhre, Rote Bete, Rotkohl, Frühlingszwiebeln und Koriander in eine große Schüssel geben.
2. *Für das Dressing:* Sonnenblumenkern- oder Erdnussmus mit Wasser, Limettensaft, Coconut-Aminos- oder Tamari-Soße, Koriander und Knoblauch in den Mixer geben. Für circa 30 Sekunden zu einem glatten Dressing pürieren.
3. Das Dressing über den Salat gießen, alles gut durchmischen und servieren.

Für den Salat:
1 Zucchini, in Spiralen
   geschnitten
1 Möhre, in Spiralen
   geschnitten
½ Rote Bete, in Spiralen
   geschnitten
⅛ Kopf Rotkohl, in Streifen
   geschnitten
2 Frühlingszwiebeln,
   grob gehackt
½ Tasse frischer Koriander,
   grob gehackt

Für das Dressing:
1 TL Sonnenblumenkernmus
   oder Bio-Erdnussmus
1 TL Wasser
Saft von ½ Limette
½ TL Coconut-Aminos- oder
   Tamari-Soße
2 EL frischer Koriander,
   fein gehackt
½ Zehe Knoblauch,
   fein gehackt

Herzhafter Linsensalat

1½ Tassen Wasser

1½ Tassen Gemüsebrühe

1 Tasse braune Linsen

1 Schalotte, fein gehackt

2 EL Olivenöl

Saft von ½ Zitrone

½ TL Zitronenschale

1 TL Meersalz

½ TL schwarzer Pfeffer
aus der Mühle

½ Kopfsalat, in feine
Streifen geschnitten

¼ Kopf Radicchio, in feine
Streifen geschnitten

1 Stange Staudensellerie, in
feine Scheiben geschnitten

1 Apfel, in Scheiben
geschnitten

2 EL getrocknete Cranberrys

¼ Tasse Walnüsse

● Schlemmermahlzeit

Linsen gehören zu den proteinreichsten Lebensmitteln in unserer Ernährung. Sie enthalten außerdem jede Menge Ballaststoffe und gesunde Kohlenhydrate. Damit sind sie für sich genommen eine komplette Mahlzeit. Linsen bilden die Grundlage für diesen Salat, aber verschiedenste andere Aromen geben ihm erst den besonderen Pfiff. Der wird Ihnen sicher schmecken: so herzhaft, wie er ist, als eigenständige Mahlzeit oder als Beilagensalat zu einem leichten Hauptgericht oder einer Suppe.

1. Das Wasser mit der Brühe und den Linsen in einem mittelgroßen Topf bei hoher Temperatur zum Kochen bringen. Den Deckel auf den Topf setzen, auf mittlere bis niedrige Stufe herunterschalten und für circa 15 bis 20 Minuten köcheln lassen, bis die Linsen weich sind. Vom Herd nehmen und abkühlen lassen.

2. Inzwischen Schalotte, Öl, Zitronensaft und Zitronenschale sowie Salz und Pfeffer in einer großen Schüssel miteinander verquirlen. Abgekühlte Linsen, Kopfsalat, Radicchio, Stangensellerie, Apfel, Cranberrys und Walnüsse dazugeben. Gut durchmischen und servieren.

Spinat-Apfel-Salat mit Yambohne

Die Yambohne ist auch bekannt als „mexikanische Rübe". Unter den Wurzelgemüsesorten gehört sie zu meinen Favoriten. Innen ist sie cremefarben und hat eine ähnlich knackige Textur wie eine rohe Kartoffel oder Birne. Dabei ist sie süß und stärkehaltig im Geschmack und erinnert an die eine oder andere Apfelsorte. Mir schmeckt die Knolle roh am besten, besonders gestiftelt und in Verbindung mit Blattgemüse und Apfel. Genau diese Kombination bietet dieser leckere Salat. Außer an Ihren kohlenhydratarmen Tagen dürfen Sie ihn an jedem anderen Tag zu einem Hauptgericht essen.

1. *Für den Salat:* Spinat, Apfel, Yambohne, Walnüsse und Avocado in eine große Schüssel geben.
2. *Für das Dressing:* Öl, Essig, Senf, Knoblauch sowie Salz und Pfeffer in einer kleineren Schüssel miteinander verquirlen. Das Dressing über den Salat gießen, alles gut durchmischen und servieren.

Ergibt 2 Portionen

Für den Salat:
6 Tassen junger Spinat
1 Apfel, in Scheiben geschnitten
½ Yambohne, gestiftelt (wenn Sie keine Yambohnen bekommen, ersatzweise ½ Fenchelknolle)
¼ Tasse Walnüsse
1 Avocado, gewürfelt

Für das Dressing:
2 EL Olivenöl
2 EL Apfelessig
1 TL Honig
2 TL Dijonsenf
½ Zehe Knoblauch, fein gehackt
1 TL Meersalz
½ TL schwarzer Pfeffer aus der Mühle

kalter Kartoffelsalat mit Roten Beten und Linsen

● Schlemmermahlzeit

Ergibt 2-3 Portionen

Hier kommt eine zweite Version des guten alten Kartoffelsalats mit den zuvor abgekühlten Kartoffeln. Dies ist ein herzhaftes Gericht mit einem stattlichen Anteil an stärkehaltigen Kohlenhydraten, daher würde ich es für einen Schlemmtag oder Normalkalorien-Tag aufsparen. Schmeckt als Hauptmahlzeit, zu einer leichten Suppe oder einem leichteren Hauptgericht.

3 Tassen Wasser
1 Tasse rote Linsen
2 mittelgroße Rote Beten
10 kleine rote Kartoffeln
½ kleine rote Zwiebel,
    in Scheiben geschnitten
1 Handvoll frischer
    Koriander, grob gehackt
1 EL Apfelessig
2 EL Olivenöl
1 TL Meersalz
schwarzer Pfeffer
    aus der Mühle

1. Einen mittelgroßen Topf mit Wasser füllen. Die Linsen hineingeben und bei hoher Temperatur zum Kochen bringen. Den Deckel auf den Topf setzen, auf mittlere bis niedrige Stufe herunterschalten und für circa 15 Minuten köcheln lassen, bis die Linsen weich sind.

2. Inzwischen die ungeschälten Roten Beten und die Kartoffeln in einen großen Topf geben. So viel kaltes Wasser dazugießen, dass sie komplett bedeckt sind. Bei großer Hitze zum Kochen bringen, dann auf mittlere bis niedrige Temperatur herunterschalten und für circa 20 Minuten köcheln lassen. Wenn man mit der Gabel in die Roten Beten und die Kartoffeln piekst und sie nachgeben, sind sie fertig.

3. Den Topf mit den Roten Beten und den Kartoffeln unter fließendes kaltes Wasser stellen. Für 3 bis 5 Minuten abkühlen lassen, dann die Roten Beten schälen. Diese und die Kartoffeln in circa 2,5 cm große Stücke schneiden.

4. Rote Beten, Kartoffeln, Linsen und rote Zwiebel in eine große Schüssel geben. Für mindestens 2 Stunden oder über Nacht in den Kühlschrank stellen.

5. Koriander, Essig und Öl zum kalten Kartoffelsalat geben, mit Salz und Pfeffer abschmecken. Gut durchmischen und servieren.

Kichererbsen-Salat mit Curry

Ergibt 2–3 Portionen

1 TL Apfelessig

1 EL Zitronensaft

2 EL Olivenöl

1 EL Currypulver

1 TL Ahornsirup

Meersalz und schwarzer
Pfeffer aus der Mühle

1 Dose (400 g) Kichererbsen,
Flüssigkeit abgießen und
abbrausen

2 Stangen Staudensellerie,
gewürfelt

½ rote Zwiebel,
in Scheiben geschnitten

¼ Tasse Petersilie,
grob gehackt

1 Granny-Smith-Apfel,
geschält und gewürfelt

¼ Tasse Rosinen

½ Kopf Römersalat,
grob gehackt

● Schlemmermahlzeit

Kichererbsen schmecken fantastisch, wenn man sie mit Curry kombiniert. Dieser Salat verbindet das Curryaroma mit der Knackigkeit von Apfel und Stangensellerie und einem Hauch von Rosinensüße. Wenn Sie nach einer neuen Möglichkeit suchen, mehr gesundheitsfördernde Hülsenfrüchte auf den Tisch zu bringen, könnte dieser Salat bald zu Ihren Favoriten gehören. Schmeckt als eigenständige Mahlzeit genauso gut wie zu Suppen. Und Sie dürfen ihn fast immer essen, außer an kohlenhydratarmen Tagen.

1. Essig, Zitronensaft, Öl, Currypulver und Ahornsirup in einer großen Schüssel miteinander verquirlen. Mit Salz und Pfeffer abschmecken.

2. Kichererbsen, Sellerie, Zwiebel, Petersilie, Apfel, Rosinen und Römersalat dazugeben. Alles gut durchmischen.

Spinat-Quinoa-Salat mit Oliven

Ginge man nach dem Titel des Rezepts, könnte man meinen, es stünde auf dem Speiseplan von Popeye und Olivia. Aber ganz im Ernst: Dieser Salat kombiniert die Nährstoffpower von Spinat, Quinoa und Oliven. Oliven sind reich an einfach unge-sättigten Fettsäuren, was zum Teil der Grund dafür ist, warum die mediterrane Küche tendenziell gesünder für das Herz und die schlanke Linie ist. Sie dürfen sich diesen Salat jederzeit schmecken lassen, auch an kohlenhydratarmen Tagen. (Die enthaltene Menge an Quinoa überschreitet vom Netto-Kohlen-hydrat-Gehalt her den Grenzwert nicht, also keine Sorge.)

1. Brühe und Quinoa in einem mittelgroßen Topf bei hoher Tem-peratur zum Kochen bringen. Den Deckel auf den Topf setzen, auf niedrige Stufe herunterschalten und für circa 15 Minuten köcheln lassen, bis die Quinoa weich ist. Vom Herd nehmen und abkühlen lassen.

2. Inzwischen das Öl in einer großen Pfanne bei mittlerer bis nied-riger Temperatur erhitzen. Knoblauch und Chiliflocken darin für circa 30 Sekunden anbraten. Pilze und gelbe Paprika hinzufügen und für circa 5 Minuten weitergaren, bis die Pilze weich sind. Auf noch niedrigere Stufe herunterschalten, dann Spinat und Basilikum dazugeben. Circa 5 Minuten umrühren, bis der Spinat zusammenfällt.

3. Zum Schluss Quinoa, Tomaten, Oliven und Zitronensaft dazuge-ben. Alles gut durchrühren und mit Salz und schwarzem Pfeffer aus der Mühle abschmecken.

Ergibt 2 Portionen

- 2 Tassen Gemüsebrühe
- 1 Tasse Quinoa
- 2 EL Olivenöl
- 1 Zehe Knoblauch, fein gehackt
- ½ TL rote Chiliflocken
- 1 Tasse Pilze, gewürfelt
- ½ Tasse gelbe Paprika, gewürfelt
- 4 Tassen junger Spinat
- ½ Tasse frisches Basilikum, grob gehackt
- ¼ Tasse sonnengetrocknete Tomaten, grob gehackt
- ½ Tasse Kalamata-Oliven, entsteint
- Saft von ½ Zitrone
- 1 TL Meersalz
- schwarzer Pfeffer aus der Mühle

Mangoldsalat mit Bohnen, Bacon und Tahin-Dressing

Ergibt 2–3 Portionen

Schlemmermahlzeit

Für den Salat:
- 1 Kopf Mangold (circa 10 Blätter) ohne Stiele, grob gehackt
- 1 Dose (400 g) Cannellini-Bohnen, Flüssigkeit abgießen und abbrausen
- 2 Scheiben kross gebratener Bacon, grob gehackt

Für das Tahin-Dressing:
- 1/3 Tasse Tahin
- 1 Zehe Knoblauch, fein gehackt
- Saft von 1 Zitrone
- 2 EL Olivenöl
- 1 EL Petersilie, grob gehackt
- 1 TL Meersalz
- schwarzer Pfeffer aus der Mühle

Warten Sie nur, bis Sie diesen Salat erst probiert haben. Das ist alles, was ich darüber sagen kann. Die ungewöhnliche Kombination der Zutaten, darüber das leckere Tahin-Dressing – Sie werden angenehm überrascht sein. Und gibt es jemanden, der keinen Bacon mag? Na also. Der Salat ist eine perfekte Beilage zu allen Fleischgerichten und kann, außer an kohlenhydratarmen Tagen, jederzeit genossen werden.

1. *Für den Salat:* Mangold, Bohnen und Bacon in eine große Schüssel geben. Beiseitestellen.
2. *Für das Dressing:* Tahin, Knoblauch, Zitronensaft, Öl und Petersilie in einer kleineren Schüssel miteinander verquirlen. Mit Salz und Pfeffer abschmecken. Ein, zwei Spritzer heißes Wasser dazugeben, um das Dressing zu verdünnen.
3. Das Dressing über den Salat gießen, alles gut durchmischen und servieren.

Proteinreicher Kartoffel-Linsen-Salat

● Schlemmermahlzeit

Ergibt 4 Portionen

Der gesundheitliche Nutzen von kalten Kartoffeln war ja schon mehrfach Thema. Hier werden gekühlte Kartoffeln mit protein-reichen Linsen kombiniert, aufgepeppt wird das Ganze mit Aromaverstärkern wie Dillgurken und Fitness-Mayo. Sie werden vom Ergebnis begeistert sein. Dieser Salat lässt sich auch gut aufbewahren: Im Kühlschrank hält er sich mindestens eine Woche. Einfach mit dem letzten Schritt – der Zugabe von Mayo und Senf – bis kurz vor dem Servieren warten. Passt zu jeder Zeit, außer an kohlenhydratarmen Tagen.

1 kg rote Kartoffeln
2 Frühlingszwiebeln, grob gehackt
2 Dillgurken, grob gehackt
1 Handvoll frisches Dill-kraut, grob gehackt
½ Tasse gekochte Linsen
3–4 EL Fitness-Mayo (Seite 160)
1 EL Dijonsenf
Meersalz und schwarzer Pfeffer aus der Mühle

1. Die Kartoffeln in einen großen Topf geben und so viel Wasser zugießen, dass sie vollkommen bedeckt sind. Bei mittlerer Tem-peratur zum Kochen bringen. Auf mittlere bis niedrige Tempe-ratur herunterschalten und für circa 5 bis 7 Minuten köcheln lassen, bis man die Kartoffeln mit der Gabel anpieksen kann und sie nachgeben. Das Kartoffelwasser abgießen und den Topf für 2 Minuten unter fließend kaltes Wasser stellen. Die abgekühlten Kartoffeln dann in Hälften oder Viertel schneiden.

2. Inzwischen die Frühlingszwiebeln, die Gurken, den Dill und die Linsen in eine große Schüssel geben und verrühren. Die Kartof-feln, die Fitness-Mayo und den Senf dazugeben und mit Salz und Pfeffer abschmecken. Durchrühren, bis sich alles vermischt hat. Anschließend für 1 bis 2 Stunden in den Kühlschrank stellten. Kalt servieren.

Orangen-Avocado-Salat

2 kleine Orangen,
    geschält und in Scheiben
    geschnitten

3 EL Olivenöl

1 EL Apfel- oder Balsamico-
    Essig

1 EL frisches Basilikum,
    grob gehackt

Meersalz und schwarzer
    Pfeffer aus der Mühle

4 Tassen junger Spinat

¼ Fenchelknolle, in feine
    Scheiben geschnitten

1 Avocado, in Scheiben
    geschnitten

1 Frühlingszwiebel,
    grob gehackt

Avocado passt hervorragend zu fast allen tropischen Obstsorten, besonders zu Zitrusfrüchten. Mit diesem Salat erleben Sie die wunderbaren Aromen und Konsistenzen von Orange und Avocado, gepaart mit einem Hauch von Basilikum, der den Salat in andere Sphären hebt. Ein super Salat für einen warmen Sommernachmittag, der auch an fast allen anderen (außer an kohlenhydratarmen) Tagen genossen werden darf.

1. Orangen mit Öl, Essig und Basilikum in eine mittelgroße Schüssel geben, mit Salz und Pfeffer würzen und gut durchmischen. Mindestens 5 Minuten ruhen lassen.
2. Spinat, Fenchel, Avocado und Frühlingszwiebel in eine große Servierschüssel geben. Die Orangen-Dressing-Mischung hinzufügen, alles gut durchmischen und servieren.

191

Schnelle Mittagsgerichte und Bowls

MITTAGS KANN ES GANZ SCHÖN HEKTISCH WERDEN. Wenn Sie nicht gerade zu Hause sind und nichts zu tun haben, ist es sehr unwahrscheinlich, dass Sie Zeit für eine aufwendige Mahlzeit haben. Darum sind Bowls genial – eine einfache, abwechslungsreiche und nahrhafte Option zum Mittag- oder Abendessen. Die Zubereitung ist kinderleicht und mit meinen Tipps und Anregungen wird sie noch einfacher.

Alle diese Bowls sind vegan und damit perfekt für diejenigen, die nach leckeren und satt machenden Möglichkeiten suchen, wie sie mehr pflanzliche Lebensmittel in ihre Ernährung einbauen können. Sie finden eine Kombination von Bowls auf Reis-, Nudel- und Gemüsebasis, mit den unterschiedlichsten Toppings und tollen Soßen und Dressings, damit sich die Aromen voll entfalten können. Mit dabei sind auch einige einfache Kombinationen aus Blattkohl-Wraps und „Zoodles" (Zucchini-Nudeln), die für schnelle Mittagsgerichte geradezu ideal sind. Guten Appetit!

Kichererbsen-Tahin-Bowl

● Schlemmermahlzeit

Ergibt 2 Portionen

Wenn es mal etwas Besonderes und nicht immer eine Reis-Bowl sein soll – wie wäre es stattdessen mit Kichererbsen? Sie nehmen das Aroma der Gewürze an und die leckere Tahin-Soße rundet das Gericht ab. Tahin, eine Paste aus Sesam, enthält viel Kalzium und sorgt so für einen Mineralstoffschub mit tollem Geschmack. An kohlenhydratarmen Tagen lieber verzichten, aber an allen anderen Tagen ist diese Bowl okay.

1. *Für die Bowl:* Den Ofen auf 200 °C vorheizen. Spargel und Tomaten auf ein tiefes Backblech setzen, geschmolzenes Kokosöl darauf verteilen und mit Salz und Pfeffer würzen. 15 bis 20 Minuten im Ofen garen, dann das Blech aus dem Ofen nehmen und die Spargelstangen jeweils dritteln. Inzwischen den Grünkohl in einem Schnellkochtopf bei hoher Temperatur 5 Minuten lang dünsten.

2. Eine große Pfanne auf den Herd stellen und auf mittlere Temperatur schalten. Kichererbsen, Kreuzkümmel, Zimt und Chilipulver in die Pfanne geben. Gut mischen. Olivenöl dazugeben und unter häufigem Rühren circa 6 bis 8 Minuten garen, bis die Kichererbsen leicht Farbe angenommen haben. Vom Herd nehmen und beiseitestellen.

3. *Für die Soße:* Tahin, Ahornsirup, Zitronensaft und Knoblauch in einer mittelgroßen Schüssel miteinander verquirlen. So viel heißes Wasser dazugeben, dass eine gießfähige Soße daraus wird.

4. Spargel, Tomaten, Grünkohl und Kichererbsenmischung auf 2 Schalen verteilen. Tahin-Soße darübergießen, mit Avocadoscheiben garnieren und sofort genießen.

Für die Kichererbsen-Bowl:
½ Bund grüner Spargel (circa 10 Stangen), holzige Enden abschneiden
1 Tasse Kirschtomaten, halbiert
1 EL Kokosöl, geschmolzen
1 TL Meersalz
½ TL schwarzer Pfeffer aus der Mühle
2 große Handvoll Grünkohl, ohne Rippen und Stiele
1 Dose (400 g) Kichererbsen, Flüssigkeit abgießen und abbrausen
½ TL gemahlener Kreuzkümmel
½ TL gemahlener Zimt
½ TL Chilipulver
2 EL Olivenöl
1 Avocado, in Scheiben geschnitten

Für die Tahin-Soße:
¼ Tasse Tahin
1 TL Ahornsirup
Saft von ½ Zitrone
1 Zehe Knoblauch, fein gehackt
1–2 EL heißes Wasser

Gemüse-Bowl mit Reisnudeln

● kalorienarm

Ergibt 2 Portionen

Asiatische Reisnudeln werden aus Reis hergestellt und haben eine leichte, wachsähnliche Textur. Aufgrund ihres Kohlenhydratgehalts würde ich diese Bowl für einen nicht kohlenhydratarmen Tag aufsparen. Dies ist ein ziemlich leichtes Gericht und daher ein perfektes Mittagessen an einem kalorienarmen Tag. Wenn Sie Lust auf ein bekömmliches veganes Mittagsgericht haben, ist dies hier genau das Richtige.

1. Einen großen Topf Wasser aufsetzen, salzen und bei hoher Temperatur zum Kochen bringen. Reisnudeln dazugeben, die Temperatur herunterschalten und für circa 5 Minuten köcheln lassen, bis die Nudeln weich sind. Das Nudelwasser abgießen und die Nudeln beiseitestellen.

2. Inzwischen in einem Wok oder großen Topf das Kokosöl bei mittlerer Hitze schmelzen. Zwiebelscheiben dazugeben und unter häufigem Rühren circa 3 Minuten anbraten, bis sie eine goldene Farbe haben. Knoblauch und Spinat hinzufügen und 1 Minute weitergaren. Dann kommen Möhre, Paprika, Pilze, Sesamöl und Coconut-Aminos- oder Tamari-Soße in den Wok. Mit Salz und schwarzem Pfeffer aus der Mühle abschmecken. Unter häufigem Rühren weitere 1 bis 2 Minuten garen, bis das Gemüse weich, aber noch bissfest ist.

3. Die Reisnudeln auf das Gemüse im Wok geben und alles durchrühren. Vom Herd nehmen und sofort servieren.

120 g Reisnudeln
1 EL Kokosöl
½ Zwiebel, in Scheiben geschnitten
2 Zehen Knoblauch, fein gehackt
2 Tassen junger Spinat
1 Möhre, gestiftelt
½ rote Paprika, gestiftelt
1 Tasse Shiitakepilze, entstielt und grob gehackt
1 EL Sesamöl
1 EL Coconut-Aminos- oder Tamari-Soße
1 TL Meersalz
schwarzer Pfeffer aus der Mühle

Bunte Reis-Bowl

Ergibt 2 Portionen

1 Tasse Naturreis
2 Handvoll Grünkohl,
  ohne Rippen und Stiele
2 Tassen junger Spinat
Saft von 1 Zitrone
2 EL Olivenöl
2 EL Tahin
1 Zehe Knoblauch,
  fein gehackt
1 EL Frühlingszwiebel,
  fein gehackt
1 TL Meersalz
½ TL schwarzer Pfeffer
  aus der Mühle
½ rote Paprika, gestiftelt
½ orangefarbene Paprika,
  gestiftelt
1 Avocado, in Scheiben
  geschnitten

⬤ Schlemmermahlzeit

Der Name sagt es schon: Diese Bowl vereint viele Farben und das ist immer ein gutes Zeichen dafür, dass die Zutaten darin voller gesundheitsfördernder Nährstoffe sind. Die Bowl ist ziemlich gehaltvoll – bei diesem Mittagsgericht werden Sie über die Abendessenzeit hinaus satt bleiben. Wegen des Reises darin ist es keine Mahlzeit für kohlenhydratarme Tage, aber an allen anderen Tagen ist es okay.

1. Den Reis nach Anleitung kochen. Inzwischen in einem Schnell-kochtopf Grünkohl und Spinat bei hoher Temperatur circa 5 bis 7 Minuten dünsten, bis sie leicht zusammenfallen.
2. Zitronensaft, Öl, Tahin, Knoblauch und Frühlingszwiebel sowie Salz und Pfeffer in einem Schüsselchen miteinander verquirlen.
3. Den Reis in eine Servierschüssel füllen. Grünkohl und Spinat, Paprika und Avocado auf den Reis setzen. Das Dressing darüber-träufeln und servieren.

Gemüse-Reis-Bowl mit Orange

🔵 Schlemmermahlzeit

Für die Reis-Bowl:

1 Tasse Naturreis

½ Fenchelknolle,
   fein gehobelt

1 Tasse Brunnenkresse

1 Tasse junger Spinat

1 Orange, geschält und
   in Schnitzen

¼ rote Zwiebel, in feine
   Scheiben geschnitten

1 Avocado, in Scheiben
   geschnitten

¼ Tasse Walnüsse,
   grob gehackt

Für das Dressing:

2 EL Olivenöl

1 EL Apfelessig

2 EL frisch gepresster
   Orangensaft

2 EL fein gehackte
   Schalotten

1 TL Meersalz

½ TL schwarzer Pfeffer
   aus der Mühle

Eine Neuinterpretation der traditionellen Reis-Bowl mit Orange, Brunnenkresse und Fenchel – diese drei Zutaten passen wirklich gut zusammen und verleihen dem Gericht eine frische Note. Das Dressing für diese Bowl ist ebenfalls besonders köstlich, weshalb die scheinbar simple Reis-Bowl so aromatisch schmeckt. An kohlenhydratarmen Tagen bitte nicht essen, ansonsten dürfen Sie zulangen.

1. *Für die Bowl:* Den Reis nach Anleitung kochen und in eine Servierschüssel füllen. Fenchel, Brunnenkresse, Spinat, Orangenschnitze, Zwiebel- und die Avocadoscheiben auf den Reis setzen und mit Walnüssen bestreuen.

2. *Für das Dressing:* Öl, Essig, Orangensaft, Schalotten sowie Salz und Pfeffer in einer kleinen Schüssel miteinander verquirlen. Das Dressing über die Reis-Bowl träufeln und servieren.

Schälerbsenpüree-Bowl mit Avocado

● **Schlemmermahlzeit**

Ergibt 2 Portionen

Schälerbsen gehören zu den proteinreichsten Lebensmitteln der Welt. Ihr Protein ist so hochwertig und reich an Aminosäuren, dass Erbsenprotein zu den populärsten veganen Proteinpulvern am Markt zählt. Mit dieser Bowl bekommen Sie neben einer ordentlichen Proteinladung auch gesunde Fette, eingebettet im Geschmack aromatischer Kräuter. Ein köstliches veganes Gericht, das Sie sich, außer an den kohlenhydratarmen Tagen, jederzeit schmecken lassen dürfen.

1. Das Kokosöl in einem großen Topf bei mittlerer Temperatur schmelzen. Lauch und Knoblauch unter häufigem Rühren circa 2 Minuten darin garen.

2. Schälerbsen und Brühe hinzufügen, die Hitze auf mittlere bis hohe Temperatur erhöhen und die Brühe schnell zum Köcheln bringen. Dann auf mittlere bis niedrige Temperatur herunterschalten. Den Deckel auf den Topf setzen und circa 50 Minuten köcheln lassen, bis die Schälerbsen zerkocht sind und die Flüssigkeit fast vollständig aufgesogen ist. Zwischendurch gelegentlich umrühren. Die garen Schälerbsen sollten cremig sein wie Kartoffelpüree. Ist das nicht der Fall, Wasser dazugeben und rühren, bis die Erbsen aufbrechen und das Wasser aufsaugen.

3. Den Topf vom Herd nehmen. Schnittlauch und Rosmarin einrühren und mit Meersalz und schwarzem Pfeffer abschmecken. Das Erbsenpüree auf 2 Schalen verteilen und mit Kirschtomaten und Avocadoscheiben garnieren.

Zutaten:
- 1 EL Kokosöl
- 1 Stange Lauch, in feine Ringe geschnitten
- 2 Zehen Knoblauch, fein gehackt
- 1 Tasse gelbe Schälerbsen
- 3 Tassen Gemüsebrühe
- 1 EL Schnittlauch, gehackt
- 1 TL frischer Rosmarin, zerstoßen oder grob gehackt
- 1 TL Meersalz
- schwarzer Pfeffer aus der Mühle
- 1 Tasse Kirschtomaten, geviertelt
- 1 reife Avocado, in Scheiben geschnitten

Gemüse-Bowls für unterwegs

Hier sind 10 weitere einfache Ideen für Bowls, die ein gesundes Mittagessen ergeben, sei es daheim oder auf der Arbeit. Probieren Sie aus, welche Geschmackskombinationen Ihnen am besten schmecken, und lassen Sie sich vom Ergebnis überraschen. Um zu verhindern, dass die Gerichte matschig werden, geben Sie das Gemüse, die Toppings und die Dressings in separate, luftdicht verschließbare Behälter und richten Sie erst unmittelbar vor dem Essen alles zusammen an. Ich habe die Mengenangaben hier weggelassen, damit Sie selbst experimentieren und herausfinden können, wie viel von einer Zutat Sie jeweils möchten. Jede Bowl dürfte etwa zwei Portionen ergeben. So werden sie zubereitet:

1. Als Erstes kommt die Grundlage für die Bowl, bestehend aus ein paar Handvoll grünem Blattgemüse wie junger Grünkohl, Spinat und/oder grob gehackter Mangold.

2. Anschließend eine der folgenden 10 Topping- und Dressingkombinationen dazugeben für ein leckeres, gesundes Mittagessen. Was braucht man mehr?

THAI-BOWL MIT HUHN
Für das Topping:
zerrupfte gegarte Hähnchenbrust, grob gehackte Möhren, Edamame, Frühlingszwiebeln, grob gehackter frischer Koriander und Erdnüsse
Für das Dressing:
2 EL Sweet-Chili-Soße, 1 EL Reisweinessig, 1 EL Kokosmilch aus der Dose, ½ EL brauner Zucker, 1 TL geschmolzenes cremiges Erdnussmus, 1 fein gehackte Zehe Knoblauch, Saft von ½ Limette, ⅛ TL gemahlener Ingwer

KUBA-BOWL
Für das Topping:
schwarze Bohnen, gebratene Süßkartoffel, gebratener Blumenkohl, grob gehackter frischer Koriander und Frühlingszwiebeln
Für das Dressing:
3 EL frisch gepresster Limettensaft, 2 EL Olivenöl, 1 fein gehackte Zehe Knoblauch, 1 TL gemahlener Kreuzkümmel, 1 TL Ahornsirup bester Qualität, ½ TL Meersalz

PESTO-BOWL MIT HUHN
Für das Topping:
gegrilltes Hühnerfleisch, gewürfelte Tomate
Für das Dressing: Pesto

TROPICANA-BOWL

Für das Topping:

gewürfelte Mango, gewürfelte rote Paprika,
gewürfelte Möhren, Cashewnüsse,
grob gehackter Koriander

Für das Dressing:

¼ Tasse vollfette Kokosmilch, 1 EL Weiß-
weinessig, 1 TL Limettenschale, 1 TL
brauner Zucker, Saft von ½ Limette

MEXIKO-BOWL MIT HUHN

Für das Topping:

grob gehacktes und gewürztes gegrilltes
Hühnerfleisch, schwarze Bohnen, grob
gehackte Avocado, grob gehackter frischer
Koriander, grob gehackte Tomate

Für das Dressing:

Saft von 1 Limette, 1 EL Olivenöl,
½ EL Honig

CASHEW-BROKKOLI-BOWL SÜSSSAUER

Für das Topping:

gedünsteter Brokkoli, Cashewnüsse, grob
gehackte Frühlingszwiebeln

Für das Dressing:

1 EL Coconut-Aminos-Soße, ½ TL Sesamöl,
1 EL Reisweinessig, 1 fein gehackte Zehe
Knoblauch, 1 EL Honig

MISO-BOWL

Für das Topping:

gebratene Süßkartoffel, gebratene Rote Bete,
grob gehackte Frühlingszwiebeln, schwarze
Bohnen

Für das Dressing:

1 EL weiße Misopaste, 1 EL Tahin,
½ EL Reisweinessig, ¼ Tasse Wasser

ASIA-BOWL MIT ERDNÜSSEN

Für das Topping:

gewürfelte rote Paprika, gewürfelte Möhren,
gehackter Weißkohl, Edamame,
grob gehackte Frühlingszwiebeln

Für das Dressing:

¼ Tasse cremiges Erdnussmus, 2 EL Sojasoße, 1 EL Wasser, 1 EL Honig, 1 EL Reisweinessig, 1 TL geriebener frischer Ingwer, 1 TL
Sesamöl, 1 fein gehackte Zehe Knoblauch

RÖSTGEMÜSE-BOWL

Für das Topping:

gebratene rote Paprikaschoten, gebratene
Zucchini, gebratene Pilze, grob gehackte
Walnüsse

Für das Dressing:

Saft von 1 Zitrone, 1 EL Olivenöl, ½ Tasse
grob gehackte Petersilie, 1 fein gehackte
Zehe Knoblauch, Salz und schwarzer
Pfeffer aus der Mühle

NIZZA-SALAT-BOWL

Für das Topping:

Thunfisch aus der Dose, grob gehacktes hart
gekochtes Ei, gedünstete grüne Bohnen,
Bratkartoffeln in Scheiben, gebratene Rote
Bete in Scheiben, schwarze Oliven

Für das Dressing:

1 EL Zitronensaft, 2 EL Olivenöl, ½ TL
getrocknetes Basilikum, ¼ TL gerebelter
Thymian, ¼ TL getrockneter Oregano,
½ TL Dijonsenf, Salz und schwarzer Pfeffer
aus der Mühle

Zoodles-Parade

Wenn Sie zum Mittagessen mal keine Lust auf Bowls, Wraps oder Reste vom Vortag haben, probieren Sie es stattdessen doch mal mit einer Schale frischer Zoodles. Sie verzichten damit auf raffiniertes Getreide und bekommen dafür ein nährstoffreiches und leckeres Mittagessen. Zoodles sind Zucchini-Spiralen, die man mit einem Julienne- oder Spiralschneider macht – perfekt für alle, die sich vegan oder glutenfrei ernähren oder Paläo-Anhänger sind. Zoodles sind ideal für kohlenhydrat- und kalorienarmen Tage.

1. Eine mittelgroße Zucchini schälen. Anschließend mit einem Gemüse- oder Julienneschneider in lange, spaghettiähnliche Streifen schneiden. Ein Spiralschneider geht auch, der macht aus Zucchini und anderem Gemüse binnen Sekunden Spaghettischnüre.
2. Zoodles kann man roh essen oder leicht anbraten und dann mit leckeren Toppings aufpeppen!
3. Einfach die Zoodles in eine Schüssel füllen und mit einer von 10 schmackhaften Topping-Kombinationen ergänzen.

PESTO-ZOODLES
grob gehacktes frisches Basilikum, Pinienkerne, fein gehackter Knoblauch, Olivenöl, Salz und schwarzer Pfeffer aus der Mühle

SESAM-ZOODLES
grob gehackte Frühlingszwiebeln, Sojasoße, Reisweinessig, Sesamöl, Erdnussmus und fein gehackter Knoblauch

CHOW-MEIN-ZOODLES
gebratenes Schweinehack, Möhrenstreifen, Fischsoße, Sesamöl, frisch geriebener Ingwer, Salz

MEDITERRANE ZOODLES
Kirschtomaten, Artischockenherzen, Kalamata-Oliven, Rotweinessig, Olivenöl, Salz, Ziegenkäse (nach Wunsch)

ZOODLES MIT KALTER TOMATENSOSSE
grob gehackte Tomaten, sonnengetrocknete Tomaten, fein gehackter Knoblauch, Olivenöl, Salz und schwarzer Pfeffer aus der Mühle

KOKOS-CURRY-ZOODLES

Zuckerschoten, gewürfelte Möhren, grüne Currypaste, Kokosmilch, Fischsoße und Coconut-Aminos-Soße

PAD-THAI-ZOODLES

hartgekochtes Ei, grob gehackte Frühlingszwiebeln, gestiftelte Möhren, Limettensaft, Fischsoße, Coconut-Aminos-Soße und Chilipulver

ZOODLES MIT GARNELEN

gegarte Garnelen, Kirschtomaten, fein gehackter Knoblauch, Zitronensaft, Salz und schwarzer Pfeffer aus der Mühle

HÜHNER-ZOODLE-SUPPE

grob gehacktes gegartes Hühnerfleisch, Hühnerbrühe, grob gehackte Zwiebel, grob gehackte Möhren, fein gehackter Knoblauch, Salz und schwarzer Pfeffer aus der Mühle

ZOODLES MIT AVOCADO

In Scheiben geschnittene Avocado und Salatgurke, fein gehackter Knoblauch, Kokosmilch, grob gehacktes frisches Basilikum, Salz und schwarzer Pfeffer aus der Mühle

Blattkohl-Wraps

Blattkohl ist ein beliebtes grünes Blattgemüse und mit den rohen Blättern lassen sich gut Wraps, Rouladen und sogar „Tacos" herstellen. Die Blätter sind dick genug, um eine stattliche Zahl von Zutaten auszuhalten, und damit die perfekte Alternative zu Brot und Wraps auf Weizenmehlbasis. Außerdem sind diese schnellen Mittagsgerichte supereinfach zuzubereiten, lassen sich gut zur Arbeit mitnehmen und enthalten eine Menge Nährstoffe. Sie brauchen nur ein ausreichend großes Kohlblatt unter Wasser abbrausen, dann abtrocknen, mit den nachfolgenden Zutatenkombinationen füllen und dann zur Roulade rollen oder zu einem Wrap falten. Auch hier habe ich keine Mengen angegeben, damit Sie selbst experimentieren und herausfinden können, in welchen Mengen Ihnen die einzelnen Zutaten jeweils schmecken. Hier kommen 10 tolle Kombinationen, mit denen Sie für 2 Arbeitswochen versorgt sind.

FLORA-WRAP
Hummus, Tomaten, frisches Basilikum, Balsamico-Essig

VEGANER WRAP AUF MEDITERRANE ART
Kirschtomaten, Kalamata-Oliven, Kichererbsen, rote Zwiebelringe, Olivenöl und Zitronensaft

VEGANER ANTIPASTI-WRAP
Rote Zwiebelringe, Kalamata-Oliven, Cannellini-Bohnen, Olivenöl und Zitronensaft

APFEL-NUSS-WRAP
gewürfelter Apfel, grob gehackte Walnüsse, grob gehackter Sellerie, Olivenöl oder Fitness-Mayo (Seite 160)

VEGANER CHILI-WRAP
Cannellini-Bohnen, gewürfelte Zwiebel, gewürfelte Tomaten, gemahlener Kreuzkümmel, Chilipulver

APFEL-NUSS-WRAP
gewürfelter Apfel, grob gehackte Walnüsse, grob gehackter Sellerie, Olivenöl oder Fitness-Mayo (Seite 160)

VEGANER CHILI-WRAP

Cannellini-Bohnen, gewürfelte Zwiebel,
gewürfelte Tomaten, gemahlener
Kreuzkümmel, Chilipulver

GUACAMOLE-WRAP

zerdrückte Avocado, gewürfelte rote
Zwiebel, gewürfelte Tomaten,
Limettensaft

REIS-WRAP MIT HUHN

gewürfeltes gegartes Huhn, Naturreis,
gemahlener Kreuzkümmel, gemahlene
Kurkuma

REIS-WRAP MIT BOHNEN

Naturreis, Cannellini-Bohnen, Olivenöl
und Balsamico-Essig

HERBSTERNTE-WRAP

grob gehackter gedünsteter Butternusskürbis, grob gehackte Äpfel, Naturreis

EI-WRAP MIT BACON

grob gehacktes hart gekochtes Ei,
grob gehackter Bacon, grob gehackte
Frühlingszwiebeln, Fitness-Mayo
(Seite 160)

Suppen

SUPPEN SIND WIE WARME SMOOTHIES, wenn Sie mich fragen. Bei uns zu Hause gibt es jede Woche Suppen und Eintöpfe, weil das eine sehr einfache Methode ist, die Kinder auf bequeme Weise mit einer guten Auswahl an gesunden Lebensmitteln zu versorgen. Und wenn Sie gleich größere Mengen kochen, haben Sie einen Vorrat für mehrere Tage und können Portionen einfach aufwärmen, wenn Sie sich trotz knapper Zeit gesund ernähren wollen.

Viele der Suppen in diesem Kapitel haben Hülsenfrüchte wie Kichererbsen, Linsen und Bohnen als Zutat. So bekommen Sie reichlich Protein und Ballaststoffe, beides extrem wichtig, damit die Sättigung lange anhält, Gelüste gar nicht erst aufkommen und Sie gesunde Blutzuckerwerte behalten. All diese Dinge verbessern Ihre Chancen, abzunehmen.

Proteinreiche Suppe mit Gemüsepower

Wenn es die richtige Suppe ist, geht sie als eigenständige Mahlzeit durch. Diese einfache Suppe ist dafür ein Beispiel. Dank der Schälerbsen enthält sie eine ordentliche Portion Protein. Kombiniert man diese mit einigen Gemüsesorten, ergibt das eine schnelle Suppe, die Sie ebenso gut frisch genießen wie als Vorrat für mehrere Tage aufbewahren können. Außer an den kohlenhydratarmen Tagen darf diese Suppe immer gegessen werden.

1. Kokosöl in einem großen Topf bei mittlerer Temperatur schmelzen. Die Zwiebel dazugeben und unter häufigem Rühren für circa 3 bis 4 Minuten anbraten, bis sie eine goldbraune Farbe hat.
2. Knoblauch hinzufügen und unter Rühren für 1 Minute garen. Anschließend Brühe, Schälerbsen, Möhre, Spinat und Lorbeerblatt in den Topf geben und mit Salz und Pfeffer würzen. Bei mittlerer Temperatur zum Kochen bringen, dann für 1 Stunde ohne Deckel köcheln lassen.
3. Das Lorbeerblatt herausnehmen, die Suppe etwas abkühlen lassen und direkt im Topf mit einem Stabmixer pürieren oder portionsweise im Mixer.

Ergibt 6 Portionen

- 1 EL Kokosöl
- 1 mittelgroße Zwiebel, grob gehackt
- 2 Zehen Knoblauch, gewürfelt
- 6 Tassen Gemüsebrühe
- 1 Tasse getrocknete gelbe Schälerbsen
- 1 Möhre, grob gehackt
- 3 Tassen grob gehackter Spinat oder junger Spinat
- 1 Lorbeerblatt
- 1 TL Meersalz
- 1 TL schwarzer Pfeffer aus der Mühle

Minestrone de luxe

● Schlemmermahlzeit

1 EL Kokosöl
1 große Zwiebel,
    grob gehackt
2 Zehen Knoblauch,
    fein gehackt
2 große Möhren,
    grob gehackt
6 Tassen Gemüsebrühe
½ Tasse Quinoa
1 Tasse weiße Bohnen
    aus der Dose, Flüssigkeit
    abgießen und abbrausen
1 Tasse Kidneybohnen,
    Flüssigkeit abgießen und
    abbrausen
2 Tassen grüne Bohnen,
    grob gehackt
2 große Tomaten,
    grob gehackt
1 TL getrockneter Oregano
1 TL schwarzer Pfeffer
    aus der Mühle

Die Minestrone ist eine dicke Suppe, zu der meistens auch Nudeln oder Reis gehören. Diese Version hier ist aber gluten-frei. Sie enthält nur eine geringe Menge Quinoa und besteht zu einem großen Teil aus weißen Bohnen und Kidneybohnen mit einem hohen Gehalt an Protein, Kohlenhydraten und Ballast-stoffen. Ich persönlich esse diese Suppe am liebsten während der kalten Wintermonate in Toronto. Sie hat etwas wirklich Wohltuendes an sich und gibt einem einfach ein gutes Gefühl. Sie können die Suppe das ganze Jahr über essen und an fast jedem Tag außer an den kohlenhydratarmen Tagen.

1. Kokosöl in einem großen Topf bei mittlerer Temperatur schmel-zen. Die Zwiebel dazugeben und unter häufigem Rühren für circa 3 Minuten glasig werden lassen. Knoblauch und Möhren hinzufügen und für 1 Minute weitergaren.
2. Die Brühe dazuschütten und zum Kochen bringen, dann die Temperatur reduzieren und köcheln lassen. Quinoa, Bohnen und Tomaten in den Topf geben und für weitere 15 Minuten köcheln lassen.
3. Zum Schluss mit Oregano und Pfeffer würzen und noch einmal 5 Minuten köcheln lassen. Den Topf vom Herd nehmen und vor dem Servieren einige Minuten stehen lassen.

Aromatische Süßkartoffel-Suppe

● **Schlemmermahlzeit**

Das ist die perfekte Suppe für den Schlemmtag, denn sie enthält jede Menge stärkehaltige Kohlenhydrate und gesunde Fette, die stundenlang satt machen. Bei einem Rezept wie diesem muss man ein bisschen auf die Kalorien achten. Das hier ist Vollwertkost und Ihr Körper wird Ihnen mitteilen, wann Sie aufhören sollen zu essen, was viel früher der Fall ist als bei Junkfood. Die Suppe enthält auch Nährstoffquellen wie Ingwer und Currypulver. Die halten Entzündungen im Körper in Schach, die zu Fetteinlagerungen führen.

1. Kokosöl in einem mittelgroßen Topf bei mittlerer Temperatur schmelzen. Die Zwiebel dazugeben und unter häufigem Rühren in circa 2 Minuten glasig andünsten. Süßkartoffeln, Knoblauch und Currypulver hinzufügen und unter häufigem Rühren circa 5 Minuten lang garen, bis die Süßkartoffeln schon ein wenig weicher sind.

2. Brühe und Wasser dazuschütten und zum Kochen bringen. Auf niedrige Temperatur herunterschalten, den Deckel auf den Topf setzen und circa 10 Minuten lang köcheln lassen, bis die Süßkartoffeln gar sind. Zum Schluss den Ingwer hinzugeben und 1 Minute ziehen lassen.

3. Alles in den Mixer umfüllen, den Limettensaft dazugießen und zu einer glatten Suppe pürieren. Anschließend in den Topf zurückfüllen, bei niedriger Temperatur erwärmen, Kokosmilch und Koriander einrühren und mit schwarzem Pfeffer abschmecken.

Ergibt 4 Portionen

- 2 EL Kokosöl
- 1 Zwiebel, grob gehackt
- 2 große Süßkartoffeln, geschält und gewürfelt
- 1 Zehe Knoblauch, fein gehackt
- 1 EL Currypulver
- 3 Tassen Gemüsebrühe
- 1 Tasse Wasser
- 2,5 cm großes Stück Ingwer, geschält und gerieben
- Saft von ½ Limette
- 1 Tasse vollfette Kokosmilch aus der Dose
- ¼ Tasse frischer Koriander, grob gehackt
- ½ TL schwarzer Pfeffer aus der Mühle

kichererbsensuppe marokkanischer Art

Ergibt 4 Portionen

2 EL Olivenöl
3 Zehen Knoblauch,
   fein gehackt
1 TL Paprikapulver
½ TL gemahlener Kreuz-
   kümmel
½ TL gemahlener Zimt
½ TL Koriandersamen
2 Tassen gewürfelter
   Butternusskürbis
1 Dose (400 g) Kichererbsen,
   Flüssigkeit abgießen und
   abbrausen
2 große Tomaten,
   grob gehackt
3 Tassen Gemüsebrühe
1 EL Honig
¼ Tasse frischer Koriander,
   grob gehackt
Saft von ½ Zitrone

● Schlemmermahlzeit

Mein Vater ist Marokkaner, also habe ich von Natur aus eine Vorliebe für die marokkanische Küche, die ist (meiner Meinung nach) die leckerste überhaupt. Sie vereint Gewürze, Kräuter und Aromen wie keine andere Landesküche. Diese Suppe ist ein Paradebeispiel für die köstlichen marokkanischen Aromen. Ein halbes Dutzend Kräuter und Gewürze sind in diesem Rezept drin. Ein Löffel voll reicht schon, dass Ihre Geschmacksknospen nach mehr verlangen. Außer an kohlenhydratarmen Tagen dürfen Sie die Suppe immer essen.

1. Öl in einem großen Topf bei mittlerer Temperatur erhitzen. Knoblauch, Paprika, Kreuzkümmel, Zimt und Koriandersamen unter häufigem Rühren 2 Minuten darin anschwitzen. Kürbis und Kichererbsen hinzufügen und weitere 2 Minuten garen, dabei gelegentlich umrühren.
2. Tomaten und Brühe dazugeben. Die Suppe zum Kochen bringen, dann auf mittlere Temperatur herunterschalten und ohne Deckel 20 Minuten köcheln lassen. Gelegentlich umrühren.
3. Den Topf vom Herd nehmen, Honig, Koriander und Zitronensaft einrühren und servieren.

Cremige Blumenkohl-Curry-Suppe

Ergibt 2 Portionen

1 EL Kokosöl

1 große Zwiebel, fein gehackt

1 Kopf Blumenkohl,
   in Röschen geschnitten

3 Zehen Knoblauch,
   fein gehackt

1 Dose (400 ml) vollfette
   Kokosmilch

2 Tassen Gemüsebrühe

½ TL gemahlener Koriander

½ TL gemahlene Kurkuma

½ TL gemahlener Kreuz-
   kümmel

1 TL Currypulver

¼ Tasse Cashewnüsse

geröstete Kokosflocken
   (nach Wunsch)

Meersalz und schwarzer
   Pfeffer aus der Mühle

¼ TL gemahlene Muskatnuss

Als ich Kind war, gab es bei uns an Weihnachten immer ein großes dänisches Büfett (meine Mutter ist Dänin). Die Freunde unserer Familie richteten das festliche Schlaraffenmahl aus – es war großartig. Eine der wunderbaren Vorspeisen, die es oft gab, war eine Blumenkohlcremesuppe. Die enthielt mächtig viel Sahne und wer weiß, was sonst noch alles. Ich habe versucht, diese köstlichen Erinnerungen wiederaufleben zu lassen. Heraus kam dieses Rezept, verfeinert mit einem Hauch Curry für noch mehr Pfiff. (Wenn Sie Curry nicht mögen, lassen Sie es einfach weg und die Kurkuma auch.) Das ist eine kohlenhydratarme Suppe, die Sie sich an allen Tagen schmecken lassen dürfen.

1. Kokosöl in einem großen Topf bei mittlerer Temperatur schmelzen. Zwiebel und Blumenkohl unter Rühren 1 Minute darin anschwitzen. Dann auf niedrige Temperatur herunterschalten, den Deckel auf den Topf setzen und das Gemüse circa 10 Minuten garen.

2. Knoblauch, Kokosmilch und Brühe hinzufügen. Die Temperatur erhöhen, bis die Suppe leicht zu köcheln anfängt (nicht kochen lassen!), dann den Deckel wieder aufsetzen und auf niedrige Hitze herunterschalten (die Suppe sollte immer noch köcheln). Koriander, Kurkuma, Kreuzkümmel und Currypulver in den Topf geben und 10 bis 15 Minuten lang weitergaren. Vom Herd nehmen und beiseitestellen.

3. Die etwas abgekühlte, noch warme Suppe vorsichtig in den Mixer gießen und pürieren, bis sie eine cremige Konsistenz hat. Alternativ mit dem Stabmixer direkt im Topf pürieren. Inzwischen die Cashewnüsse unter häufigem Rühren in einer kleinen Pfanne bei mittlerer Temperatur für circa 5 Minuten rösten.

4. Die Suppe mit Salz, Pfeffer und etwas Muskatnuss abschmecken. Zum Servieren in kleine Schalen füllen, mit den Cashewnüssen und (nach Wunsch) mit gerösteten Kokosflocken garnieren. Guten Appetit!

Pikante Augenbohnen-Suppe mit Mangold

● Schlemmermahlzeit

Ein wenig Schärfe ist gesund. Tatsächlich kurbeln die meisten „scharfen" Gewürze den Stoffwechsel an. Bitte keine voreiligen Schlüsse ziehen: Durch scharf gewürztes Essen allein wird aus Ihnen keine Fettverbrennungsmaschine, die rund um die Uhr arbeitet, aber jedes Quäntchen hilft. Die meisten scharfen Gewürze wirken außerdem stark entzündungshemmend. Je schärfer, desto besser. Diese Suppe dürfen Sie an fast allen Tagen essen, außer an den kohlenhydratarmen Tagen.

1. Kokosöl in einem großen Topf bei mittlerer Temperatur schmelzen. Die Zwiebel unter häufigem Rühren für circa 3 Minuten darin glasig anschwitzen. Ingwer, Knoblauch und Chili hinzufügen sowie Salz und schwarzen Pfeffer aus der Mühle. Die Gewürze circa 5 Minuten anbraten, dabei gelegentlich umrühren.

2. Tomaten, Kurkuma, Brühe und Kokosmilch in den Topf geben. Zum Kochen bringen, anschließend ohne Deckel bei niedriger Temperatur circa 20 Minuten köcheln lassen, bis die Tomaten verkocht sind und die Suppe etwas eindickt. Dabei gelegentlich umrühren. Bohnen und Mangold hinzufügen und bei mittlerer bis niedriger Temperatur circa 10 Minuten garen, bis die Blätter zusammenfallen und die Bohnen sich mit der Suppe verbunden haben. Den Topf vom Herd nehmen, den Koriander einrühren und servieren.

Ergibt 4 Portionen

- 2 EL Kokosöl
- 1 Zwiebel, gewürfelt
- 2,5 cm großes Stück Ingwer, geschält und gerieben
- 4 Zehen Knoblauch, fein gehackt
- ¼ Habanero- oder Jalapeño-Chilischote, entkernt und fein gehackt (bei der Zubereitung bitte Haushaltshandschuhe tragen)
- 1 TL Meersalz
- schwarzer Pfeffer aus der Mühle
- 2 Tomaten, gewürfelt
- 1 TL gemahlene Kurkuma
- 1 Tasse Gemüsebrühe
- 1 Tasse vollfette Kokosmilch
- 1 Dose (400 g) Augenbohnen, Flüssigkeit abgießen und abbrausen
- 4 Blätter Mangold ohne Stiele, grob gehackt
- 1 kleine Handvoll frischer Koriander, grob gehackt

Grünkohl-Tomaten-Suppe mit Wurst

⬤ Kohlenhydratarm

Suchen Sie noch nach der perfekten Suppe für die kohlenhydrat-armen Tage? Dann probieren Sie diese mal. Sie liefert eine gesunde Portion Protein und enthält viele wertvolle Nährstoffe, sodass Sie sie essen dürfen, wann immer Sie mögen. Diese Suppe ist eine eigenständige Mahlzeit, eignet sich aber auch als Beilage oder Vorspeise zu einem Ihrer Lieblingsgerichte.

1. Kokosöl in einem großen Topf bei mittlerer Temperatur schmel-zen. Die Wurstscheiben circa 5 Minuten unter Rühren darin an-braten, bis sie etwas Farbe bekommen haben. Zwiebel, Knob-lauch und Möhren für circa 2 Minuten unter häufigem Rühren mitdünsten, sodass sie weich werden und ihr Aroma abgeben. Verrühren Sie alle Zutaten gut miteinander, Knoblauch und Zwiebel sollten jedoch nicht zerkochen.

2. Frühlingszwiebeln und Tomaten hinzufügen. Anschließend die Gemüsebrühe in den Topf gießen und mit Oregano und Basili-kum würzen. Die Suppe zum Kochen bringen, dann auf mittlere bis niedrige Temperatur herunterschalten. Den grob gehackten Grünkohl in den Topf geben und für circa 5 Minuten mitdüns-ten. Petersilie darüberstreuen, umrühren, mit Salz und Pfeffer abschmecken und servieren.

Ergibt 4 Portionen

1 EL Kokosöl
4 Würstchen, in Scheiben geschnitten (zum Beispiel mild gewürzte italienische Wurst)
½ Gemüsezwiebel, gewürfelt
2 kleine Zehen Knoblauch, fein gehackt
2 große Möhren, grob gehackt
3 Frühlingszwiebeln, grob gehackt
1 Dose (400 g) gewürfelte Tomaten
4 Tassen Gemüsebrühe
2 TL getrockneter Oregano
1 TL getrocknetes Basilikum
3 Tassen Grünkohl ohne Rippen, grob gehackt
½ Handvoll Petersilie, grob gehackt
Salz und schwarzer Pfeffer aus der Mühle

kalte Thai-Suppe mit Ingwer

 Kohlenhydratarm, **kalorienarm**

Mit Mitte 20 ernährte ich mich ein halbes Jahr lang von veganer Rohkost. Ich fühlte mich großartig – das trug wirklich zur Verbesserung meiner Gesundheit bei. Auch wenn man sich meiner Meinung nach nicht ausschließlich von Rohkost ernähren muss, ist der Verzehr von mehr pflanzlichen Lebensmitteln im Rohzustand sicherlich die schnellste Methode, um mehr Energie zu haben und seine Gesundheit erheblich zu verbessern. Diese Suppe wird Ihnen ein Gefühl dafür vermitteln, was ich damit meine. Hier wird nichts gekocht, der Herd bleibt kalt. Einfach alle Zutaten mixen und fertig ist die Suppe – sie darf an allen Tagen gegessen werden und ist besonders lecker in warmen Sommermonaten, wenn man Lust auf etwas Kühles, Frisches hat.

Möhren, Paprika, Kokosmilch, Limettensaft, Ingwer, Coconut-Aminos-Soße, Tahin und Ahornsirup in einen leistungsstarken Mixer geben. Für circa 20 Sekunden pürieren. Wer mag, gießt noch Wasser dazu, bis die Suppe die gewünschte Konsistenz hat. Mit Kürbiskernen oder Sonnenblumenkernen und grob gehacktem Basilikum garnieren und servieren.

Ergibt 2 Portionen

2 Möhren
1 rote Paprika
1 Dose (400 ml) vollfette Kokosmilch
Saft von 1 Limette
2,5 cm großes Stück Ingwer, geschält
2 EL Coconut-Aminos-Soße
1 EL Tahin
½ EL Ahornsirup
2 EL Kürbiskerne oder Sonnenblumenkerne
¼ Tasse frisches Basilikum, grob gehackt

Gesunde Pilzcremesuppe

2 EL Kokosöl

1 Stange Lauch, nur die
   weißen und hellgrünen
   Teile, in Ringe geschnitten

2 Zehen Knoblauch,
   fein gehackt

1 Tasse Shiitakepilze,
   grob gehackt

1 Tasse weiße Zuchtcham-
   pignons, grob gehackt

1 Tasse braune Zuchtcham-
   pignons, grob gehackt

¼ Tasse glutenfreies
   Allzweckmehl

1 EL getrockneter Thymian

4 Tassen Gemüsebrühe

1 Dose (400 ml) vollfette
   Kokosmilch

Meersalz und schwarzer
   Pfeffer aus der Mühle

Meine Mutter machte früher, als ich ein Kind war, ständig Pilzsuppe. Doch die kam immer aus der Dose und enthielt jede Menge Salz, Milchprodukte und andere unerwünschte Zutaten. Sie wissen schon, welche ich meine. Diese Pilzcremesuppe hier lässt sich in Handumdrehen ganz frisch zubereiten. Pilze unterstützen bekanntlich das Immunsystem, daher ist die Suppe ideal für die kalte Jahreszeit, wenn grippale Infekte um sich greifen, oder wann immer man sich schlapp fühlt.

1. Kokosöl in einem großen Topf bei mittlerer Temperatur schmelzen. Lauch unter häufigem Rühren für 5 Minuten darin anschwitzen. Knoblauch hinzufügen und weitere 2 Minuten anschwitzen, bis er glasig ist, dabei häufig rühren.

2. Die Pilze dazugeben und für circa 10 Minuten garen, bis sie braune Farbe bekommen haben. Dann das Mehl hinzufügen und alles gut umrühren, damit sich alle Zutaten verbinden. Noch 1 Minute weitergaren.

3. Thymian, Gemüsebrühe und Kokosmilch in den Topf geben. Die Suppe mit Salz und Pfeffer abschmecken. Für 15 Minuten köcheln lassen.

Deftige Weiße-Bohnen-Suppe

● Schlemmermahlzeit

Ergibt 4 Portionen

Weiße Bohnen sind reich an Antioxidantien und ein guter Lieferant des entgiftenden Spurenelements Molybdän. Außerdem sind sie eine gute Quelle für Ballaststoffe und Proteine und haben einen niedrigen glykämischen Index, was gut für den Blutzuckerspiegel ist. Dazu kommt, dass sie Alpha-Amylase-Hemmer produzieren, die zur Regulierung der Fetteinlagerung beitragen. Denken Sie an all diese Dinge, während Sie genüsslich diese leckere, deftige Suppe löffeln.

1. Kokosöl in einem großen Topf bei mittlerer Temperatur schmelzen. Zwiebel, Staudensellerie und Knoblauch dazugeben. Für circa 2 Minuten anschwitzen, bis die Zwiebeln glasig werden. Oregano, Thymian, Basilikum, Möhren und Tomaten hinzufügen und durchrühren, damit sich alle Zutaten mischen. Circa 5 Minuten garen, dabei gelegentlich umrühren.

2. Gemüsebrühe und Cannellini-Bohnen dazugeben und die Suppe kurz aufkochen lassen. Für circa 10 Minuten köcheln lassen, dabei gelegentlich umrühren.

3. Die Hälfte der Suppe in den Mixer geben und für circa 20 Sekunden pürieren, bis sie eine cremige Konsistenz hat. Zurück in den Topf füllen und gut umrühren, damit sie sich mit dem Rest verbindet. Grünkohl dazugeben und für weitere 10 Minuten köcheln lassen. Probieren und bei Bedarf mit Salz und Pfeffer abschmecken. Die Suppe in Schalen füllen und servieren!

2 EL Kokosöl

1 kleine Zwiebel, fein gehackt

2 Stangen Staudensellerie, gewürfelt

4 Zehen Knoblauch, fein gehackt

2 TL getrockneter Oregano

1 TL getrockneter Thymian

1 TL getrocknetes Basilikum

2 Möhren, gewürfelt

2 Tomaten, entkernt und grob gehackt

5 Tassen Gemüsebrühe

2 Dosen (jeweils 400 g) Cannellini-Bohnen, Flüssigkeit abgießen und abbrausen

10 Grünkohlblätter ohne Rippen und Stiele, grob gehackt

Meersalz und schwarzer Pfeffer aus der Mühle

Feurige Schwarze-Bohnen-Suppe

Ergibt 4 Portionen

- 2 EL Kokosöl
- 1 grüne Paprika, grob gehackt
- 2 Zehen Knoblauch, grob gehackt
- 1 große rote Zwiebel, grob gehackt
- 1 TL gemahlener Kreuzkümmel
- Meersalz und schwarzer Pfeffer aus der Mühle
- 2 Dosen (jeweils 400 g) schwarze Bohnen, Flüssigkeit abgießen und abbrausen
- 1 Tasse Gemüsebrühe
- 3 Tassen Wasser
- 1 Jalapeño-Chilischote, entkernt, halbiert und grob gehackt (bei der Zubereitung bitte Haushaltshandschuhe tragen)
- ½ Tasse frischer Koriander, grob gehackt
- 1 Avocado, gewürfelt
- Saft von ½ Limette
- 2 EL Olivenöl

● Schlemmermahlzeit

Unter den Lebensmitteln, die für uns verfügbar sind, gibt es keine Lebensmittelgruppe mit einem größeren Mix aus gesundheitsförderndem Protein und Ballaststoffen als Hülsenfrüchte, zu denen auch schwarze Bohnen zählen. Mit einer einzigen Portion schwarze Bohnen nehmen Sie fast 15 g Ballaststoffe zu sich (weit über die Hälfte der empfohlenen Tagesdosis) und 15 g Protein. Damit dürfen Sie diese Suppe getrost als wahres Gesundheitstonikum betrachten, gut fürs Herz, die schlanke Linie, den Darm und viele andere Dinge. Genossen werden darf sie jederzeit außer an kohlenhydratarmen Tagen.

1. Kokosöl in einem großen Topf bei mittlerer Temperatur schmelzen. Grüne Paprika, Knoblauch und Zwiebel dazugeben. Unter gelegentlichem Umrühren für circa 5 Minuten garen. Kreuzkümmel einrühren und mit Salz und schwarzem Pfeffer aus der Mühle würzen.
2. Bohnen, Brühe und Wasser in den Topf geben. Einige Bohnen mit einer Gabel zerdrücken und die Suppe aufkochen lassen. Auf niedrige Temperatur herunterschalten und circa 15 Minuten köcheln lassen, bis die Suppe leicht eingedickt ist, dabei gelegentlich umrühren.
3. Inzwischen die Chilischote mit Koriander, Avocadowürfeln, Limettensaft und Olivenöl in einer kleinen Schüssel vermischen, mit Salz und Pfeffer abschmecken. Die Suppe mit der Würzmischung garnieren.

Französische Zwiebelsuppe aus dem Schongarer

Diese im Schongarer zubereitete Suppe ist aus vielen Gründen gut für die Gesundheit. Außerdem gibt es nichts, was glücklicher macht als eine leckere, dampfende Schale Französische Zwiebelsuppe mit nur 44 Kalorien.

Die Zwiebeln und die Brühe in den Schongarer geben. Den Deckel auf den Topf setzen und auf niedriger Stufe für 6 bis 8 Stunden garen oder auf hoher Stufe für 4 bis 6 Stunden. Mit Salz und Pfeffer abschmecken. Unmittelbar vor dem Servieren die Suppe in Schalen füllen und nach Belieben mit Petersilie, Basilikum oder Frühlingszwiebeln garnieren.

Ergibt 6 Portionen

2 große milde Zwiebeln, in Scheiben geschnitten
6 Tassen Gemüsebrühe oder Knochenbrühe
Salz und schwarzer Pfeffer aus der Mühle
Petersilie, Basilikum oder Frühlingszwiebeln zum Garnieren, grob gehackt (nach Wunsch)

Haupt-
gerichte

DIE MEISTEN MENSCHEN ESSEN, WEIL SIE HUNGER HABEN. **Mein Ziel** ist es aber, gesunde Mahlzeiten zu zaubern, die so gut sind, dass Sie vor lauter Begeisterung beim Essen *innehalten*. Ich denke, dass viele der Hauptmahlzeiten in diesem Kapitel dieses Ziel erreichen. Ob Sie eher Fleischgerichte bevorzugen oder vegane Kost – Sie finden hier beides. Dank raffinierter Kombinationen von Kräutern und Gewürzen werden Sie ein Aromenfeuerwerk erleben, das Ihre Geschmacksknospen begeistert. Bei all diesen Rezepten dauert die Zubereitung weniger als 20 Minuten. Manchmal kommt noch extra Garzeit dazu, aber die reine Arbeitszeit beträgt maximal 20 Minuten. Freuen Sie sich also darauf, Gerichte frisch zuzubereiten, die fantastisch schmecken und sehr einfach in der Zubereitung sind. *Bon appétit!*

Gedünsteter Lachs süßsauer mit jungem Pak Choi

● Kohlenhydratarm

Es gibt viele Arten, Lachs zuzubereiten. Dieses Gericht vereint die kontrastierenden Aromen von Ahornsirup und Coconut-Aminos- oder Tamari-Soße, die ein bisschen wie Sojasoße schmecken. Heraus kommt eine süßsaure Marinade, die den Lachs perfekt einhüllt. Auch wenn etwas Ahornsirup mit dabei ist, denke ich trotzdem, dass sich dieses Rezept für kohlenhydratarme Tage eignet.

1. *Für den Lachs:* Ahornsirup, Coconut-Aminos- oder Tamari-Soße, Chilischote (bei der Zubereitung bitte Haushaltshandschuhe tragen), Knoblauch, Schalotten sowie Salz und Pfeffer in einer großen Schüssel miteinander vermischen. Den Lachs in die Schüssel legen, mit Plastikfolie abdecken und für 30 Minuten marinieren.

2. Kokosöl in einer großen Pfanne bei mittlerer Temperatur schmelzen. Den Lachs und die Marinade dazugeben und für circa 6 bis 8 Minuten garen, bis der Lachs durch und ein wenig karamellisiert ist, zwischendurch mindestens einmal wenden. Den Lachs auf eine Servierplatte legen. Die übrige Marinade darübergießen und mit dem Koriander garnieren. Mit Zitronensaft beträufeln und warm stellen.

3. *Für den Pak Choi:* Inzwischen den Pak Choi in einem Schnellkochtopf auf hoher Stufe für 4 bis 5 Minuten dünsten. Den Schnellkochtopf vom Herd nehmen und den Deckel geschlossen lassen.

4. Kokosöl in einer großen Pfanne bei mittlerer Temperatur schmelzen. Knoblauch, Zitronensaft und Zitronenschale dazugeben und unter häufigem Rühren für 30 Sekunden anschwitzen. Den Pak Choi, Salz und Pfeffer hinzufügen und für 2 bis 3 weitere Minuten garen. Sobald er weich genug ist, den Pak Choi aus der Pfanne nehmen und zum Lachs servieren.

Ergibt 2 Portionen

Für den Lachs:
1 EL Ahornsirup
1 EL Coconut-Aminos- oder Tamari-Soße
1 rote Chilischote, entkernt und fein gehackt
2 Zehen Knoblauch, fein gehackt
2 EL Schalotten, grob gehackt
1 TL Meersalz
½ TL Pfeffer aus der Mühle
2 Lachsfilets (je circa 170 g)
1 EL Kokosöl
¼ Tasse frischer Koriander, grob gehackt
Saft von ½ Zitrone

Für den Pak Choi:
10 Köpfe junger Pak Choi, geputzt
2 EL Kokosöl
2 Zehen Knoblauch, fein gehackt
Saft von ½ Zitrone
2 TL geriebene Zitronenschale
½ TL Meersalz
¼ TL Pfeffer aus der Mühle

Würziges Rinderhack mit Aromareis

Ergibt 4 Portionen

Schlemmermahlzeit

Für den Reis:
1 EL Kokosöl
2,5 cm großes Stück Ingwer, geschält und gerieben
1 Zwiebel, gewürfelt
eine Prise Meersalz und schwarzer Pfeffer aus der Mühle
1 Tasse Basmatireis
1½ Tassen Wasser

Für das würzige Rinderhack:
1 EL Kokosöl
500 g Rinderhack
2 Zehen Knoblauch, fein gehackt
1 TL gemahlener Kreuzkümmel
1 TL Currypulver
eine Prise Meersalz und schwarzer Pfeffer aus der Mühle
3 Handvoll junger Spinat
Saft von ½ Zitrone
¼ Tasse grob gehackte Mandeln, geröstet

Dieses einfache Gericht verleiht einer an sich langweiligen Kombination Aromen und Würze. Es ist superleicht zuzubereiten und perfekt für fast alle (außer für die kohlenhydratarmen) Tage. Dazu schmeckt ein Beilagensalat.

1. *Für den Reis:* Kokosöl in einem mittelgroßen Stieltopf bei mittlerer Hitze schmelzen. Ingwer, Zwiebel sowie Salz und Pfeffer circa 5 Minuten darin anschwitzen. Den Reis einrühren und unter Rühren für circa 3 Minuten leicht anrösten.

2. Das Wasser dazugießen und zum Kochen bringen. Die Temperatur herunterschalten, den Deckel auf den Topf setzen und für circa 15 Minuten köcheln lassen, bis keine Flüssigkeit mehr im Topf ist. Den Topf dann vom Herd nehmen.

3. *Für das Hackfleisch:* Parallel das Kokosöl in einer großen Pfanne bei mittlerer Hitze schmelzen. Das Rinderhack dazugeben und für circa 2 Minuten anbraten. Knoblauch, Kreuzkümmel, Currypulver sowie Salz und Pfeffer einrühren. Das Hackfleisch unter Rühren für circa 5 Minuten weiterbraten, bis es durch ist. Anschließend Spinat, Zitronensaft und die grob gehackten Mandeln unterrühren.

4. Die würzige Rinderhackmischung zum Reis geben und servieren.

Zucchini-Pasta mit Pesto und Huhn

● Kohlenhydratarm

Die Zucchini-Pasta wird als Rohkost serviert mit einer Garnitur aus gebratenem Huhn. Wer die vegane Variante bevorzugt, lässt das Huhn einfach weg – ansonsten ist das Huhn eine tolle Ergänzung zum Pesto. Ein leckeres, kohlenhydratarmes Gericht für alle Tage, an denen man Lust auf Nudeln hat, aber ohne die Kohlenhydrate aus den Weizennudeln.

1. *Für das Pesto:* Knoblauch, Basilikum, Pinienkerne, Olivenöl, Meersalz und Zitronensaft in eine Küchenmaschine geben. Alles zu einem cremigen Pesto pürieren.
2. *Für die Pasta:* Kokosöl in einer mittelgroßen Pfanne bei mittlerer Temperatur schmelzen. Die Geflügelstreifen dazugeben. Mit Salz und Pfeffer würzen und unter häufigem Rühren circa 3 bis 5 Minuten anbraten, bis das Huhn gar ist.
3. Unterdessen die Zucchini mit einem Julienne- oder Spiralschneider in nudelartige Streifen schneiden. Die Pasta in eine große Servierschüssel füllen, Pesto und Tomaten dazugeben. Mit Hähnchenstreifen garnieren, gut durchmischen und servieren.

Ergibt 2 Portionen

Für das Pesto:
1 Zehe Knoblauch
1 Tasse frisches Basilikum
¾ Tasse Pinienkerne
3 EL Olivenöl
1 TL Meersalz
1 EL Zitronensaft

Für die Zucchini-Pasta:
1 EL Kokosöl
1 mittelgroße Hähnchenbrust, halbiert und in Streifen geschnitten
1 TL Salz
1 TL schwarzer Pfeffer aus der Mühle
1 große Zucchini, geschält
1 Tasse halbierte Kirschtomaten

Tomaten-Zucchini-Pasta mit Bacon

⬤ ⬤ Kohlenhydratarm, kalorienarm

Ergibt 2 Portionen

Wer braucht schon traditionelle Weizennudeln, wenn er stattdessen die gute alte Zucchini nehmen kann? Dieses aromatische und leichte Pastagericht erhält seine besondere Note durch den Bacon. Wer lieber die vegane Variante mag, lässt den Bacon weg, und wem die Pasta allein zu wenig ist, der isst dazu eine Beilage oder einen Salat aus den entsprechenden Kapiteln.

1. Den Ofen auf 200 °C vorheizen. Die Tomaten auf ein Backblech setzen und mit Salz und Pfeffer würzen. Für 15 Minuten im Ofen backen. Herausnehmen und beiseitestellen.

2. Inzwischen eine große Pfanne auf den Herd stellen und auf mittlere Temperatur schalten. Den Bacon von einer Seite 3 Minuten braten, dann umdrehen und von der anderen Seite 3 bis 5 Minuten braten, bis er so kross ist, wie man es mag. Herausnehmen und auf einen mit Küchenkrepp ausgelegten Teller legen, damit das überschüssige Fett aufgesaugt wird.

3. Die Hälfte des Baconfetts aus der Pfanne weggießen. Den Knoblauch für 1 Minute im restlichen Fett anschwitzen, dann die roten Chiliflocken und den Spinat dazugeben. Für circa 5 Minuten garen, bis der Spinat zusammengefallen ist. Derweil die Zucchini mit einem Spiralschneider zu spaghettiähnlichen Nudeln schneiden (oder mit einem Gemüseschäler zu fettuccineähnlichen Scheiben, falls man keinen Spiralschneider hat).

4. Zucchini, gebackene Tomaten und Bacon in die Pfanne geben. Unter häufigem Rühren circa 1 bis 2 Minuten garen, bis das Gemüse mit Tomatensoße bedeckt und gar ist. Mit Olivenöl beträufeln und servieren.

Zutaten:

- 1 Tasse Kirschtomaten
- 1 TL Meersalz
- 1 TL schwarzer Pfeffer aus der Mühle
- 2 Scheiben Bacon
- 1 TL Knoblauch, fein gehackt
- 1 TL rote Chiliflocken
- 3 Tassen junger Spinat oder grob gehackter Spinat
- 1 große Zucchini, geschält
- 1 EL Olivenöl

Sautierter Lachs an Zucker-schoten-Avocado-Salat

Ergibt 3-4 Portionen

- 2 Lachsfilets (je circa 170 g)
- 1 TL Meersalz
- ½ TL schwarzer Pfeffer aus der Mühle
- 2 EL Kokosöl
- 4 Tassen Zuckerschoten, geputzt
- 1 EL Apfelessig
- 2 EL Olivenöl
- 1 TL Coconut-Aminos- oder Tamari-Soße
- 1 TL Dijonsenf
- ½ TL Sesamöl
- 1 Zehe Knoblauch, zerdrückt und fein gehackt
- 1 EL Sesamsamen, leicht angeröstet
- 4 Frühlingszwiebeln, in Ringe geschnitten
- 1 Avocado, gewürfelt

Kohlenhydratarm

Lachs passt zu verschiedenen Gemüsesorten. Hier wird er zu einem erfrischenden Zuckerschoten-Avocado-Salat mit einer köstlichen Vinaigrette serviert. Ein einfaches, schnelles Abendessen für Tage, an denen die Zeit knapp ist. Außer an den kohlenhydratarmen Tagen ist dieses Gericht immer erlaubt.

1. Den Lachs von beiden Seiten mit Meersalz und Pfeffer würzen und einen Augenblick ziehen lassen. Inzwischen das Kokosöl in einer mittelgroßen Pfanne bei mittlerer bis niedriger Temperatur schmelzen. Den Lachs für circa 6 bis 8 Minuten darin anbraten, bis er nicht mehr glasig ist, zwischendurch einmal wenden und aufpassen, dass er nicht anbrennt.

2. Unterdessen die Zuckerschoten in einen großen Topf mit kochendem Salzwasser geben. Für 2 Minuten blanchieren, dann das Wasser abgießen und die Schoten zum Abkühlen in eine Schüssel mit Eiswasser legen. Abseihen und beiseitestellen.

3. Essig, Olivenöl, Coconut-Aminos- oder Tamari-Soße, Senf, Sesamöl und Knoblauch in einer großen Schüssel miteinander verquirlen, bis sich alle Zutaten verbunden haben. Sesamsamen und Frühlingszwiebeln einrühren. Dann die Zuckerschoten und die Avocado einrühren, gut durchmischen und zum Lachs servieren.

Huhn-Tajine mit Aprikosen und Safran-Quinoa

● Schlemmermahlzeit

Ergibt 4 Portionen

Das hier ist eines der leckersten Gerichte im ganzen Kochbuch. Jede Wette, dass es auch zu einem Ihrer absoluten Lieblingsgerichte wird, sofern Sie die Kombination aus Aprikose und einem ganzen Potpourri aromatischer Gewürze mögen. Noch besser schmeckt es, wenn Sie das Huhn so lange wie möglich in der Tajine lassen. Dadurch wird das Fleisch so zart, dass es vom Knochen fällt. Am besten nimmt man etwas Huhn, Aprikose und Safran-Quinoa zusammen auf die Gabel – eine umwerfende Aromakombination! Safran gehört nicht gerade zu den billigen Gewürzen, aber es lohnt sich, ihn hier zu verwenden. Falls er Ihnen zu teuer ist – kein Problem, das Gericht schmeckt auch ohne Safran großartig.

1. Kokosöl in einem großen Topf bei mittlerer Temperatur schmelzen. Zwiebeln und Knoblauch darin unter häufigem Rühren 1 Minute lang anschwitzen. Das Huhn dazugeben und für circa 5 Minuten anbraten, dabei gelegentlich wenden.
2. Tomaten, Zimt, Ingwer, Pfeffer, Kreuzkümmel, Koriandersamen und Salz hinzufügen. Zum Kochen bringen, dann die Temperatur herunterschalten. Den Deckel auf den Topf setzen und 1 Stunde lang köcheln lassen. Die Aprikose unterrühren und 1 weitere Stunde köcheln lassen. In den letzten Minuten Koriander dazugeben.
3. Inzwischen Quinoa und Wasser in einem mittelgroßen Topf bei hoher Temperatur zum Kochen bringen. Den Deckel auf den Topf setzen, auf niedrige Temperatur herunterschalten und für circa 15 Minuten köcheln lassen, bis die Quinoa gar ist. Nach etwa der Hälfte der Kochzeit den Safran einrühren.
4. Die Quinoa mit dem Löffel auf einer großen Servierplatte verteilen, die Huhn-Tajine darauf anrichten und servieren.

- 2 EL Kokosöl
- 2 Zwiebeln, fein gehackt
- 4 Zehen Knoblauch, fein gehackt
- 2 Hähnchenbrüste mit Knochen
- 2 Hähnchenschenkel mit Knochen
- 1 Dose (800 g) gewürfelte Tomaten, Flüssigkeit nicht abgießen
- ½ TL gemahlener Zimt
- 1,25 cm großes Stück frischer Ingwer, geschält und gerieben
- ½ TL schwarzer Pfeffer aus der Mühle
- 1 TL gemahlener Kreuzkümmel
- 1 TL Koriandersamen
- 1 TL Meersalz
- 1 Tasse getrocknete Aprikosen
- ½ Tasse frischer Koriander, grob gehackt
- 1½ Tassen Quinoa
- 3 Tassen Wasser
- 1 TL Safran

Sündhaft leckere Penne mit Garnelen

Ergibt 4 Portionen

500 g glutenfreie Penne
2 EL Butter
4 Zehen Knoblauch,
    fein gehackt
½ TL Fenchelsamen
½ TL scharfe Chiliflocken
500 g mittelgroße Garnelen,
    geschält und entdarmt
3 große Tomaten,
    grob gehackt
¼ Tasse Petersilie,
    grob gehackt
2 EL Kapern
Saft von ½ Zitrone
1 TL Meersalz

Schlemmermahlzeit

Dafür brauchen Sie glutenfreie Penne – die haben etwas mehr Kohlenhydrate als die Zucchini-Pasta in den anderen Rezepten. In Kombination mit Garnelen und delikaten Kräutern und Gewürzen ergibt das ein leicht zuzubereitendes Gericht, das bei uns zu Hause oft auf den Tisch kommt, wenn die Kinder sich Nudeln wünschen. Eine gesunde Mahlzeit, die satt und zufrieden macht – ein Gewinn für alle.

1. Die Penne nach Anleitung kochen, bis sie al dente sind. 2 EL Nudelwasser zurückbehalten, den Rest abgießen.
2. Inzwischen die Butter in einer großen Pfanne bei mittlerer Temperatur schmelzen. Knoblauch, Fenchelsamen, Chiliflocken und Garnelen darin unter häufigem Rühren für 2 Minuten anbraten. Die Tomaten einrühren und für circa 5 Minuten garen, bis die Garnelen rosa sind.
3. Petersilie, Kapern, Zitronensaft, das zurückbehaltene Nudelwasser und Salz dazugeben und unter häufigem Rühren 1 Minute weitergaren. Zum Schluss die Pasta zu den Garnelen in die Pfanne füllen, alles gut durchmischen und servieren.

Schneller Gemüsetopf mit Huhn

● ● Kohlenhydratarm, kalorienarm

Ergibt 2 Portionen

Wenn Sie Lust auf ein einfaches Essen mit Huhn und Gemüse haben, dann ist das hier das Richtige. Ein ehrliches Gericht ohne Firlefanz, das für kohlenhydrat- und kalorienarme Tage bestens geeignet ist. Es schmeckt leicht und frisch, und die Reste lassen sich im Plastikbehälter gut mit zur Arbeit nehmen.

1. Brühe, Knoblauch, Thymian und Lorbeerblatt in einem großen Topf bei hoher Temperatur zum Kochen bringen. Fenchel, Rosenkohl und Möhren für circa 10 Minuten darin andünsten. Nun die Frühlingszwiebeln dazugeben und 1 Minute weitergaren. Mit einer Schaumkelle das Gemüse aus dem Topf schöpfen, in eine große Schüssel umfüllen und diese mit Alufolie abdecken.

2. Die Hähnchenbrust in den Topf geben und 3 Minuten garen. Den Topf vom Herd nehmen und abgedeckt circa 15 Minuten ziehen lassen, bis das Fleisch gar ist. Dann die Hähnchenstreifen mit der Schaumkelle herausfischen, mit dem Gemüse auf einer Platte anrichten und mit etwas Brühe übergießen.

- 1 l Hühnerbrühe oder Gemüsebrühe
- 3 Zehen Knoblauch, fein gehackt
- 2 Zweige frischer Thymian
- 1 Lorbeerblatt
- 1 Fenchelknolle, grob gehackt
- 2 Tassen Rosenkohlröschen, halbiert
- 2 mittelgroße Möhren, grob gehackt in 2,5 cm große Stücke
- 2 Frühlingszwiebeln, grob gehackt
- 2 Hähnchenbrüste ohne Haut und Knochen, in Streifen geschnitten

Garnelen auf Tomaten-Gurken-Salat mit Oliven

Ergibt 4 Portionen

Für den Salat:
- ½ mittelgroße Salatgurke, in feine Scheiben geschnitten
- 2 Tassen Kirschtomaten, halbiert
- 1 Tasse Kalamata-Oliven, entsteint und halbiert
- 2 EL Olivenöl
- 1 EL Zitronensaft
- ½ TL getrockneter Oregano
- ½ TL getrockneter Thymian

Für die Garnelen:
- 2 EL Butter
- 3 Zehen Knoblauch, fein gehackt
- 1 EL grob gehackter oder 1 TL getrockneter Oregano
- 450 g frische große Garnelen oder aufgetaute Tiefkühlgarnelen, geschält und entdarmt
- 1 TL Meersalz
- Saft von ½ Zitrone

Garnelen sind eine hervorragende Proteinquelle. Außerdem sind sie sehr vielseitig und lassen sich mit allen möglichen Geschmacksrichtungen und Zutaten kombinieren. Dieses Gericht entfacht einen Wirbelwind an Aromen, vereint zu einem köstlichen Salat – den Sie zu Hause und unterwegs genießen können. Das Gericht ist kohlenhydratarm und darf an allen Tagen gegessen werden. Wem der Salat allein nicht reicht, der isst noch seine Lieblingsbeilage dazu.

1. *Für den Salat:* Salatgurke, Tomaten, Oliven, Olivenöl, Zitronensaft, Oregano und Thymian in einer großen Schüssel miteinander vermischen.
2. *Für die Garnelen:* Butter in einer großen Pfanne bei mittlerer Hitze schmelzen. Den Knoblauch darin unter häufigem Rühren 2 Minuten lang anschwitzen, dann den Oregano hinzufügen. Nun die Garnelen in die Pfanne geben und circa 4 Minuten garen, bis sie rosa sind, dabei gelegentlich umrühren. Salz und Zitronensaft darüber verteilen und 1 weitere Minute garen. Die Pfanne vom Herd nehmen, die Garnelen mit dem Salat vermengen und servieren.

OLIVENÖL UNTERSTÜTZT DEN FETTABBAU

Zahlreiche Studien kommen zu dem Schluss, dass sich die Ernährung im Mittelmeerraum, die reich an Olivenöl ist, positiv auf das Köpergewicht auswirkt. In einer über 2,5 Jahre laufenden Studie mit mehr als 7.000 spanischen Studierenden konnte kein Zusammenhang festgestellt werden zwischen einem hohen Verzehr an Olivenöl und Gewichtszunahme.[2] Eine andere, über drei Jahre laufende Studie ergab, dass eine olivenölreiche Ernährung die Zahl der Antioxidantien im Blut erhöht und die Gewichtsabnahme begünstigt.[3]

Steak mit Ofen-Pommes

Doch, wirklich! Genau das kommt auf den Tisch: das klassische Steak mit Ofen-Pommes. Wie gut es gelingt, hängt ganz von der Qualität des verwendeten Fleisches ab und von der Zubereitung. Ich mag mein Steak medium rare, aber es kommt nur darauf an, wie Sie es am liebsten essen. Anstatt die Kartoffeln in Öl zu frittieren (auch bekannt als Pommes frites), werden diese hier im Ofen geröstet. Wenn Sie die Kartoffeln lieber zu Pommes schneiden möchten als in Spalten, tun Sie das ruhig. Da zu diesem Gericht kein Gemüse gehört, machen Sie einen Beilagensalat dazu. Außer an kohlenhydratarmen Tagen dürfen Sie dieses Gericht immer essen.

1. Den Ofen auf 230 °C vorheizen und ein Backblech mit Backpapier auslegen.
2. Die Kartoffeln mit 2 EL geschmolzener Butter in eine große Schüssel geben und mischen. Die Kartoffeln auf dem Backblech ausbreiten und für circa 15 Minuten im Ofen backen, bis sie gar sind, zwischendurch einmal wenden. Dann den Grill einschalten und für circa 2 Minuten goldbraun werden lassen.
3. Inzwischen die Steaks mit Thymian, Salz und Pfeffer bestreuen und dann in 1 EL geschmolzener Butter in einer großen Pfanne bei mittlerer Temperatur für circa 2 bis 3 Minuten von jeder Seite anbraten. Wer ein Fleischthermometer verwendet: Bei etwa 63 °C Kerntemperatur sind die Steaks medium rare, bei circa 71 °C medium und bei 74 °C well done. Die Steaks auf ein Schneidebrett legen, mit Alufolie abdecken und 10 Minuten ruhen lassen.
4. Schnittlauch, Senf, Fitness-Mayo und Zitronensaft in eine kleine Schale geben und verrühren. Mit den Steaks als Dip zu den Ofen-Pommes servieren.

Ergibt 2 Portionen

500 g Kartoffeln, der Länge nach geviertelt
3 EL geschmolzene Butter, in Portionen aufgeteilt
2 Sirloin-Steaks (jeweils circa 170 g)
3 Zweige frischer Thymian
1 TL Meersalz
½ TL schwarzer Pfeffer aus der Mühle
1 EL frischer Schnittlauch, grob gehackt
2 TL Dijonsenf
1/3 Tasse Fitness-Mayo (Seite 160)
Saft von ½ Zitrone

Feiner Geflügelsalat

Ergibt 2 Portionen

2 Hähnchenbrüste, halbiert
   und in Streifen geschnitten
1 TL Meersalz
½ TL schwarzer Pfeffer
   aus der Mühle
1 EL Kokosöl
1 EL Sesamsamen
Saft von ½ Limette
2,5 cm großes Stück Ingwer,
   geschält und gerieben
1 TL Honig
2 EL Olivenöl
1 EL Apfelessig
1 EL Dijonsenf
1 Zehe Knoblauch,
   fein gehackt
½ Fenchelknolle, geputzt
   und in feine Scheiben
   geschnitten
2 Tassen geraspelter Rotkohl
1 Orange, geschält und
   geviertelt
½ Tasse frischer Koriander,
   grob gehackt

Huhn und Orange passen wirklich gut zusammen, ebenso wie Orange und Fenchel. In diesem Salat schmeißen wir alle drei zusammen, packen noch geraspelten Rotkohl dazu und ein sehr aromatisches Dressing. Gerichte wie dieses hier beweisen: Huhn muss nicht trocken und langweilig sein. Ist für fast jeden Tag geeignet, außer für die kohlenhydratarmen Tage.

1. Das Huhn mit Salz und Pfeffer würzen. Kokosöl in einer mittelgroßen Pfanne bei mittlerer Temperatur schmelzen. Das Fleisch für circa 5 Minuten darin anbraten, bis es nicht mehr rosa und der Fleischsaft klar ist.
2. Inzwischen Sesamsamen, Limettensaft, Ingwer und Honig in einer kleinen Schüssel miteinander verrühren. Die Mischung über das Huhn gießen und 1 Minute weitergaren.
3. Olivenöl, Essig, Senf und Knoblauch in einer großen Schüssel verquirlen. Fenchel, Rotkohl, Orange und Koriander hinzufügen. Zum Schluss das Fleisch in die Schüssel geben, alles gut vermischen und servieren.

Gemüse-Curry mit Huhn

● ● Kohlenhydratarm, **kalorienarm**

Indische Gerichte esse ich mit am liebsten. Bei ihnen dreht sich eigentlich alles um Gewürze. Dieses Rezept ist ein Paradebeispiel dafür: Unterschiedliche Aromen verbinden sich in diesem Curry auf Kokosbasis zu einem fulminanten Potpourri und geben dem Huhn eine völlig neue Note. Außerdem ist Curry ein entzündungshemmendes Gewürz, was unserem Ziel zugutekommt, Fett zu verbrennen. Diese kohlenhydratarme Mahlzeit darf jeden Tag gegessen werden und eignet sich prima zur Resteverwertung von Gemüse. Wem das Gericht allein zu wenig ist: Mit Blumenkohlreis (Seite 141) als Beilage bleibt der Kohlenhydratgehalt gering.

1. Kokosöl in einer großen Pfanne bei mittlerer Temperatur schmelzen. Die Zwiebel und die Möhre unter häufigem Rühren für circa 3 Minuten darin anschwitzen, bis die Zwiebel glasig wird. Das Huhn für circa 5 Minuten mit anbraten, bis es nicht mehr rosa ist. Knoblauch, Currypaste und Garam Masala dazugeben und circa 1 Minute weitergaren. Dabei rühren, sodass sich die Zutaten mischen.

2. Brokkoli-Röschen und grüne Bohnen circa 5 Minuten mitgaren, dabei gelegentlich umrühren. Kokosmilch und Palmzucker dazugeben, gut durchrühren und köcheln lassen. Dann auf niedrige Temperatur herunterschalten, mit Salz und Pfeffer abschmecken und weitere 10 bis 15 Minuten köcheln lassen, bis der Brokkoli gar ist. Mit Koriander garniert servieren.

Zutaten

- 1 EL Kokosöl
- 1 mittelgroße Zwiebel, grob gehackt
- 1 mittelgroße Möhre, gewürfelt
- 4 Hähnchenschenkel ohne Knochen und ohne Haut, in 2,5 cm große Stücke geschnitten
- 4 Zehen Knoblauch, zerdrückt
- 3 EL Currypaste
- 1 TL Garam Masala
- 1 Kopf Brokkoli, in kleine Röschen zerteilt
- 1 Handvoll grüne Bohnen, geputzt
- 1 Dose (400 ml) vollfette Kokosmilch
- 1 EL Palmzucker oder brauner Zucker
- 1 TL Meersalz
- schwarzer Pfeffer aus der Mühle
- ½ Handvoll frischer Koriander, grob gehackt

Spiralnudeln mit pikantem Gemüse

Ergibt 4 Portionen

- 6 Tassen glutenfreie Spiralnudeln
- 1 Bund grüner Spargel, die dicken Stangen aussortieren, holzige Enden abschneiden und in 2,5 cm große Stücke schneiden
- 2 Tassen Brokkolini-Röschen
- 2 EL Olivenöl
- 4 Zehen Knoblauch, fein gehackt
- 1 TL rote Chiliflocken
- 1 TL getrockneter Oregano
- 2 spanische Chorizo oder italienische Salsiccia, in Scheiben geschnitten
- Saft von ½ Zitrone
- 1 TL Meersalz
- ½ TL schwarzer Pfeffer aus der Mühle

● Schlemmermahlzeit

Lust auf ein wärmendes Pastagericht? Dann haben Sie Glück. Dieses hier gehört bei uns zu Hause zu den Favoriten. Da die meisten Kinder gern Pasta essen, ist es ziemlich einfach, noch andere leckere Zutaten mit dazuzuschmuggeln (einschließlich Gemüse) und es getrost den Nudeln zu überlassen, diese in ihre kleinen Körper zu transportieren. Dieses Gericht ist auch sehr gut nach dem Sport, wenn die Muskeln am empfänglichsten für die Aufnahme von Kohlenhydraten sind. Sie dürfen es an fast allen Tagen essen, außer an den kohlenhydratarmen Tagen.

1. Die Spiralnudeln nach Anleitung kochen. Während der letzten 3 Kochminuten Spargel und Brokkolini mit ins Wasser geben. Sind die Nudeln fertig, ½ Tasse vom Nudelwasser zurückbehalten, den Rest abgießen.

2. Inzwischen das Öl in einer großen Pfanne bei mittlerer Temperatur erhitzen. Knoblauch, Chiliflocken und Oregano darin für circa 2 Minuten unter Rühren anschwitzen, bis der Knoblauch eine goldene Farbe hat. Dann die Wurst dazugeben und für circa 5 Minuten leicht anbräunen.

3. Nudeln, Spargel, Brokkolini, zurückbehaltenes Nudelwasser, Zitronensaft sowie Salz und Pfeffer dazugeben. Unter Rühren circa 1 Minute erwärmen, vom Herd nehmen und servieren.

Leckere Thai-Pfanne

Ergibt 2–3 Portionen

● ● Schlemmermahlzeit, kalorienarm

Für die Thai-Soße:

¼ Tasse Sesamöl

5 cm großes Stück frischer
Ingwer, geschält und
gerieben

8 Zehen Knoblauch,
fein gehackt

½ Tasse rohe geschälte
Sonnenblumenkerne

1 Tasse ungesüßte
Kokosraspel

2 EL Chilipulver

Saft 1 ganzen Zitrone

2 EL Coconut-Aminos-Soße

3 Tassen Möhrensaft

1 TL Paprikapulver

eine Prise Meersalz

schwarzer Pfeffer
aus der Mühle

Für die Nudeln:

3 Tassen Reisnudeln

3 Handvoll grob gehacktes
Blattgemüse (Pak Choi,
Grünkohl)

1 Tomate, grob gehackt

1 Handvoll frische Bohnensprossen

Saft einer ½ Limette

1 kleine Handvoll Koriander,
grob gehackt

½ Tasse Erdnüsse, grob
gehackt (nach Wunsch)

Bei Pfannengerichten ist das Wichtigste die Soße, wenn Sie mich fragen. Ein Bund Gemüse ist schnell gedünstet, aber erst die Soße verbindet alle Zutaten und weckt den Wunsch nach einem Nachschlag. Wenn Sie thailändisches Essen mögen, werden Sie die Thai-Soße lieben, die zu diesem Pfannengericht gehört. Einfach köstlich! Für alle Tage bis auf kohlenhydrat-arme Tage geeignet.

1. *Für die Soße:* Sesamöl in einer großen Pfanne bei mittlerer Tem-peratur erhitzen. Ingwer und Knoblauch unter häufigem Rühren circa 5 Minuten darin anschwitzen. Inzwischen die Sonnenblu-menkerne in einer Küchenmaschine (alternativ im Mixer oder in der Kaffeemühle) zu Schrot mahlen.

2. Gemahlene Sonnenblumenkerne, Kokosraspel, Chilipulver, Zitronensaft, Coconut-Aminos-Soße, Möhrensaft und Paprika in die Pfanne geben, mit Salz und Pfeffer würzen und gut mit-einander vermengen. Das Ganze einmal aufkochen und dann für 15 Minuten köcheln lassen.

3. *Für die Nudeln:* Während die Soße vor sich hin köchelt, die Reis-nudeln circa 15 Minuten lang in warmem Wasser einweichen. Dann das Wasser durch ein Sieb abgießen.

4. Einen Wok aufsetzen und auf mittlere Temperatur schalten. Das Blattgemüse, Tomatenstücke und Thai-Soße hineingeben und umrühren. Einmal aufkochen und dann auf niedriger Tempera-tur 5 Minuten köcheln lassen. Die eingeweichten Reisnudeln in den Wok füllen und für circa 2 Minuten weiterköcheln lassen, bis die Nudeln gar sind.

5. Den Wok vom Herd nehmen. Mit Bohnensprossen, Limettensaft, Koriander und (nach Wunsch) mit grob gehackten Erdnüssen garnieren.

Seezungenfilet aus dem Ofen mit Zitronenvierteln

⬤ ⬤ kohlenhydratarm, kalorienarm

Seezunge ist ein sehr leichter Fisch. Eine nette Abwechslung zum Lachs, der um einiges gehaltvoller ist. Dieses kohlenhydratarme Gericht ist ideal an kalorien- und kohlenhydratarmen Tagen. Dazu ein Salat oder eine Beilage und das Mahl ist komplett. Nicht vergessen, die Seezunge vor dem Servieren mit Zitronensaft zu beträufeln. Das kitzelt den Geschmack erst richtig raus.

1. Den Ofen auf 190 °C vorheizen. Tomaten und Fenchel in eine circa 33 x 23 cm große, mit Öl oder Butter eingepinselte Auflaufform geben. Mit Salz und Pfeffer würzen und für circa 15 Minuten im Ofen garen.

2. Seezungenfilets, Zitronenviertel und Estragon in die Form füllen, die Form mit einem Deckel oder Alufolie abdecken und für weitere 10 bis 12 Minuten im Ofen lassen, bis der Fisch gar, aber noch nicht trocken ist. Die Zitronenviertel über der Seezunge auspressen und diese mit dem Lieblingssalat servieren.

Ergibt 2 Portionen

1 Tasse Kirschtomaten
½ Fenchelknolle, gehobelt
2 EL Kokosöl oder Butter
Meersalz und schwarzer
   Pfeffer aus der Mühle
2 Seezungenfilets
   (je circa 110 bis 170 g)
1 Zitrone, geviertelt
2 Zweige frischer Estragon

Blattsalat mit grünem Spargel, Avocado und Lachs

Ergibt 2 Portionen

1 EL Butter
1 Lachsfilet (circa 170 g)
8 Stangen grüner Spargel,
   holzige Enden abschneiden
1 Handvoll Blattsalate
1 EL Kapern
1 Avocado, gewürfelt
3 EL frischer Dill,
   grob gehackt
Saft von ½ Zitrone
2 EL Olivenöl
Meersalz und schwarzer
   Pfeffer aus der Mühle

 Kohlenhydratarm

Mal eine andere Variante, denn die drei Hauptzutaten, die sonst brav nebeneinander auf dem Teller liegen, werden hier wild durcheinandergemischt zu einem farbenfrohen, aromatischen Salat. Dieses Abendessen ist im Nu fertig, und wenn etwas übrigbleibt, nehmen Sie es am nächsten Tag einfach mit.

1. Die Butter in einer großen Pfanne bei mittlerer Temperatur schmelzen. Den Lachs für circa 6 bis 8 Minuten darin garen, bis er außen nicht mehr glasig, aber innen noch ein wenig rosa ist, zwischendurch einmal wenden. Die Pfanne vom Herd nehmen und beiseitestellen, damit der Lachs etwas abkühlt. Anschließend in mundgerechte Stücke schneiden.
2. Inzwischen den Spargel für circa 5 Minuten im Schnellkochtopf bis zum gewünschten Gargrad dünsten. (Alternativ kann der Spargel auch roh gegessen werden.) In 2,5 cm lange Stücke schneiden.
3. Die Blattsalate, Kapern, Spargel, Lachs, Avocadowürfel, Dill, Zitronensaft und Olivenöl in eine große Schüssel geben und mit Salz und Pfeffer abschmecken. Alles gut durchmischen und servieren.

Salat-Wraps mit schwarzen Bohnen und Süßkartoffel

● Schlemmermahlzeit

**Ergibt 12 Stück
(4 Portionen)**

Dieses sättigende vegetarische Abendessen steckt voller unglaublicher Geschmackskombinationen. Süßkartoffel, schwarze Bohnen und Avocado sorgen für eine reichhaltige Mahlzeit mit cremiger Konsistenz. Aufgepeppt mit einer würzigen Kokoscreme ist dieses Abendessen eine tolle Möglichkeit, vegetarisch zu essen, ohne sich wie ein Kaninchen zu fühlen!

1. Den Ofen auf 180 °C vorheizen. Die Süßkartoffel einstechen und für circa 25 bis 30 Minuten im Ofen backen, bis sie außen kross und innen weich ist. Aus dem Ofen nehmen und nach dem Abkühlen pellen und würfeln.

2. Kokoscreme, Limettensaft, Chilipulver, Kreuzkümmel und eine Prise Salz in einer kleinen Schüssel miteinander verrühren. Beiseitestellen.

3. Süßkartoffelwürfel, Essig, Kokosöl, schwarze Bohnen, Zwiebel, Avocado, Tomate und Koriander in eine mittelgroße Schüssel füllen und alle Zutaten vorsichtig vermengen. Mit ein wenig Salz und Pfeffer abschmecken.

4. Die Kokoscreme auf die Salatblätter streichen. Darauf die Süßkartoffel-Bohnen-Mischung anrichten. Das ist Taco vegetariana neu definiert!

1 Süßkartoffel
1/3 Tasse Kokoscreme (die festen Bestandteile in einer Dose Kokosmilch)
Saft von 1 Limette
½ TL Chilipulver
¼ TL gemahlener Kreuzkümmel
Meersalz
2 EL Apfelessig
1 EL Kokosöl, geschmolzen
1 Dose (400 g) schwarze Bohnen, Flüssigkeit abgießen und abbrausen
¼ rote Zwiebel, fein gehackt
1 Avocado, gewürfelt
1 Tomate, gewürfelt
¼ Tasse frischer Koriander, grob gehackt
schwarzer Pfeffer aus der Mühle
12 Blätter Römersalat

Gemüse-Kebab mit Knoblauch

**Ergibt 8 Stück
(2 bis 3 Portionen)**

- 2 Tassen Portobello-Pilze, grob gehackt (5 cm große Stücke)
- Saft von 2 mittelgroßen Limetten
- 4 Zehen Knoblauch, fein gehackt
- 3 EL Kokosöl, geschmolzen
- Meersalz und schwarzer Pfeffer aus der Mühle
- 1 Zucchini, in 2,5 cm große Stücke geschnitten
- 1 gelbe Paprika, in 5 cm große Stücke geschnitten
- 1 grüne Paprika, in 5 cm große Stücke geschnitten
- 1 rote Zwiebel, in Achtel geschnitten

● **Kohlenhydratarm**

Hier kommt die perfekte kohlenhydratarme, vegane Variante zum Grillen oder für ein nettes Sommeressen im Freien. Sie ist leicht zuzubereiten und punktet mit vielen tollen Farben und Aromen, was gleichbedeutend mit einem ausgezeichneten Nährwert ist. Diese Kebabs kann man prima als eigenständiges Gericht essen, gut dazu passen auch alle Beilagen und Salate in diesem Kochbuch.

1. Pilze, Limettensaft, Knoblauch und Kokosöl in einer großen Schüssel mischen. Mit Salz und schwarzem Pfeffer abschmecken. Für 20 Minuten ziehen lassen.

2. Nun die Zucchini, die Paprikaschoten und die rote Zwiebel dazugeben und gut vermischen. Das Gemüse und die Pilze auf 8 Holzspieße stecken und beiseitestellen. Inzwischen den Grill auf mittlere bis hohe Temperatur vorheizen.

3. Den Grillrost mit Kokosöl einpinseln. Die Kebabs direkt auf den Rost legen und von jeder Seite circa 2 bis 3 Minuten grillen, bis das Gemüse gar ist. Quinoa dazu reichen oder eine Beilage oder Salat nach Wahl.

Hähnchen-Alfredo-Eintopf

Ein einziger Topf ist alles, was man für die Zubereitung dieses deftigen, sahnigen Nudelgerichts, das ohne Weizen und Milchprodukte auskommt, braucht. Ein stressfreies Abendessen für unter der Woche.

1. Nudeln, Nährhefe, Huhn, Kokosmilch, Olivenöl, Brühe und Salz in einen großen Stieltopf geben.
2. Den Deckel auf den Topf setzen und bei mittlerer Temperatur alles zum Kochen bringen.
3. Alle 2 bis 3 Minuten umrühren, damit die Nudeln nicht zusammenkleben.
4. Nach circa 12 bis 15 Minuten, sobald die Nudeln al dente sind, den Topf vom Herd nehmen und das Gericht servieren.

Ergibt 2 Portionen

- circa 220 g glutenfreie Naturreisnudeln
- 3 Zehen Knoblauch, fein gehackt
- 2 EL Nährhefe
- 1 Hähnchenbrust, gegart und in Würfel geschnitten
- 1 Tasse Kokosmilch
- 2 EL Olivenöl
- 2 Tassen Gemüse- oder Hühnerbrühe (vorzugsweise eine proteinreiche Knochenbrühe)
- ½ TL Salz

Brokkoli-Hähnchen-Pfanne

● Kohlenhydratarm

Dies ist ein unkompliziertes Ein-Pfannen-Gericht. Brokkoli enthält starke Antioxidantien und entzündungshemmende Verbindungen, daher ist der regelmäßige Verzehr von Brokkoli sehr gesundheitsfördernd. Und ihn mit köstlichen Aromen zu kombinieren wie in diesem Rezept, schadet sicher auch nicht.

1. Das Kokosöl in einer großen Pfanne bei mittlerer Temperatur schmelzen. Hähnchebrustwürfel dazugeben, mit Salz und Pfeffer würzen und für circa 2 bis 3 Minuten garen, bis das Fleisch nicht mehr rosa ist.
2. Zwiebel, Knoblauch, Brokkoli, Spinat, Chilipulver und Paprikapulver hinzufügen und unter häufigem Rühren circa 10 Minuten garen. Mit in Scheiben geschnittener Avocado und grob gehackten Mandeln anrichten und servieren.

2 EL Kokosöl

2 Hähnchenbrüste ohne Haut und ohne Knochen, gewürfelt

Meersalz und schwarzer Pfeffer aus der Mühle

1 Zwiebel, grob gehackt

3 Zehen Knoblauch, fein gehackt

2 Tassen Brokkoli-Röschen

2 Tassen frischer Spinat, grob gehackt

2 TL Chilipulver

½ EL Paprika

½ Tasse Mandeln, grob gehackt

1 große Avocado, in Scheiben geschnitten

Ofen-Gemüse mit Lachs und Dill

Ergibt 2–3 Portionen

2 EL Butter, geschmolzen
½ Tasse halbierte Kirsch-
    tomaten
½ große gelbe Zucchini,
    grob gehackt
¼ Tasse Rosenkohl,
    grob gehackt
¼ Zwiebel, grob gehackt
1 EL frischer Dill,
    grob gehackt
2 Zehen Knoblauch,
    fein gehackt
1 TL Chilipulver
2 Rotlachsfilets (je 170 g)
Meersalz und schwarzer
    Pfeffer aus der Mühle

Dill und Lachs gehören zusammen wie Suppe und Salat. Dieses Gericht ist ein bunter Strauß Gemüse, angereichert mit aromatischem Dill und abgerundet vom Lachs. All das gart gemeinsam im Ofen, wo die Aromen sich voll entfalten können. Diese einfache und nährstoffreiche Mahlzeit ist perfekt für Abende unter der Woche, wo wenig Zeit zum Kochen bleibt.

1. Den Ofen auf 190 °C vorheizen. Butter, Tomaten, Zucchini, Rosenkohl, Zwiebel, Dill, Knoblauch und Chilipulver in einen circa 33 x 23 cm großen, gefetteten Bräter geben. Die Lachsfilets auf das Gemüse setzen und mit Salz und Pfeffer würzen.

2. Das Gericht für circa 20 Minuten im Ofen garen, bis der Lachs durch und das Gemüse gar ist. Den Bräter aus dem Ofen nehmen und vor dem Servieren 3 bis 5 Minuten ruhen lassen.

Hähnchen-Pfanne mit Honig und Sesam

● Schlemmermahlzeit

Ergibt 2 Portionen

Haben Sie jemals im Chinarestaurant vom Büfett gegessen und waren nach zwei Tellern zu viel so voll, dass Sie sich am liebsten gleich danach schlafen gelegt hätten? Mir ist es auf jeden Fall so ergangen. Das lag nicht nur an der Essensmenge, sondern auch daran, dass in vielen Gerichten bei solchen Billig-Büfetts furchtbare Zutaten in den Soßen enthalten sind, insbesondere Mononatriumglutamat (MSG), das viele Menschen schlecht vertragen. Wenn Sie trotzdem noch Lust auf leckeres chinesisches Essen verspüren, aber in gesünderer Form, holen Sie sich keine MSG-reichen Speisen beim Chinesen, sondern kochen Sie stattdessen diese köstliche klebrigsüße Hähnchen-Pfanne. Dazu passen Blumenkohlreis (Seite 141) und ein Salat oder ein Blattgemüse. Außer an den kohlenhydratarmen Tagen dürfen Sie jederzeit zuschlagen.

- 1 EL Kokosöl
- 2 Hähnchenbrüste ohne Haut und ohne Knochen, in Streifen
- 1 Zwiebel, gewürfelt
- 2 Zehen Knoblauch, fein gehackt
- 1 Möhre, in dickere Scheiben geschnitten
- 1 Kopf Brokkoli, in Röschen geschnitten
- 2 EL Rohhonig
- 2 EL Coconut-Aminos-Soße
- 1 EL Sesamsamen

1. Kokosöl in einer großen Pfanne bei mittlerer Temperatur schmelzen. Das Huhn dazugeben und unter Rühren circa 5 Minuten anbraten, bis es eine hellgoldene Farbe hat und durch ist. Anschließend aus der Pfanne nehmen.
2. In derselben Pfanne Zwiebel und Knoblauch für circa 3 Minuten anschwitzen, bis die Zwiebel glasig ist. Möhren und Brokkoli für 2 bis 3 Minuten mitgaren. Honig und Coconut-Aminos-Soße hinzufügen und durchrühren. Das Huhn wieder in die Pfanne legen und alles noch einmal erhitzen.
3. Das Gericht auf 2 Teller aufteilen, mit Sesamsamen bestreuen und servieren.

Salsiccia mit gebratenem Wurzelgemüse

Ergibt 3–4 Portionen

4 Salsiccia-Würste, in 2,5 cm
  dicke Scheiben geschnitten
1 Granny-Smith-Apfel,
  geschält, entkernt und
  in Würfel geschnitten
2 Tassen gewürfelter
  Butternusskürbis
1 Tasse halbierte Rosenkohlröschen, geputzt
1 rote Zwiebel, geviertelt
4 kleine violette Kartoffeln
  oder 1 Süßkartoffel,
  gewürfelt
3 Zehen Knoblauch,
  fein gehackt
3 EL Butter oder Kokosöl,
  geschmolzen
1 TL getrockneter Thymian
1 TL getrockneter Rosmarin
Meersalz und schwarzer
  Pfeffer aus der Mühle

● Schlemmermahlzeit

Wenn Sie Lust auf herbstliche Aromen haben, bereiten Sie doch
mal dieses wärmende Essen mit gebratenem Wurzelgemüse zu
– eine nahrhafte Mahlzeit mit einer ordentlichen Portion Apfel,
Butternusskürbis und Rosenkohl. In Verbindung mit pikanter
Wurst wird diese Kombination Ihre Geschmacksnerven in
Wallung bringen. Mit einem so guten und gesunden Gericht
kann man ernährungstechnisch nichts verkehrt machen.

Den Ofen auf 190 °C vorheizen. Würste, Apfel, Kürbis, Rosenkohl,
rote Zwiebel, Kartoffeln und Knoblauch mit Butter oder Kokosöl in
einen großen Bräter geben und umrühren. Mit Thymian und Rosmarin sowie Salz und Pfeffer würzen. Für 20 bis 25 Minuten im Ofen
garen und servieren.

Gemüse-Chili aus dem Schongarer

● Schlemmermahlzeit

Ich liebe Chili. Dieses Gericht gelingt garantiert und ist voller Ballaststoffe, Protein und gesunden Kohlenhydraten und macht stundenlang satt. Da es stärkehaltige Kohlenhydrate (Süßkartoffeln und Bohnen) enthält, ist dieses Chili für Schlemmtage oder Normalkalorien-Tage geeignet. Dieses Gericht wird im Schongarer zubereitet. Die Vorbereitung ist in 15 Minuten erledigt, und dann können Sie es den ganzen Tag (oder über Nacht) vor sich hin garen lassen, während die wunderbaren Aromen sich verbinden. Wenn Sie keinen Schongarer haben, können Sie es auch in einem großen Topf mit Deckel auf dem Herd zubereiten. Sie sollten nur ein Auge darauf haben und hin und wieder umrühren.

1. Zwiebel, Paprika, Knoblauch, Chilipulver, Kreuzkümmel, Kakao und Zimt mit Salz und Pfeffer in den Schongarer geben. Tomaten (mit der Flüssigkeit), Bohnen, Süßkartoffel und Brühe hinzufügen.

2. Den Deckel auf den Topf setzen und auf niedriger Stufe für circa 5 bis 6 Stunden garen, bis die Süßkartoffelstücke weich sind und das Chili eingedickt ist. Alternativ das Chili auf hoher Stufe 2 bis 3 Stunden lang garen. Mit in Ringen geschnittener Frühlingszwiebel und gewürfelter Avocado garnieren und servieren.

Ergibt 6 Portionen

1 mittelgroße rote Zwiebel, grob gehackt

1 Paprika (Farbe egal), entkernt und grob gehackt

4 Zehen Knoblauch, grob gehackt

1 EL Chilipulver

1 TL gemahlener Kreuzkümmel

2 TL ungesüßtes Kakaopulver

1 TL gemahlener Zimt

1 TL Meersalz

½ TL schwarzer Pfeffer aus der Mühle

1 Dose (800 g) gewürfelte Tomaten, Flüssigkeit nicht abgießen

1 Dose (400 g) Kidneybohnen, Flüssigkeit abgießen und abbrausen

1 Dose (400 g) Pintobohnen, Flüssigkeit abgießen und abbrausen

1 mittelgroße Süßkartoffel, geschält und in circa 1,25 cm große Stücke geschnitten

1 Tasse Gemüsebrühe

Frühlingszwiebel, in Ringe geschnitten

Avocado, gewürfelt

Desserts

GIBT ES JEMANDEN, DER KEINEN NACHTISCH MAG? Egal, wie viel wir essen, für ein Dessert scheint immer noch Platz zu sein. Das liegt zum Teil daran, dass im Belohnungszentrum unseres Gehirns Dopamine freigesetzt werden, wenn wir Süßes essen. Leider enthalten die meisten Desserts haufenweise Zucker, Weizen und Milchprodukte – alles Dickmacher, deren Verzehr uns Unwohlsein bereitet. Die Rezepte in diesem Kapitel sind dagegen glutenfrei, kommen ohne Milchprodukte aus und mit wenig Zucker. Die Desserts, in denen etwas mehr natürlicher Zucker steckt (in Form von Obst), sind gut aubalanciert: Das Protein und die Ballaststoffe darin mindern die Wirkung des Zuckers. Viele der Desserts sind so gesund, dass man sie auch tagsüber als Snack essen kann. Doch bitte denken Sie daran: Es ist eine Frage der Dosierung, ob Nachtisch guttut oder nicht. Also übertreiben Sie es nicht, indem Sie jeden Tag ein Dessert essen. Ab und zu ist es aber in Ordnung, besonders an den Schlemmtagen.

Kokos-Goji-Kugeln

● Kohlenhydratarm

Wussten Sie, dass Goji-Beeren zu den Lebensmitteln zählen, die den höchsten Gehalt an Antioxidantien haben? Nicht nur das, sie werden außerdem geschätzt wegen ihrer Polysaccharide, eine Kohlenhydratart, die bekannt dafür ist, dass sie die Kommunikation zwischen den Immunzellen im Körper verbessert. Diese Kugeln sind ein leckeres Dessert und ein gesunder Snack für unterwegs. Perfekt für kohlenhydratarme Tage.

1½ Tassen ungesüßte Kokosraspel, in zwei Portionen aufgeteilt
2 EL Hanfsamen
3 EL Kokosöl, geschmolzen
1 EL Ahornsirup
Saft von einem circa 1,25 cm großen Stück geschältem, frisch geriebenem Ingwer
½ TL Vanilleextrakt
¼ TL Meersalz
¼ Tasse Goji-Beeren

1. Ein Backblech mit Backpapier auslegen. Auf einem Teller ¼ Tasse Kokosraspel verteilen.

2. Die übrigen 1¼ Tassen Kokosraspel mit Hanfsamen, Kokosöl, Ahornsirup, Ingwersaft, Vanille und Salz in die Küchenmaschine geben. Die Mischung zu einer pastenartigen Masse verarbeiten. Goji-Beeren hinzufügen und pürieren.

3. Aus der Masse mundgerechte Kugeln rollen und in Kokosraspeln wälzen. Die Kugeln auf das Backblech setzen und vor dem Verzehr 1 Stunde im Kühlschrank kühlen. Die Kugeln sind im geschlossenen Behälter im Kühlschrank 1 bis 2 Wochen haltbar.

Erdnussmus-Schoko-Kugeln

Ergibt 10 Stück

¼ Tasse glutenfreie Instant-
   haferflocken
¼ Tasse Erdnussmus
1 EL Hanfsamen
1 EL gemahlener Leinsamen
1½ EL Rohkakaopulver
½ TL Vanilleextrakt
¼ Tasse entsteinte Datteln
½ TL Meersalz
1 EL Wasser
¼ Tasse glutenfreie Schokotropfen

● **Schlemmermahlzeit**

Diese leicht zuzubereitenden Kugeln sind nicht nur ein nettes Dessert, sondern auch ein köstlicher Snack für unterwegs. Einfach in einen luftdicht verschlossenen Behälter legen und mitnehmen. Die ballaststoff- und proteinreichen Kugeln sind der perfekte Nachmittagssnack, wenn vielleicht die Versuchung da ist, zu etwas weniger Gesundem zu greifen. Versuchen Sie, jeweils nicht mehr als zwei Kugeln zu essen – vielleicht möchte jemand anderes auch ein paar abhaben. Erlaubt an fast allen außer den kohlenhydratarmen Tagen.

1. Hafer, Erdnussmus, Hanfsamen, Leinsamen, Kakao, Vanille, Datteln und Meersalz in eine Küchenmaschine geben. Für 20 bis 30 Sekunden zu einer festen Masse verarbeiten. Wasser dazugießen und die Maschine weiterlaufen lassen, bis sich alle Zutaten verbunden haben. Dann die Schokotropfen unterheben.
2. Ein Backblech mit Backpapier auslegen. Aus der Masse mundgerechte Kugeln rollen, diese auf das Backblech setzen und vor dem Verzehr 1 Stunde in den Kühlschrank stellen. Gekühlt sind sie 2 bis 3 Tage haltbar.

Haferkekse mit Schokotropfen,
Seite 274

Haferkekse mit Schokotropfen

Ergibt 10 Stück

1½ Tassen Mandelmehl

1 TL Natron

½ TL grobkörniges Salz

¼ TL gemahlener Zimt

1 Tasse glutenfreie Schokotropfen, zartbitter

½ Tasse Ahornsirup

2 Tassen glutenfreie
Haferflocken

1 Tasse Kokosraspel

4 EL Kokosöl, Raum-
temperatur

2 Eier, verquirlt

1 TL Vanilleextrakt

2 EL gemahlene Leinsamen

● Schlemmermahlzeit

Ich erinnere mich an die Zeit, als ich abends lange aufblieb, mir irgendwelche Shows im Fernsehen ansah und dabei unbekümmert einen Schokokeks nach dem anderen in ein Glas Milch tunkte, um mir dann die eingeweichten Kekse auf der Zunge zergehen zu lassen und dabei jeden Augenblick zu genießen. Ich bin kein besonders nostalgischer Mensch, aber die Erinnerung an ein Essen kann das ändern. Witzig, oder? Anstatt im Laden Kekse zu kaufen, die jede Menge ungesunder Dinge enthalten, probieren Sie mal diese selbst gemachten Kekse, die sehr viel besser schmecken. Und sie sind binnen Minuten zubereitet. Die werden Ihnen auch schmecken, das weiß ich.

1. Den Ofen auf 190 °C vorheizen. Ein Backblech mit etwas Kokosöl bepinseln.

2. Mandelmehl, Natron, Salz, Zimt, Schokotropfen, Ahornsirup, Haferflocken, Kokosraspel, Kokosöl, die verquirlten Eier, Vanille und Leinsamen in einer großen Schüssel zu einer homogenen Masse verrühren. Ist alles gut vermischt, den Teig mit einem großen Löffel portionsweise auf das Backblech setzen. Falls gewünscht, mit dem Handrücken oder dem Boden eines Glases flachdrücken.

3. 20 Minuten lang backen, auf einem Gitter abkühlen lassen und reinbeißen.

Erdbeerpudding

Ergibt 2 Portionen

Diesen reichhaltigen, cremigen Pudding kann man, wenn man mag, sogar zum Frühstück essen. Er ist sehr nahrhaft und die Avocado und die Cashewnüsse bilden einen schönen Kontrast zu den süßen Beerenfrüchten. Egal, wann Sie den Pudding verspeisen, ich würde dazu einen Klecks Kokos-Schlagsahne (Seite 161) empfehlen, einfach, weil es eine großartige Kombination ist. Aus keinem anderen Grund. Mmmh!

2 Tassen Erdbeeren, Blaubeeren, Avocado, Vanille, Wasser, Cashewnüsse sowie flüssiges Stevia und Salz in einen leistungsstarken Mixer geben. In circa 20 bis 30 Sekunden zu einer Creme verarbeiten. In Schälchen füllen. Nach Belieben vor dem Servieren mit grob gehackten Erdbeeren garnieren.

2 Tassen geputzte Erdbeeren
+ einige grob gehackte
Erdbeeren als Garnitur
(nach Wunsch)
½ Tasse Blaubeeren
1 reife Avocado
1 TL Vanilleextrakt
¼ Tasse Wasser
¼ Tasse Cashewnüsse
4 Tropfen flüssiges Stevia
½ TL Meersalz

Erdnussmus-Schoko-Pudding mit Kokos-Schlagsahne

Ergibt 3-4 Portionen

2 reife Bananen
½ Tasse Kakaopulver
1 EL Ahornsirup
1 EL gemahlene Leinsamen
3 EL Kokosöl, geschmolzen
2 EL cremiges Erdnussmus
1 TL Meersalz
1 Dose (400 ml) vollfette
   Kokosmilch, gekühlt
1 EL gemahlener Zimt

Schlemmermahlzeit

Wenn ein Pudding so einen Namen hat, können Sie sich wahrscheinlich denken, dass Sie ihn sich für einen Schlemmtag aufsparen und ihn sich höchstens hin und wieder mal an einem Normalkalorien-Tag genehmigen sollten. Er ist ziemlich gehaltvoll, wobei durchweg zusatzfreie, vollwertige Zutaten verwendet werden. Es fühlt sich merkwürdig an, das zu sagen, aber wir Liebhaber der Kombination Erdnussmus und Schokolade sollten Harry Burnett Reese danken – dem Mann, der in den 1920er-Jahren in den USA den Schokoriegel Reese's Peanut Butter Cups erfand. Ich bin kein Fan der Lebensmittelmultis, aber vor der Ehe dieser beiden wunderbaren Zutaten ziehe ich meinen Hut. Und wenn ich nach jedem Bissen einen Schluck Mandelmilch trinke, fühle ich mich dem Himmel schon ziemlich nah. Wie sehen Sie das?

1. Bananen, Kakao, Ahornsirup, Leinsamen und Kokosöl in die Küchenmaschine oder den Mixer geben und zu einer glatten Masse verarbeiten. Auf 3 oder 4 Schälchen aufteilen. Auf jede Portion einen Klecks Erdnussmus setzen und etwas Salz darüberstreuen.
2. Inzwischen die Kokoscreme (die festen Bestandteile der Kokosmilch) aus der Dose abschöpfen und in eine große Schüssel geben. Die Flüssigkeit weggießen. Zimt einstreuen, dann mit dem elektrischen Handrührgerät für circa 2 Minuten schlagen, bis die Creme locker ist.
3. Jede Schale mit der geschlagenen Kokoscreme garnieren und servieren.

Karamellisierte Pfirsiche mit Kokos-Schlagsahne

● Schlemmermahlzeit

Ergibt 2 Portionen

Pfirsiche in einem Bad aus Butter, Honig und Zimt – abonniere ich sofort! Keine Angst vor der Butter. Die Franzosen tränken ihre Lebensmittel seit Anbeginn der Zeit in Butter, und man kann sie um ihre Küche nur beneiden und um ihre schlanken Linien auch. Das ist ein opulentes Dessert, daher würde ich es für einen Schlemmtag oder einen Normalkalorien-Tag aufheben. Und geben Sie anderen etwas davon ab. Ich weiß, das ist nicht einfach, aber Sie schaffen das.

- 2 große Pfirsiche, halbiert
- 2 EL Butter, geschmolzen
- 5 TL gemahlener Zimt, in mehrere Portionen aufgeteilt
- 4 TL Honig
- 1 Dose (400 ml) vollfette Kokosmilch

1. Den Ofen auf 180 °C vorheizen. Ein Backblech mit Backpapier auslegen.
2. Die Pfirsichhälften auf das Blech setzen. Jeweils ½ EL Butter, 1 TL Zimt und 1 TL Honig in die Kuhle geben. Die Pfirsiche für circa 20 bis 25 Minuten im Ofen backen, bis sie weich und an den Rändern goldbraun sind. Aus dem Ofen nehmen und etwas abkühlen lassen.
3. Inzwischen die Kokoscreme (die festen Bestandteile der Kokosmilch) aus der Dose in eine große Schüssel abschöpfen. Die Flüssigkeit weggießen. Den letzten Teelöffel Zimt einstreuen, dann mit dem elektrischen Handrührgerät für circa 2 Minuten schlagen, bis die Creme locker ist.
4. Jede Pfirsichhälfte mit geschlagener Kokoscreme garnieren und servieren.

Orangen-Mandel-Kuchen

Ergibt 10 Stücke

6 Eier, getrennt

½ Tasse Kokospalmzucker

2 TL geriebene Orangen-
schale

1 TL Vanilleextrakt

1 TL gemahlener Zimt

2 Tassen gemahlene Mandeln
oder Mandelmehl

2 EL frisch gepresster
Orangensaft

1 EL ungesüßte Kokosraspel

¼ Tasse Mandelblättchen

 Kohlenhydratarm

Wenn Sie Lust auf etwas Leichteres haben, dann wird dieser köstliche Kuchen Ihnen sicher schmecken. Zum Backen ist Mandelmehl mit eines der besten Mehle, denn es ist von Natur aus sehr feucht und nicht besonders schwer. Das Ergebnis ist eine leichte und lockere Textur. Dieser Kuchen eignet sich gut als Dessert für kohlenhydratarme Tage – besonders lecker in Verbindung mit einem schönen Kräutertee.

1. Den Ofen auf 180 °C vorheizen. Eine runde Backform (circa 23 cm Durchmesser) einfetten und mit Backpapier auslegen.

2. Eigelbe, Zucker, Orangenschale, Vanille und Zimt in einer großen Schüssel circa 5 Minuten lang schaumig aufschlagen. Gemahlene Mandeln oder Mandelmehl und Orangensaft unterrühren.

3. In einer separaten Schüssel die Eiweiße für circa 1 Minute sehr steif schlagen. Die Hälfte der Eiweißmasse unter die Eigelb-Man-del-Mischung rühren, bis sich beides miteinander verbunden hat. Dann das restliche Eiweiß unterheben. Den Teig mit dem Schaber in die Backform füllen.

4. Den Kuchen circa 35 Minuten lang im Ofen backen, bis die Kuchenränder sich von der Form lösen. Die Ränder mit einem Messer komplett von der Backform lösen und den Kuchen etwa 10 Minuten auf einem Kuchengitter abkühlen lassen. Mit Kokos-raspeln und Mandelblättchen garniert servieren.

Apfel-Erdbeer-Crumble

● Schlemmermahlzeit

2 Tassen halbierte geputzte Erdbeeren

1 Apfel, entkernt und gewürfelt

2 EL Ahornsirup, in zwei Portionen aufgeteilt

1 EL Vanilleextrakt

2 TL gemahlener Zimt

1 Tasse glutenfreie Haferflocken

½ Tasse ungesüßte Kokosraspel

¼ Tasse Kokosöl, geschmolzen

½ TL Meersalz

¼ Tasse Butter, geschmolzen

1 Dose (400 ml) Kokosmilch

Hat Ihre Oma jemals Apfel-Streusel-Kuchen für Sie gemacht, als Sie klein waren? Haben Sie den Geschmack daran noch auf der Zunge? Mir geht es nicht so, aber meiner Frau und vielen anderen sicher auch. Mit dieser gesünderen Version mit Apfel und Erdbeeren dürfen Sie dieses Dessert ohne Reue genießen – an Schlemmtagen und an Normalkalorien-Tagen. Das ist ein großer Gewinn für mich, denn ich habe eine Schwäche für Erdbeer-Rhabarber-Pie. Der tut, wie Sie wahrscheinlich wissen, dem Körper überhaupt nicht gut mit all dem Schmalz, Zucker und was sonst noch so alles drin ist. Ich gestehe: Dieses Rezept habe ich zu meinem eigenen sündigen Genuss entwickelt, aber der Crumble wird Ihnen bestimmt auch schmecken.

1. Den Ofen auf 180 °C vorheizen. Erdbeeren, Apfel, 1 EL Ahornsirup, Vanille und Zimt in einer großen Schüssel miteinander verrühren. Die Mischung in eine gefettete Backform (Maße circa 20 x 20 cm) füllen.

2. In einer separaten Schüssel Haferflocken, Kokosraspel, Kokosöl, 1 EL Ahornsirup und Salz mischen. Geschmolzene Butter dazugeben und alles gut vermengen. Anschließend die Masse auf der Erdbeer-Apfel-Mischung verteilen.

3. Für circa 30 Minuten im Ofen backen, bis die Streusel eine goldbraune Farbe haben und die Füllung Blasen wirft. Den Crumble einige Minuten stehen lassen, dann auf Schälchen verteilen und Kokosmilch darübergießen.

Kokos-Schoko-Brownies

● Schlemmermahlzeit

Ergibt 12 Stück

Haben Sie schon mal daran gedacht, mit Kürbiskernmehl zu backen? Falls nein: Ich denke, dieses Dessert wird Ihnen schmecken, besonders, wenn Sie auf der Suche nach einer Alternative zu Mandelmehl sind. Kürbiskerne sind sehr nährstoffreich. Sie enthalten eine Menge Zink und der Geschmack des Mehls ist fast neutral, lenkt also nicht vom lecker schokoladigen Aroma der Brownies ab. Falls Sie keine Kürbiskerne dahaben, können Sie stattdessen auch Mandelmehl nehmen. Jeweils mit einem Klecks Kokos-Schlagsahne (Seite 161) und einem Zweiglein Minze garniert werden Gourmet-Brownies daraus.

1. Den Ofen auf 180 °C vorheizen. Eine Backform (Maße circa 20 x 20 cm) leicht einfetten.

2. Kakao, Kürbiskernmehl, Kokosraspel, Salz und Pfeilwurzmehl/Tapiokastärke in einer großen Schüssel miteinander vermischen.

3. In einer separaten Schüssel Apfelmus, Kokosöl, Ahornsirup oder Honig, Vanille und Wasser vermengen. Die Kürbiskernmehlmischung hinzufügen und alles gut verrühren.

4. Den Teig in eine Backform füllen und mit dem Spatel verteilen. Für circa 20 Minuten backen. Die Brownies sind fertig, wenn man mit einem Zahnstocher hineinpikst und kein Teig daran kleben bleibt. Auf einem Gitter abkühlen lassen und anschließend in 12 Rechtecke schneiden.

¾ Tasse Kakaopulver
1 Tasse Kürbiskernmehl (dafür die rohen geschälten Kürbiskerne in einer Kaffeemühle mahlen)
½ Tasse ungesüßte Kokosraspel
eine Prise Meersalz
2 TL Pfeilwurzmehl oder Tapiokastärke/Tapiokamehl
½ Tasse Apfelmus
3 EL Kokosöl, geschmolzen
1 EL Ahornsirup oder Honig
2 TL Vanilleextrakt
2 TL Wasser

Bananen-Hafer-Kekse

Ergibt 10 Stück

3 reife Bananen

1½ Tassen glutenfreie
Haferflocken

¼ Tasse Mandelmus

½ EL Honig

2 EL Hanfsamen

1 EL gemahlener Leinsamen

1 TL Vanilleextrakt

½ TL Meersalz

1 TL gemahlener Zimt

½ Tasse ungesüßte
Kokosraspel

1/3 Tasse Walnüsse oder
Mandeln, grob gehackt

¼ Tasse Dörrobst nach Wahl
(nach Wunsch)

Diese Kekse sind supereinfach zu machen. Wenn Sie Lust auf etwas Süßes haben (und nicht gerade ein kohlenhydratarmer Tag ist) und Sie schnell etwas zubereiten wollen mit Zutaten, die Sie wahrscheinlich sowieso im Vorratsschrank haben, sind diese Kekse genau das Richtige. Denken Sie daran: Je reifer die Bananen, desto süßer der Geschmack. Und wenn Sie extrem reife Bananen verwenden (an der Grenze zu schwarz), würde ich auf Honig oder Dörrobst ganz verzichten.

1. Den Ofen auf 180 °C vorheizen. Ein Backblech mit Backpapier auslegen.

2. Die Bananen in eine Schüssel geben und mit der Gabel zerdrücken. Hafer, Mandelmus, Honig, Hanfsamen, Leinsamen, Vanille, Salz und Zimt dazugeben und gut verrühren. Kokosraspel, Nüsse und Dörrobst (nach Wunsch) unterheben. Die Masse 5 Minuten ruhen lassen, damit sie eindickt.

3. Mit einem Löffel Kleckse aus der Masse abstechen, diese auf das Backblech legen und mit der Gabel flachdrücken. Die Kekse etwa 20 bis 25 Minuten lang backen, bis sie eine goldbraune Farbe haben. Auf dem Backblech abkühlen lassen und servieren.

KAPITEL 5

Der 10-Tage-

Stoff-wechsel-Neustart

MÖCHTEN SIE, DASS ICH SIE AN DIE HAND NEHME und Ihnen helfe, Ihren Stoffwechsel neu einzustellen und ihn so auf Touren zu bringen, dass Ihre überflüssigen Pfunde nur so dahinschmelzen, während Sie gleichzeitig Gourmetmahlzeiten essen dürfen? Dann lesen Sie weiter, und wir gehen gemeinsam auf eine leckere 10-Tage-Reise.

Schlanker in zehn Tagen

Mit *The All-Day Fat-Burning Diet* konnte ich Tausenden von Frauen und Männern helfen, in nur 21 Tagen bis zu zweieinhalb Kilo pro Woche abzunehmen – manche sogar noch mehr, andere ein bisschen weniger. Aber alle stellten deutliche Verbesserungen fest. Mit dem 10-Tage-Stoffwechsel-Neustart werde ich Ihnen helfen, ähnliche Ergebnisse zu erzielen, aber in der Hälfte der Zeit. Können Sie sich zehn Tage lang hierfür Zeit nehmen? Ich wette, ja. Und, ganz ehrlich, danach werden Sie nicht mehr aufhören wollen, wenn Sie den Unterschied erst sehen und fühlen.

Es folgt ein 10-Tage-Ernährungsplan, der viele Rezepte aus diesem Kochbuch miteinbezieht und bequem um den 5-Tage-Plan herum organisiert ist. Wenn Sie für einen schnellen Stoffwechselneustart einem fertigen Plan folgen möchten, bei dem Sie nicht nachdenken müssen, dann halten Sie sich an diesen hier. Wenn Sie mit allen Mahlzeiten aus diesen zehn Tagen durch sind, können Sie den Zyklus entweder wiederholen oder zum 21-Tage-Ernährungsplan aus der Original-*All-Day Fat-Burning Diet* übergehen und sich Ihre zum 5-Tage-Plan passenden Lieblingsrezepte auswählen, oder Sie bereiten einfach die Rezepte zu, die Sie mögen, wann immer Sie Lust haben. Schließlich ist dies keine Diät, die Sie nur einige Wochen lang machen, sondern eine Ernährungsweise, der Sie ein Leben lang folgen können.

Wenn Sie im Verlauf der zehn Tage auf ein bestimmtes Rezept stoßen, das Ihnen nicht zusagt, dann suchen Sie sich einfach ein anderes aus diesem Kochbuch aus, Hauptsache, es ist für den entsprechenden Tag im Zyklus geeignet. Sie können zum Beispiel ein als „kohlenhydratarm" gekennzeichnetes Rezept, das Sie nicht mögen, durch ein anderes kohlenhydratarmes ersetzen. Würden Sie aber an einem kohlenhydratarmen Tag eine „Schlemmermahlzeit" essen, würde das die Magie des 5-Tage-Plans stören.

Eine letzte Anmerkung zur Anzahl der Mahlzeiten: Die hier aufgeführten Gerichte basieren auf einem 3-Mahlzeiten-pro-Tag-Plan. Sie müssen aber keine drei Mahlzeiten essen. Es können auch zwei oder vier sein oder eben so viele, wie es am besten zu Ihren Bedürfnissen und Ihrem Ernährungsplan passt. Wenn Sie beschließen, mehr oder weniger Mahlzeiten zu sich zu nehmen, denken Sie bitte nur daran, jeweils die für den entsprechenden Tag passenden zu wählen (zum Beispiel als „kohlenhydratarm" gekennzeichnete Rezepte an Ihren kohlenhydratarmen Tagen).

Außerdem ist es nicht nötig, wie ich an anderer Stelle schon erwähnt habe, dass Sie immer frühstücken. Und das Frühstück braucht auch nicht morgens eingenommen zu werden, wenn Sie aufgestanden sind. Das Frühstück ist einfach die erste Mahlzeit des Tages – wann, ist egal. Bei mir ist das oft die Mittagszeit, weil ich morgens häufig faste. Hören Sie also auf Ihren Körper, um herauszufinden, wann Sie wirklich Hunger haben.

DIE EHEMALIGE JOJO-DIÄTERIN LARISSA NAHM NACH DER SCHWANGERSCHAFT FAST FÜNF KILO AB UND REDUZIERTE IHREN KÖRPERUMFANG UM 15 ZENTIMETER

„Seit meiner Teenagerzeit war ich immer auf irgendeiner Diät. Ich nahm aber anschließend alles wieder zu. Ich war der Inbegriff einer Jojo-Diäterin! In den letzten Jahren (nachdem ich geheiratet und kurz nacheinander zwei Babys bekommen hatte), hörte ich auf mit den Diäten und konzentrierte mich mehr auf eine gesunde Ernährung. Mein Gewicht stabilisierte sich, aber ich musste immer noch rund sieben Kilo loswerden. Mein Gewicht blieb stets auf dem gleichen Niveau, egal was ich versuchte! Abgesehen von den überflüssigen Pfunden litt ich auch seit Jahren an häufigen Kopfschmerzen, Schwindelanfällen und durch Muskelverhärtungen ausgelöste Rückenschmerzen. Ich hatte schon in Erwägung gezogen, auf glutenfreie Ernährung umzustellen, als ich über Facebook auf eine Empfehlung für die *All-Day Fat-Burning Diet* stieß. Ich dachte mir, warum nicht?

Ich bin so froh über meinen Entschluss, das Buch zu kaufen – es hat mein Leben verändert! Yuri erklärt die wissenschaftlichen Grundlagen der Ernährung sehr ausführlich und auf eine leicht verständliche Weise. Mir gefällt auch sein Ansatz, dass jeder Körper anders ist, und dass er dazu rät, auf den eigenen Körper zu hören. In den ersten drei Wochen nahm ich fast fünf Kilo ab (und überwand endlich diese Schwelle!) und mein Umfang an Taille, Bauch, den

Hüften und Schenkeln verringerte sich insgesamt um mehr als 15 Zentimeter. Noch wunderbarer aber ist die Tatsache, dass meine Kopfschmerzen, Schwindelanfälle und Kreuzschmerzen weniger geworden sind. (Selbst während meiner Periode habe ich keine Krämpfe oder Schmerzen im unteren Rücken mehr!) Ich bin auch dynamischer geworden, was wichtig für mich als Vollzeitmama von zwei kleinen Kindern ist.

Und hatte ich schon erwähnt, dass die Rezepte lecker sind? Selbst die mäkeligen Esser in meiner Familie sind von einigen begeistert. Dies hier ist nicht ‚noch eine Diät', sondern eine Lebensweise, die ich dankbar angenommen habe und zum Wohl meiner Gesundheit weiterführen werde."

Tag 1: Kohlenhydratarmer Tag

Frühstück – Beerenfrüchte mit Kokos-Schlagsahne (Seite 105)

Mittagessen – Leichter Caesar Salad mit Grünkohl und Avocado (Seite 173)

Abendessen – Tomaten-Zucchini-Pasta mit Bacon (Seite 237)

Tag 2: Schlemmtag

Frühstück – Frühstücks-Gemüsepfanne mit Spiegelei (Seite 103)

Mittagessen – Bunte Reis-Bowl (Seite 198)

Abendessen – Huhn-Tajine mit Aprikosen und Safran-Quinoa (Seite 241)

Tag 3: Fastentag

kein Essen

Tag 4: Normalkalorien-Tag

Frühstück – Proteinreiches Frühstücksmüsli mit Apfelmus (Seite 109)

Mittagessen – Proteinreiche Suppe mit Gemüsepower (Seite 213)

Abendessen – Kichererbsen-Tahin-Bowl (Seite 195)

Tag 5: Kalorienarmer Tag

Frühstück – Birnen-Spinat-Smoothie (Seite 123)

Mittagessen – Gemüse-Bowl mit Reisnudeln (Seite 197)

Abendessen – Leckere Thai-Pfanne (Seite 252)

Tag 6: Kohlenhydratarmer Tag

Frühstück – Hanfsamen-Porridge (Seite 115)

Mittagessen – Grunkohlsalat (Seite 179)

Abendessen – Sautierter Lachs an Zuckerschoten-Avocado-Salat
(Seite 238)

Tag 7: Schlemmtag

Frühstück – Schoko-Knuspermüsli nach Art des Hauses (Seite 116)

Mittagessen – Herzhafter Linsensalat (Seite 182)

Abendessen – Salsiccia mit gebratenem Wurzelgemüse (Seite 264)

Tag 8: Fastentag

kein Essen

Tag 9: Normalkalorien-Tag

Frühstück – Schinken-Spargel-Wickel mit Spiegeleiern (Seite 113)

Mittagessen – Apfel-Grünkohl-Salat mit Mohn-Dressing (Seite 174)

Abendessen – Steak mit Ofen-Pommes (Seite 247)

Tag 10: Kalorienarmer Tag

Frühstück – Zitrus-Spritzer (Seite 132)

Mittagessen – Kalte Thai-Suppe mit Ingwer (Seite 223)

Abendessen – Gemüse-Curry mit Huhn (Seite 249)

**KRIS IST IHRE BLUTARMUT LOS UND
NIMMT KEINE SCHILDDRÜSENMEDIKAMENTE MEHR**

„Als ich mit dieser Ernährung anfing, war mein Ziel, vor einer
größeren Rücken-OP so gesund zu werden wie möglich. Ich bin seit
zehn Jahren behindert und konnte nicht viel Sport treiben. Ich
musste zwar nicht viel abnehmen, aber mein BMI war nicht besonders toll. Ich war auch in Behandlung wegen meiner Blutarmut und
einer Schilddrüsenfehlfunktion. Nachdem ich das Programm vier
Wochen lang befolgt hatte, hatte sich mein Blutbild insgesamt
wieder normalisiert und meine Blutarmut war weg. Ich konnte auch
meine Schilddrüsenmedikamente absetzen. Ich verliere an Körper-
umfang und mein Gewicht geht runter! Dadurch, dass ich Yuris
Anleitungen befolge, meinen Körper weniger Giftstoffen aussetze und

dieses einfache Programm mitmache, ist mein BMI wieder so wie vor 25 Jahren während des Studiums. Yuris Arbeit und die Forschung dahinter sind genial, und ich kann ihm gar nicht genug danken.“

Ich befinde mich auf einer Mission ... Wollen Sie mich begleiten?

Wir schreiben das Jahr 2040, und unser Top-Team motivierter Vorreiter hat dazu beigetragen, eine Welt zu erschaffen, in der 100 Millionen Menschen über das Wissen und die Mittel verfügen, ein gesünderes und erfüllteres Leben zu führen. Sie sind finanziell abgesichert (oder unabhängig) und beziehen ihre Energie aus gesunder Ernährung und täglicher Bewegung. Jeder Mensch besitzt ein ausgeprägtes Körperverständnis und hat Zugang zu technischen Mitteln und Quellen, um sich selbst zu heilen, anstatt sich auf Medikamente oder das marode Gesundheitssystem verlassen zu müssen.

Dies ist nur Teil einer Vision, die ich für unsere Zukunft habe. Und ich wurde zur Erde entsandt, um sie in die Realität umzusetzen. Aber allein schaffe ich das nicht. Ich brauche motivierte, gesundheitsbewusste Menschen wie Sie, die dabei helfen, die Kunde zu verbreiten, und sich dieser Mission anschließen, um noch mehr Menschen zu stärken und sie von einem Leben zu befreien, das geprägt ist von Frust, Knappheit, Unsicherheit und einem mangelhaften Zugang zu wichtigen gesundheitlichen Ressourcen.

Wenn auch Sie dazu beitragen wollen, unser gemeinsames Ziel zu erreichen, sollten Sie mit gutem Beispiel vorangehen. Seien Sie Sie selbst, verpflichten Sie sich dazu, jeden Tag ein bisschen besser zu werden. Dann werden Sie zu einer Inspiration für die Menschen um Sie herum. Mit der Zeit werden Sie dadurch motiviert, auch an sich selbst Veränderungen zum Guten vorzunehmen. So wird ein echter, nachhaltiger Wandlungsprozess in Gang gesetzt. Um die Reise gemeinsam zu starten, treten Sie unserer Community auf YuriElkaim.com bei. Dort bekommen Sie einfache und klare Anleitungen, wie Sie supergesund leben können.

Gehen wir es gemeinsam an!

Ein paar Worte zum Schluss

Mein Ziel war immer und wird es auch stets bleiben, Ihnen dazu zu verhelfen, Ihre Gesundheit und Ihre Zukunft selbst in die Hand zu nehmen. Ich hoffe, Sie sind begeistert von den Rezepten und, was noch wichtiger ist, von dem Grundverständnis, das Sie durch ihre Zubereitung gewinnen werden, während Sie in Ihrer Küche eigene Meisterwerke zaubern.

Es ist toll, mit kompletten Rezepten und einem fertigen Ernährungsplan zu arbeiten. Aber noch viel wirkungsvoller ist es, wenn Sie das Zusammenspiel der verschiedenen Lebensmittel und Zutaten erleben und ein Verständnis dafür erlangen, welche Geschmackskombinationen jeweils funktionieren und wie Sie sich im Einklang mit Ihrem Körper ernähren können. Es gibt nicht eine Ernährung für alle. Sie sind einzigartig. Das bedeutet, dass Sie ständig experimentieren und herausfinden müssen, was für Sie am besten funktioniert. Und natürlich können sich Ihre Wünsche und Bedürfnisse im Laufe Ihres Lebens jederzeit ändern.

Wo auch immer Sie sind, ich freue mich darauf, von Ihrem Erfolg zu erfahren, und meine Hoffnung ist, dass Sie in der Küche zu einer Inspiration werden – für sich selbst und die Menschen um Sie herum. Denken Sie daran: Sich sein eigenes einfaches, gesundes und leckeres Essen zubereiten zu können, gehört zu den grundlegendsten Fähigkeiten im Leben, die wir entwickeln müssen, um gesund und schlank zu bleiben.

Ihr Freund und Coach,
Yuri

Umrechnungstabellen

Flüssigkeiten oder Volumenangaben	
1 Teelöffel	5 ml
1 Esslöffel	15 ml
2 Esslöffel	30 ml
1/4 Tasse	59 ml
1/3 Tasse	79 ml
1/2 Tasse	118 ml
2/3 Tasse	158 ml
3/4 Tasse	177 ml
7/8 Tasse	207 ml
1 Tasse	237 ml
2 Tassen	473 ml
4 Tassen	946 ml

Entsprechungen für Maßangaben	
1 Esslöffel	3 Teelöffel
1/8 Tasse	2 Esslöffel
1/4 Tasse	4 Esslöffel
1/3 Tasse	5 Esslöffel + 1 Teelöffel
1/2 Tasse	8 Esslöffel
2/3 Tasse	10 Esslöffel + 2 Teelöffel
3/4 Tasse	12 Esslöffel
1 Tasse	48 Teelöffel
1 Tasse	16 Esslöffel

ENDNOTEN

Einleitung

1. http://journals.cambridge.org/action/displayAbstract;jsessionid=C46B7F6E31746BE61D4ACD17604BDE73.journals?aid=8621878&fileId=S136898001200136X

Kapitel 1

1. Katmarzyk, P. et al. (2009): Sitting Time and Mortality from All Causes, Cardiovascular Disease, and Cancer. In: Medicine & Science in Sports & Exercise 41 (5), S. 998–1005.
2. Rash, J. et al. (2011): Gratitude and Well-Being: Who Benefits the Most from a Gratitude Intervention? In: Applied Psychology: Health and Well-Being 3 (3), S. 350–369.

Kapitel 2

1. Duhigg, C. (2014): The Power of Habit: Why We Do What We Do in Life and Business. New York: Random House Trade Paperbacks.
2. Judah, G. et al. (2012): Forming a Flossing Habit: An Exploratory Study of the Psychological Determinants of Habit Formation. In: British Journal of Health Psychology 18 (2), S. 338–353.
3. Fogg, BJ. www.foggmethod.com/
4. Lally, P. et al. (2009): How Are Habits Formed: Modelling Habit Formation in the Real World. In: European Journal of Social Psychology 40 (6), S. 998–1009.
5. Baumeister, Roy F./Bratslavsky, Ellen/Muraven, Mark/Tice, Dianne M. (1998): Ego Depletion: Is the Active Self a Limited Resource? In: Journal of Personality and Social Psychology 74 (5), S. 1252–1265.
6. Ebd.
7. Danziger, S. et al. (2011): Extraneous Factors in Judicial Decisions. In: Proceedings of the National Academy of Sciences 108 (17), S. 6889–6892.
8. Gaillot, M./Baumeister, R. (2007): The Physiology of Willpower: Linking Blood Glucose to Self-Control. In: Personality and Social Psychology Review 11 (4), S. 303–327.

Kapitel 3

1. Rosenblat, G. (2011): Polyhydroxylated Fatty Alcohols Derived from Avocado Suppress Inflammatory Response and Provide Non-Sunscreen Protection against UV-Induced Damage in Skin Cells. In: Archives of Dermatological Research 303 (4), S. 239–246.
2. Opalinski, Heather A. (2012): High Fructose Corn Syrup, Mercury, and Autism – Is There a Link? In: Journal of the American Academy of Special Education Professionals. (Frühling/Sommer 2012), S. 122–138.
3. Takigawa, T./Endo, Y. (März 2006): The Effects of Glutaraldehyde Exposure on Human Health. In: Journal of Occupational Health 48 (2), S. 75–87.

4. Behall, K. et al. (2005): Consumption of Both Resistant Starch and ß-Glucan Improves Postprandial Plasma Glucose and Insulin in Women. In: Diabetes Care 29 (5), S. 976–981.

5. Robertson, D. et al. (2005): Insulin-Sensitizing Effects of Dietary Resistant Starch and Effects on Skeletal Muscle and Adipose Tissue Metabolism. In: American Journal of Clinical Nutrition 82 (3), S. 559–567.

6. Keenan, M. et al. (2006): Resistant Starch Reduces Abdominal Fat More than Energy Dilution with Nonfermentable Fiber. In: FASEB Journal 20 (Meeting Abstract Supplement).

7. Jenkins, D. et al. (2011): The Relation of Low Glycaemic Index Fruit Consumption to Glycaemic Control and Risk Factors for Coronary Heart Disease in Type 2 Diabetes. In: Diabetologia 54 (2), S. 271–279.

8. Joseph, J. A. et al. (1999): Reversals of Age-Related Declines in Neuronal Signal Transduction, Cognitive, and Motor Behavioral Deficits with Blueberry, Spinach, or Strawberry Dietary Supplementation. In: Journal of Neuroscience 19 (18), S. 8114–8121.

9. Youdim, K. A. et al. (2000): Polyphenolics Enhance Red Blood Cell Resistance to Oxidative Stress: In Vitro and in Vivo. In: Biochimica et Biophysica Acta 1523, S. 117–122.

10. Lau, F. C./Bielinski, D. F./Joseph, J. A. (2007): Inhibitory Effects of Blueberry Extract on the Production of Inflammatory Mediators in Lipopolysaccharide-Activated BV2 Microglia. In: Journal of Neuroscience Research 85, S. 1010–1017.

11. Afshin, A. (1. Juli 2014): Consumption of Nuts and Legumes and Risk of Incident Ischemic Heart Disease, Stroke, and Diabetes: A Systematic Review and Meta-Analysis. In: American Journal of Clinical Nutrition 100 (1), S. 278–288.

12. Salehi-Abargouei, A. et al. (2015): Effects of Non-Soy Legume Consumption on C-Reactive Protein: A Systematic Review and Meta-Analysis. In: Nutrition 31 (5), S. 631–639.

13. Hermsdorff, H. (2011): A Legume-Based Hypocaloric Diet Reduces Proinflammatory Status and Improves Metabolic Features in Overweight/Obese Subjects. In: European Journal of Nutrition 50 (1), S. 61–69.

14. Hung, H. C. et al. (2004): Fruit and Vegetable Intake and Risk of Major Chronic Disease. In: Journal of the National Cancer Institute 96 (21), S. 1577–1584.

15. Traka, M./Mithen, R. (2008): Glucosinolates, Isothiocyanates and Human Health. In: Phytochemistry Reviews 8 (1), S. 269–282.

16. Cohen, J. H./Kristal, A. R./Stanford, J. L. (2000): Fruit and Vegetable Intakes and Prostate Cancer Risk. In: Journal of the National Cancer Institute 92, S. 61–68.

17. Larsson, S. C./Hakansson, N./Naslund, I. et al. (2006): Fruit and Vegetable Consumption in Relation to Pancreatic Cancer Risk: A Prospective Study. In: Cancer Epidemiology, Biomarkers & Prevention 15, S. 301–305.

18. Zhang, C. X./Ho, S. C./Chen, Y. M. et al. (2009): Greater Vegetable and Fruit Intake Is Associated with a Lower Risk of Breast Cancer among Chinese Women. In: International Journal of Cancer 125, S. 181–188.

19. Khandouzi, N. et al. (2015): The Effects of Ginger on Fasting Blood Sugar, Hemoglobin A1c, Apolipoprotein B, Apolipoprotein A-I and Malondialdehyde in Type 2 Diabetic Patients. In: Iranian Journal of Pharmaceutical Research 14 (1), S. 131–140.

20. Black, C. et al. (2010): Ginger (Zingiber officinale) Reduces Muscle Pain Caused by Eccentric Exercise. In: Journal of Pain 11 (9), S. 894–903.

21. Dulloo, A. G. (März 1996): Twenty-Four-Hour Energy Expenditure and Urinary Catecholamines of Humans Endnotes 231 Consuming Low-to-Moderate Amounts of Medium-Chain Triglycerides: A Dose-Response Study in a Human Respiratory Chamber. In: European Journal of Clinical Nutrition 50 (3), S. 152–158.

22. White, M. et al. (1999): Enhanced Postprandial Energy Expenditure with Medium-Chain Fatty Acid Feeding Is Attenuated after 14 Days in Premenopausal Women. In: American Journal of Clinical Nutrition 69 (5), S. 883–889.

23. Kaunitz, H. (1971): Dietary Use of MCT. In: Lang, K./Fekl, W./Berg, G. (Hrsg.): Bilanzierte Ernährung in der Therapie. Georg Thieme Verlag, Stuttgart.

24. Baba, N./Bracco, E. F./Seylar, J./Hashim, S. A. (1981): Enhanced Thermogenesis and Diminished Deposition of Fat in Response to Overfeeding with Diets Containing Medium Chain Triglycerides. In: American Journal of Clinical Nutrition 34, S. 624.

25. Johansson, K. et al. (Januar 2014): Effects of Anti-Obesity Drugs, Diet, and Exercise on Weight-Loss Maintenance after a Very-Low-Calorie Diet or Low-Calorie Diet: A Systematic Review and Meta-Analysis of Randomized Controlled Trials. In: American Journal of Clinical Nutrition 99 (1), S. 14–23.

26. Leidy, H. (14. November 2013): Acute Satiety Effects of Sausage/Egg-Based Convenience Frühstück Meals in Premenopausal Women. Presented at Obesity Society's Annual Scientific Meeting, Atlanta.

Kapitel 4

1. Higgins, J. (2004): Resistant Starch: Metabolic Effects and Potential Health Benefits. In: Journal of AOAC International 87 (3), S. 761–768 (8).

2. Bes-Rastrollo, M. (2006): Olive Oil Consumption and Weight Change: The SUN Prospective Cohort Study. In: *Lipids* 41 (3), S. 249–256.

3. Razquin, C. et al. (2009): A 3 Years Follow-Up of a Mediterranean Diet Rich in Virgin Olive Oil Is Associated with High Plasma Antioxidant Capacity and Reduced Body Weight Gain. In: European Journal of Clinical Nutrition 63, S. 1387–1393.

INDEX